A SABEDORIA ANTIGA
Uma Síntese dos Ensinamentos Teosóficos

ANNIE BESANT

A SABEDORIA ANTIGA
Uma Síntese dos Ensinamentos Teosóficos

Tradução:
Alcyr Anisio Ferreira / Edvaldo Batista de Souza

EDITORA TEOSÓFICA
Brasília-DF

16ª Edição em Inglês, 1998.
The Theosophical Publishing House
Adyar, Chennai, Índia

Edições em Português
Editora Teosófica
1ª Edição 2004
2ª Edição 2013
3ª Edição 2020
4ª Edição 2022

Direitos Reservados à
EDITORA TEOSÓFICA,
SIG – Quadra 6 – Nº 1235
70610-460 – Brasília-DF – Brasil
Tel.: (61) 322-7843 / WhatsApp: (61) 98613-4909
E-mail: editorateosofica@editorateosofica.com.br
          comercial@editorateosofica.com.br
Sites: www.editorateosofica.com.br
Instragam: @editorateosofica

B554   Besant, Annie.(1847-1933)

A sabedoria antiga – uma síntese dos ensinamentos teosóficos / Annie Besant: Tradução, Alcyr Anisio Ferreira / Edvaldo Batista de Souza. – Brasília: Editora Teosófica, 4ª Ed., 2022

Tradução de: *The Ancient Wisdom*
ISBN 85-8596175-9

1. Teosofia
II. Título

CDU 141.332

Capa: Marcelo Ramos
Diagramação: Reginaldo Alves
Revisão: Ricardo Lindemann / Zeneida Cereja da Silva
Impressão: Gráfika Papel e Cores – (61)3344-3101
           comercial@grafikapapelecores.com.br

Sumário

Prefácio 9

Introdução 11

1 O Plano Físico 15

2 O Plano Astral 29

3 O *Kamaloka* 49

4 O Plano Mental 67

5 O *Devachan* 91

6 Os Planos *Búdico* e *Nirvânico* 111

7 A Reencarnação 123

8 A Reencarnação – Parte 2 145

9 O Carma 171

10 A Lei do Sacrifício 197

11 A Ascensão Humana 209

12 Construindo um Cosmo 225

Posfácio 241

*DEDICADO
COM GRATIDÃO, REVERÊNCIA E
AMOR A H.P. BLAVATSKY
QUE ME MOSTROU A LUZ*

Prefácio

A finalidade deste livro é colocar nas mãos do leitor uma síntese dos ensinamentos teosóficos, suficientemente simples para atender ao estudante principiante, e suficientemente completa para lançar uma fundação sólida para o conhecimento posterior. Espera-se que possa servir como uma introdução às obras mais profundas de H.P. Blavatsky, e que sirva como um ponto de partida adequado ao estudo dessas obras.

Aqueles que aprenderam um pouco sobre a Sabedoria Antiga sabem da iluminação, da paz, da alegria e da energia que suas lições trouxeram às suas vidas. Que esse livro possa atrair alguns para que reflitam sobre os ensinamentos aqui apresentados e possam provar a si mesmos o seu valor. É com esses bons votos que o apresentamos ao mundo.

Agosto, 1897.
ANNIE BESANT

10

Introdução

A Unidade Fundamental de Todas as Religiões

O pensamento correto é imprescindível à conduta correta, a compreensão correta é imprescindível ao correto viver, e a Sabedoria Antiga – quer se nos apresente sob seu antigo nome sânscrito de *Brahma Vidya*, ou sob a designação moderna Teosofia, extraída do grego *Theosophia,* apresenta-se ao mundo ao mesmo tempo como uma filosofia adequada e uma religião e uma ética oniabarcantes. Um devoto sincero disse certa vez que nas Escrituras Cristãs havia baixios que uma criança poderia atravessar facilmente, e abismos onde um gigante seria obrigado a nadar. O mesmo pode ser dito da Teosofia, pois alguns de seus ensinamentos são tão simples e práticos, que qualquer pessoa de inteligência mediana pode compreender e aplicar, enquanto que outros são tão elevados e profundos, que o indivíduo mais competente exaure seu intelecto na tentativa de assimilá-los, quedando-se exausto com o esforço.

A Sabedoria Antiga

O presente volume tem o intuito de apresentar ao leitor a Teosofia de uma maneira clara e simples, de tal modo que mostre como seus princípios e verdades fundamentais formam uma concepção coerente do universo, fornecendo detalhes necessários para a compreensão de suas mútuas relações. Uma obra elementar não pode ter a pretensão de expor a totalidade do conhecimento que pode ser obtida de obras mais complexas, mas deve deixar o estudante com idéias claras e fundamentais sobre o assunto, com muito a acrescentar pelo estudo futuro e pouco para reformular. A partir do esboço que um tal livro oferece, o estudante poderá ser capaz de visualizar os detalhes de suas investigações posteriores.

Há um consenso de que um levantamento cuidadoso das grandes religiões do mundo mostra que elas têm muitas idéias religiosas, morais e filosóficas em comum. Embora o fato seja universalmente admitido, a explicação do fato é controversa. Muitos alegam que as religiões vicejaram sobre o solo da ignorância humana, cultivadas pela imaginação, e que foram sendo gradualmente elaboradas, a partir das formas grosseiras do animismo e feiticismo; as suas analogias são atribuídas aos fenômenos universais da Natureza, imperfeitamente observados e explicados de uma maneira caprichosa, sendo a adoração do Sol e das estrelas a nota universal de uma determinada escola, a adoração fálica igualmente a chave universal de outra; o medo, a ignorância e o espanto levaram o homem primitivo a personificar os poderes da Natureza, e os sacerdotes tiravam vantagem do terror e de suas esperanças, de suas fantasias obscuras e de seus questionamentos confusos; os mitos tornaram-se escrituras e os símbolos, fatos, e como sua base era universal, a semelhança dos resultados era inevitável. Assim falam os doutores da "Mitologia Comparada" e, sob a avalanche de provas, as pessoas simples são levadas ao silêncio, embora não convencidas; elas não podem negar as semelhanças, mas sentem vagamente: "Serão as mais sublimes concepções do homem e suas mais caras esperanças não mais que o produto de fantasias e da ignorância vacilante? Será que todos os grandes líderes da raça, os mártires e heróis da humanidade, viveram, lutaram, sofreram e morreram enganados, pelas meras personificações de fatos astronômicos e pelas obscenidades dissimuladas dos bárbaros?".

Introdução

A segunda explicação da propriedade comum nas religiões do mundo postula a existência de um ensinamento original sob a custódia de uma Fraternidade de grandes Instrutores espirituais que – sendo Eles mesmos o resultado de ciclos passados de evolução – agiam como instrutores e guias da humanidade infantil de nosso planeta, transmitindo às suas raças e nações, sucessivamente, as verdades fundamentais da religião, sob a forma mais adaptada às idiossincrasias daqueles que deveriam recebê-las. Segundo essa concepção, os Fundadores das grandes religiões são membros dessa Fraternidade, e foram ajudados, em Sua missão, por muitos outros membros de graus menos elevados que eles, Iniciados e discípulos de diversos graus, notáveis em seus *insights* espirituais, em seu conhecimento filosófico, ou na pureza de sua sabedoria ética. Esses homens guiaram as nações jovens, oferecendo-lhes seu método de governo, elaboraram as suas leis, guiaram-nas como reis, lhes ensinaram como filósofos, guiaram-nas como sacerdotes; todas as nações da antigüidade têm reminiscências desses homens poderosos, semideuses e heróis, e a arquitetura, a literatura e a legislação desses povos antigos conservam de tais homens traços indeléveis.

Parece difícil negar que tais homens existiram face à tradição universal, às escrituras ainda existentes e aos vestígios préhistóricos, em ruínas em toda a parte, sem mencionar outras evidências que o ignorante recusaria. Os *Livros Sagrados do Oriente* são a melhor evidência da grandeza daqueles que os escreveram; pois quem, em dias posteriores, ou nos tempos modernos, pode mesmo aproximar-se da sublimidade espiritual do pensamento religioso daqueles seres, do esplendor intelectual de sua filosofia, da amplitude e pureza de sua ética? E quando descobrimos que esses livros contêm ensinamentos sobre Deus, o homem e o Universo, ensinamentos em substância idênticos, sob uma múltipla variedade de aparência exterior, não parece irracional relacioná-los a um único corpo de doutrina central e primário. A esse corpo damos o nome de Sabedoria Divina, em sua forma grega: *Theosophia*.

Sendo como é origem e base de todas as religiões, a Teosofia não se opõe a nenhuma delas; ao contrário, purifica-as, revelando a valiosa significação interna de muita coisa que se tornou nociva em sua apresentação externa pela perversão da ignorância e

A Sabedoria Antiga

pelos acréscimos da superstição; em cada uma dessas formas a Teosofia se reconhece e se defende, e procura em cada uma delas revelar sua sabedoria oculta. Ninguém para tornar-se teosofista precisa deixar de ser cristão, budista, hindu; simplesmente ele adquirirá um enfoque mais profundo de sua própria fé, um fortalecimento das verdades espirituais, um entendimento mais amplo dos ensinamentos sagrados. Depois de outrora ter dado nascimento às religiões, a Teosofia hoje as justifica e defende. É a rocha de onde todas foram talhadas, a escavação profunda de onde todas foram extraídas. Diante do tribunal da crítica moderna, ela vem justificar as mais profundas aspirações e emoções do coração humano; confirma as esperanças que depositamos no homem; e nos restitui, mais enobrecida, nossa fé em Deus.

A verdade dessa asserção torna-se cada vez mais evidente à medida que estudamos as diversas Escrituras sagradas do mundo, e muito pouca coisa dentre a riqueza do material disponível será suficiente para estabelecer o fato e guiar o estudante na investigação de novas provas.

As principais verdades espirituais da religião podem resumir-se no seguinte:

I. Uma Existência real, eterna, infinita, incognoscível;

II. D'Aquilo, procede o Deus manifestado, desdobrando-se da unidade em dualidade, da dualidade em trindade;

III. Da Trindade manifestada procedem inumeráveis Inteligências espirituais, guiando a ordem cósmica;

IV. O homem, reflexo do Deus manifestado e, portanto, fundamentalmente uma trindade, sendo eterno o seu Ser[1] interior e verdadeiro, é uno com o Ser de todo o universo;

V. A sua evolução dá-se através de repetidas encarnações, para a qual ele é atraído pelo desejo, e da qual se liberta pelo conhecimento e sacrifício, tornando-se divino em potência como sempre fora divino em latência.[2]

---

[1] No original em inglês *Self*, que preferimos traduzir por Ser, mas que corresponde à Mônada, Espírito Eterno ou Centelha Divina no homem. (N. da ed. bras.)

[2] [Por motivos editoriais deslocamos a continuação desta Introdução para o posfácio. (N. da ed. bras.)]

Capítulo 1

O Plano Físico

Acabamos de ver que a Fonte da qual um Universo procede é um Ser Divino manifestado, a quem a Sabedoria Antiga, em sua forma moderna, atribui o nome de *Logos* ou Palavra. Esse nome foi extraído da filosofia grega, mas expressa perfeitamente a idéia antiga, a Palavra que surge do Silêncio, a Voz, o Som, pelo qual os mundos vêm à existência. Devemos agora traçar a evolução do espírito-matéria, a fim de que possamos entender algo da natureza dos materiais com os quais temos que lidar no mundo físico ou plano físico. Pois é nas potencialidades envolvidas no espírito-matéria do mundo físico que jaz a possibilidade de evolução. O processo todo é de um desabrochar, que parte do interior e que é ajudado por seres inteligentes do exterior, que podem retardar ou acelerar a evolução, mas que não podem transcender as capacidades inerentes aos materiais. É portanto necessário que façamos uma idéia dessas etapas primordiais do "vir à existência" do universo, embora qualquer tentativa de elucidação detalhada nos levaria muito além dos limites de um tratado elementar como esse. Um esboço rápido deve ser suficiente.

A Sabedoria Antiga

Saindo das profundezas da Existência Una, do Uno além de todo pensamento e de todo discurso, um *Logos*, impondo um limite a Si mesmo, circunscrevendo voluntariamente o âmbito de seu próprio Ser, torna-se o Deus manifestado, e traçando a esfera limitativa de sua atividade, Ele delimita a área de Seu universo. No interior daquela esfera o universo nasce, evolui e morre; n'Ele o universo vive, se move e tem o seu ser; sua matéria é a emanação Dele; suas forças e energias são correntes de Sua vida; Ele é imanente em cada átomo, a tudo permeia, a tudo desenvolve; Ele é a sua fonte e o seu fim, a sua causa e o seu objeto, o seu centro e circunferência; e o Universo tem n'Ele a sua fundação segura, n'Ele respira como seu espaço-ambiente; Ele está em todas as coisas, e todas as coisas estão n'Ele. Assim nos ensinaram os guardiães da Sabedoria Antiga sobre a origem dos mundos manifestados.

Da mesma fonte aprendemos a respeito do auto-desdobramento do *Logos* em uma tríplice forma; o Primeiro *Logos*, a raiz de todo Ser; d'Ele procede o Segundo, manifestando os dois aspectos de Vida e Forma, a dualidade primordial, constituindo os dois pólos da Natureza, entre os quais deverá ser tecida a trama do universo: Vida-Forma, Espírito-Matéria, Positivo-Negativo, Ativo-Receptivo, Pai-Mãe dos mundos. Finalmente, o Terceiro *Logos*, a Mente Universal, aquela na qual existe o arquétipo de todas as coisas, fonte das energias modeladoras, tesouro onde estão guardadas todas as formas arquetípicas que deverão ser manifestadas e elaboradas em tipos inferiores de matéria durante a evolução do universo. Esses são os frutos de universos passados, trazidos para servir de sementes ao universo presente.

O espírito e a matéria fenomenais de um universo qualquer são finitos em extensão e transitórios em duração, mas as raízes do espírito e da matéria são eternas. Um profundo escritor disse que a raiz da matéria[1] é percebida pelo *Logos* como um véu cobrindo a

---

[1] *Mulaprakriti.*

O Plano Físico

Existência Una, o Supremo *Brahman*[2] – para usar a denominação antiga.

É desse "véu" que se reveste o *Logos* para efeito de manifestação, servindo-se dele para o limite auto-imposto, o que torna possível a atividade. É daí que Ele elabora a matéria de seu universo, sendo Ele próprio a sua vida animadora, diretora e controladora[3].

Do que se passa nos dois planos mais elevados do universo, o sétimo e o sexto, não podemos fazer senão uma idéia muito vaga. A energia do *Logos*, como movimento turbilhonante de uma inconcebível rapidez, "cava buracos no espaço" nessa raiz de matéria, e esse vórtice de vida envolto por uma película da raiz de matéria é o átomo primordial; esses átomos e suas agregações espalham-se pelo universo inteiro, formam todas as subdivisões de espírito-matéria do plano mais elevado ou o sétimo plano. O sexto plano é formado por algumas das incontáveis miríades desses átomos primordiais, estabelecendo um vórtice nas agregações mais densas do seu próprio plano, e esse átomo primordial, envolto em fios espirais de combinações as mais densas do sétimo plano, torna-se a delicada unidade de espírito-matéria, ou, o átomo do sexto plano. Esses átomos do sexto plano e suas infinitas combinações formam as subdivisões do espírito-matéria do sexto plano. O átomo do sexto plano, por sua vez, estabelece um vórtice nas agregações mais densas de seu próprio plano, e com essas agregações mais densas formando uma superfície delimitadora, torna-se a delicada unidade de espírito-matéria, ou, o átomo do quinto plano. Novamente, esses átomos do quinto plano e suas combinações formam as subdivisões do espírito-matéria do quinto plano. O processo se repete para formar sucessivamente o espírito-matéria dos

---

[2] *Parabrahman.*

[3] Daí ser Ele chamado "o Senhor de *Maya*" em algumas escrituras orientais, sendo *Maya* ou ilusão o princípio da forma; a forma é considerada como ilusória devido à sua natureza transitória e às suas transformações incessantes; a vida que se expressa sob o véu da forma é a realidade.

A Sabedoria Antiga

planos quarto, terceiro, segundo e primeiro. Essas são as sete grandes regiões do universo, pelo menos no que diz respeito à sua constituição material. Podemos obter uma idéia melhor do processo por analogia, quando chegarmos a dominar as modificações do espírito-matéria de nosso próprio mundo físico.[4]

O termo "espírito-matéria" é empregado propositadamente. Implica no fato de que não existe matéria morta; toda matéria é viva, as partículas mais infinitesimais são vidas. A ciência diz a verdade quando afirma: "Não há força sem matéria, nem matéria sem força". Estão unidas por um casamento indissolúvel através das eras de vida de um universo, e nada lhes pode separar. A matéria é forma, e não há forma que não expresse uma vida; o espírito é vida, e não há vida que não seja limitada por uma forma. Até mesmo o *Logos*, o Senhor Supremo, tem o Universo como Sua forma enquanto durar a manifestação, e assim até o átomo.

Essa involução da vida do *Logos* como força animadora em cada partícula e seu revestimento sucessivo no espírito-matéria de todos os planos, de maneira que os materiais de cada plano tenham dentro de si ocultas, ou em estado latente, todas as possibilidades de forma e de força de todos os planos acima deles, como também aquelas que lhes são próprias – esses dois fatos tornam certa a evolução e dão às partículas mais ínfimas as potencialidades ocultas que as tornarão adequadas – quando se tornarem poderes ativos – a fazerem parte das formas dos seres mais elevados. Aliás, a evolução pode ser resumida em uma única frase: são potencialidades latentes tornando-se poderes ativos.

---

[4] O estudante poderá compreender melhor essa concepção, se considerar os átomos do quinto plano como *Atma*, os do quarto como *Atma* envolvido na matéria de *Buddhi*, os do terceiro como *Atma* envolvido nas matérias de *Buddhi* e *Manas*; os do segundo plano como *Atma* envolvido nas matérias de *Buddhi*, *Manas* e *Kama*; os do plano mais inferior como *Atma* envolvido nas matérias de *Buddhi*, *Manas*, *Kama* e *Sthula*. Só o invólucro mais exterior é ativo em cada caso, mas os interiores, embora latentes, estão presentes, prontos a manifestarem-se no arco ascendente da evolução.

O Plano Físico

A segunda grande onda de evolução, a evolução da forma, e a terceira grande onda, a evolução da autoconsciência, serão consideradas mais tarde. Essas três correntes de evolução podem ser observadas na Terra em conexão com a humanidade: a elaboração dos materiais, a construção da casa, e o crescimento do inquilino da casa; ou como foi dito acima, a evolução do espírito-matéria, a evolução da forma, a evolução da autoconsciência. Se o leitor puder perceber e reter essa idéia, verá que ela é uma chave de grande auxílio para guiá-lo através do labirinto dos fatos.

Podemos agora passar ao exame detalhado do plano físico, aquele no qual nosso mundo existe e ao qual pertencem nossos corpos.

Examinando os materiais pertencentes a esse plano, somos surpreendidos por sua enorme variedade, as inumeráveis diferenças de constituição dos objetos ao nosso redor, minerais, vegetais, animais, todos diferindo em seus elementos constituintes; matéria dura e macia, transparente e opaca, frágil e maleável, doce e amarga, agradável e nauseabunda, colorida e sem cor. Dessa confusão emergem três subdivisões da matéria, como classificação fundamental: a matéria é sólida, líquida e gasosa. Exame posterior mostra que esses sólidos, líquidos e gases são constituídos por combinações de corpos muito mais simples, chamados pelos químicos de "elementos", e que esses elementos podem existir numa condição sólida, líquida ou gasosa, sem mudarem sua natureza respectiva. Assim o elemento químico oxigênio entra na composição da madeira, e em combinação com outros elementos forma as fibras vegetais sólidas; está presente na seiva juntamente com outro elemento, dando origem a uma combinação líquida como água; e também existe por si mesmo como gás. Sob essas três condições é ainda o mesmo oxigênio. Ainda mais, o oxigênio puro pode ser reduzido do estado gasoso ao estado líquido, e de líquido em sólido, permanecendo como oxigênio puro todo o tempo; da mesma forma para os demais elementos. Desse modo obtemos como três

A Sabedoria Antiga

subdivisões, ou condições, de matéria no plano físico, os sólidos, os líquidos e os gases. Levando ainda mais longe nossas investigações, encontramos uma quarta condição, o éter, e experiências ainda mais minuciosas revelam que esse mesmo éter existe sob quatro condições, tão bem definidas quanto as condições de sólido, líquido e gás; considerando ainda o oxigênio como exemplo: assim como pode ser reduzido da condição de gás para líquido e sólido, também pode ser levado da condição gasosa através de quatro estágios etéricos, o último dos quais consiste do átomo físico ultérrimo, onde a desintegração desse átomo ao mesmo tempo retira a matéria do plano físico, passando-a ao plano imediatamente acima.

No quadro a seguir são mostrados três gases nos estados gasosos e quatro nos estados etéricos; observa-se que a estrutura do átomo físico ultérrimo é a mesma para todos, e que a diversidade dos "elementos" é devida à variedade de modos como se combinam esses átomos físicos ultérrimos. Assim, a sétima subdivisão do espírito-matéria físico é composta de átomos homogêneos; a sexta é formada de combinações heterogêneas muito simples desses átomos, cada combinação comportando-se como uma unidade; a quinta é composta de combinações mais complexas, e a quarta de combinações mais complexas ainda, mas em todos os casos essas combinações agem como unidades; a terceira subdivisão consiste de combinações ainda mais complexas, consideradas pelos químicos como átomos gasosos ou "elementos", e nessa subdivisão muitas das combinações receberam nomes especiais: oxigênio, hidrogênio, azoto, cloro, etc., e cada combinação mais recentemente descoberta recebe igualmente um nome; a segunda subdivisão consiste de combinações no estado líquido, quer sejam consideradas como elementos, tais como o bromo, quer como combinações tais como a água ou o álcool; a primeira subdivisão é composta de todos os sólidos, novamente, quer sejam considerados como elementos, tais como o iodo, o ouro, o chumbo, etc., quer como compostos, tais como a madeira, a rocha, o giz, e assim por diante.

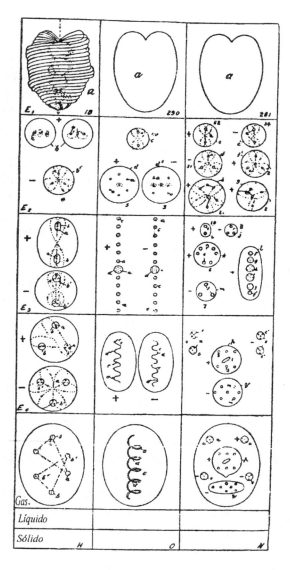

Quadro que apresenta a resolução dos alimentos químicos – Hidrogênio, Oxigênio e Nitrogênio – passando do estado gasoso através dos três estados etéricos intermediários, para o quarto estado ou condição atômica da matéria no plano físico. (Para detalhes veja *Lucifer,* vol. XVII, p. 216).

A Sabedoria Antiga

Para o estudante o plano físico pode servir de modelo do qual, por analogia, ele pode obter uma idéia das subdivisões do espírito-matéria dos outros planos. Quando um teosofista fala de um plano, quer significar com isso uma região toda ela habitada pelo espírito-matéria, do qual todas as combinações derivam de um conjunto específico de átomos; esses átomos são, por sua vez, unidades que possuem organizações similares, cuja vida é a vida do *Logos*, velada por alguns ou vários envoltórios de acordo com o plano, e cuja forma consiste das subdivisões sólidas ou inferiores de matéria, imediatamente acima. Assim um plano é tanto uma divisão na Natureza, quanto uma idéia metafísica.

Até agora estivemos estudando os resultados em nosso próprio mundo físico, da evolução do espírito-matéria em nossa divisão do primeiro plano, ou o mais inferior do nosso sistema. Por idades sem conta tem ocorrido a modelagem dos materiais, o fluxo da evolução do espírito-matéria, e vemos atualmente nos materiais do nosso globo o resultado desse trabalho de elaboração. Mas quando começamos a estudar os habitantes do plano físico, chegamos à evolução da forma, da construção de organismos a partir desses materiais.

Quando a evolução dos materiais atingiu um estágio suficientemente avançado, e a segunda grande onda de vida proveniente do *Logos* deu impulso à evolução da forma, Ele se tornou a força organizadora[5] de Seu universo, com incontáveis hostes de entidades, chamadas Construtores[6], fazendo parte da construção de formas a partir das combinações de espírito-matéria. A vida do *Logos* residente em cada forma é a sua energia central, controladora e dirigente. Essa construção das formas nos planos superiores não pode ser estudada aqui em detalhes; basta apenas dizer que todas as formas existem como idéias na Mente do *Logos*, e que nessa segunda onda de vida elas foram emanadas para servir de modelos

---

[5] Como *Atma-Buddhi*, indivisíveis em ação, denominada então como Mônada. Todas as formas têm *Atma-Buddhi* como vida controladora.

[6] Entre os Construtores algumas são Inteligências espirituais de ordem muito elevada, mas esse nome se estende também aos espíritos da Natureza. Esse assunto é tratado no Cap. 12.

O Plano Físico

aos Construtores. No terceiro e segundo planos, as primitivas combinações de espírito-matéria são planejadas de maneira a poderem facilmente assumir formas organizadas para agir como unidades, e gradualmente aumentar a sua estabilidade quando assumirem a forma de um organismo.

O processo continuou nos planos terceiro e segundo, no que são chamados de três Reinos Elementais, sendo as combinações de matéria que aí se formam genericamente chamadas de "essência elemental", e essa essência, por agregação, moldada em formas que persistem por um certo tempo, e depois se desintegram. A vida que fluiu, ou Mônada, evoluiu através desses reinos e no tempo devido alcançou o plano físico, onde começou a agregar em torno de si, partículas do éter, mantendo-as em formas diáfanas, nas quais as correntes de vida atuavam e nas quais os materiais mais densos foram construídos, formando os primeiros minerais. Nesses são maravilhosamente mostrados – como se pode ver consultando qualquer livro de cristalografia – as linhas numéricas e geométricas nas quais essas formas são construídas, e a partir delas pode-se reunir numerosa evidência de que a vida está atuando em todos os minerais, embora em maior grau de restrição e limitação. A fadiga a que estão sujeitos os metais é um outro sinal de que eles são seres vivos, mas basta dizer aqui que a doutrina oculta assim os considera, conhecedora que é dos processos já mencionados, pelos quais a vida neles se envolveu. Tendo muitos minerais adquirido grande estabilidade na forma, a Mônada, em expansão, elaborou uma maior plasticidade da forma no reino vegetal, combinando essa plasticidade com estabilidade de organização. Essas características encontraram uma expressão ainda mais perfeita de equilíbrio no reino animal, e atingiram seu ponto culminante de equilíbrio no homem, cujo corpo físico é composto de elementos de equilíbrio muito instáveis, permitindo dessa forma uma grande adaptabilidade, e ainda assim mantidos em seu conjunto por uma força central de combinação que resiste à desagregação geral, mesmo sob condições as mais variadas.

O corpo físico do homem tem duas divisões principais: o *corpo denso* feito de constituintes dos três níveis inferiores do pla-

A Sabedoria Antiga

no físico: sólidos, líquidos e gases; e o *duplo etérico*, de cor cinza violeta ou cinza azulada, que interpenetra o corpo denso, e é composto de materiais tirados dos quatro níveis superiores.

A função geral do corpo físico consiste em receber os contatos do mundo físico, e transmitir ao interior os relatórios desses contatos para o interior a fim de servir como material do qual a entidade consciente que reside no corpo os elabore e dele extraia conhecimento. A porção etérica do corpo tem também a função de agir como meio através do qual a energia vital irradiada pelo Sol possa ser adaptada às necessidades das partículas mais densas. O Sol é para o nosso sistema o grande reservatório das forças elétricas, magnéticas e vitais, derramando em abundância essas correntes vivificadoras de energia. Elas são assimiladas pelo duplo etérico de todos os minerais, vegetais, animais e homens, e por eles transformadas nas diversas energias vitais necessárias a cada entidade[7]. Os duplos etéricos as absorvem, especializando-as e distribuindo-as pelas contrapartes físicas. Já se observou que onde há saúde vigorosa o duplo etérico transmuta uma quantidade de energia vital muito maior do que a necessária para a manutenção do corpo físico, e que esse excesso é irradiado e utilizado pelos organismos mais fracos. O que é tecnicamente chamado de aura da saúde é a parte do duplo etérico que se estende alguns centímetros acima de toda superfície do corpo, e que mostra linhas radiantes, semelhantes aos raios de uma esfera, expandindo-se em todas as direções. Essas linhas murcham quando a vitalidade diminui abaixo do limite de saúde, e novamente assumem seu caráter radiante quando o vigor é renovado. É essa energia vital, especializada pelo duplo etérico, que é vertida pelo magnetizador para a restauração dos fracos e para a cura de doenças, embora ele muitas vezes entremeie a essa energia, correntes de um tipo mais rarefeito. Daí a exaustão de energia vital mostrada no esgotamento do magnetizador que prolonga seu trabalho até o excesso.

---

[7] Quando assim especializada, essa vida recebe o nome de *Prana*, e torna-se o alento vital de cada criatura. Enfim, *Prana* é o nome para a vida universal ao ser assimilada por uma entidade e que mantém a sua vida separada.

O Plano Físico

O corpo humano é sutil ou denso em sua contextura, conforme os materiais retirados do plano físico para sua composição. Cada subdivisão de matéria fornece substâncias mais sutis ou mais densas; compare os corpos de um açougueiro e o de um estudante refinado: ambos contêm sólidos, mas sólidos de qualidades bastante diferentes. Ademais, sabemos que um corpo denso pode ser refinado, e um corpo delicado pode tornar-se denso. O corpo está constantemente mudando; cada partícula é uma vida, e as vidas vêm e se vão. São atraídas por um corpo que vibre no mesmo diapasão que elas, e são repelidas por corpos de natureza oposta à sua. Todas as coisas vivem em vibrações rítmicas, todas procuram a harmonia e são repelidas pela dissonância. Um corpo puro repele partículas impuras porque essas vibram em níveis discordantes do seu próprio; um corpo denso as atrai porque suas vibrações estão de acordo com as suas. Daí se conclui que se um corpo muda seus níveis de vibração, expele gradualmente para fora de si os constituintes que não se adaptam ao novo ritmo, e os substitui tomando à Natureza exterior novos elementos que sejam harmoniosos. A Natureza fornece materiais que vibram de todos os modos possíveis, e cada corpo exerce sua própria ação seletiva.

Na primitiva constituição dos corpos humanos essa ação seletiva era devida à Mônada da Forma[8], mas agora que o homem é uma entidade autoconsciente ele supervisiona sua própria construção. Pelos seus pensamentos ele toca a nota fundamental de sua música e determina os ritmos que são os fatores mais poderosos nas modificações contínuas de seu corpo físico e seus outros corpos. À medida que aumenta o seu conhecimento aprende a elaborar o seu corpo físico com uma alimentação pura, e assim facilita a sua afinação. Aprende a viver de acordo com o axioma da purificação: "Alimentação pura, mente pura e um constante pensamento em Deus". Como a mais elevada das criaturas que vivem no plano físico, ele é o vice-rei do *Logos*, responsável na amplitude de seus

---

[8] No *Glossário Teosófico,* encontramos a conceituação geral do termo Mônada. (Nota. da ed .bras.)

A Sabedoria Antiga

poderes, pela ordem, pela paz e pelo bom governo; e ele não pode dispensar esse dever sem esses três requisitos.

O corpo físico, desse modo composto de elementos extraídos de todas as subdivisões do plano físico, está apto a receber dele impressões de toda espécie e a responder às mesmas. Seus primeiros contatos serão de natureza a mais simples e grosseira, e à medida que a vida interior vibra em resposta ao estímulo vindo do exterior, e lançando suas moléculas em vibrações simpáticas, desenvolve-se por todo o corpo o sentido do tato, a identificação de algo entrando em contato com ele. À medida que órgãos especializados são desenvolvidos para receberem tipos especiais de vibração, o valor do corpo aumenta como um veículo futuro para uma entidade consciente no plano físico. Quanto mais ele possa responder a impressões, tanto mais útil ele se torna; pois somente aquelas impressões às quais possa responder podem alcançar a consciência. Mesmo agora há miríades de vibrações na Natureza física pulsando ao nosso redor de cujo conhecimento estamos barrados devido à inabilidade de nosso veículo físico de receber e vibrar de acordo com elas. Belezas inimagináveis, belos sons, sutilezas delicadas, tocam os muros da nossa casa-prisão e seguem em frente desapercebidos. Ainda não está desenvolvido o corpo perfeito que vibrará em harmonia com todas as pulsações da Natureza, como uma harpa eólia ao sopro do zéfiro.

As vibrações que o corpo pode receber ele as transmite aos centros físicos, pertencentes ao seu sistema nervoso altamente complexo. As vibrações etéricas que acompanham todas as vibrações dos constituintes físicos mais densos, são de modo semelhante recebidas pelo duplo etérico, e transmitidas aos seus centros correspondentes. A maior parte das vibrações na matéria densa é transformada em calor químico, e em outras formas de energia física; o etérico faz surgir as ações magnética e elétrica, e também passa adiante as vibrações até o corpo, de onde elas atingem a mente, como mais tarde veremos. Assim as informações concernentes ao mundo exterior chegam à entidade consciente que habita o corpo, o Senhor do corpo, como é às vezes chamado. À medida que as vias de informação se aperfeiçoam e são exercitadas, a enti-

O Plano Físico

dade consciente se desenvolve graças aos materiais que elas fornecem ao pensamento, mas o homem está ainda tão pouco evoluído, que mesmo o duplo etérico não está ainda suficientemente harmonizado para transmitir regularmente ao homem as impressões recebidas, independentemente de seu companheiro mais denso, ou mesmo para inculcá-las em seu cérebro. Ocasionalmente ele obtém sucesso e então temos a clarividência em sua forma mais inferior, a visão do duplo etérico de objetos físicos e de coisas que têm corpos etéricos como suas vestimentas mais inferiores.

Como veremos, o homem habita em vários veículos, físico, astral e mental, e é importante saber e lembrar que, à medida que estamos em uma evolução ascendente, o mais inferior dos veículos, o corpo físico denso, é o primeiro que a consciência controla e racionaliza. O cérebro físico é o instrumento de consciência no estado de vigília no plano físico, e a consciência funciona – no homem não evoluído – de maneira mais efetiva que em qualquer outro veículo. Suas potencialidades são inferiores às dos outros veículos mais sutis, porém sua realidade é maior, e o homem reconhece a si mesmo como "eu"[9] no corpo físico, antes de se descobrir como tal nos outros corpos. Mesmo que seja mais altamente evoluído do que a média das pessoas, ele não se revelará aqui senão nos limites permitidos por seu organismo físico, porque a consciência somente pode manifestar-se no plano físico dentro da capacidade de suportar do veículo físico.

Os corpos denso e etérico normalmente não se separam durante a vida terrestre; normalmente funcionam juntos, como as cordas inferiores e superiores de um mesmo instrumento quando uma corda é tocada, mas também desenvolvem atividades separadas embora coordenadas.

Sob condições de saúde fraca ou de excitação nervosa, o duplo etérico pode ser em grande parte anormalmente projetado para fora do corpo denso; esse fica, então, muito vagamente consciente, ou em transe, conforme a maior ou menor quantidade de substância etérica projetada. Os anestésicos afastam a maior parte

---

[9] No original em inglês "I", na tradução optou-se por diferenciar o "eu" minúsculo do "Eu" maiúsculo, para melhor entendimento. (N. da ed. bras.)

A Sabedoria Antiga

do duplo etérico, de forma que a consciência não pode afetar ou ser afetada pelo corpo denso, estando interrompida sua ponte de comunicação. Nas pessoas de constituição anormal chamadas médiuns, a separação entre os corpos etérico e denso ocorre facilmente, e o duplo etérico, quando projetado, fornece em grande parte a base física necessária às "materializações".

Durante o sono, quando a consciência abandona o veículo físico, do qual faz uso no estado de vigília, os corpos denso e etérico permanecem juntos, mas na vida física de sonhos, eles de algum modo funcionam independentemente. Impressões recebidas no estado de vigília são reproduzidas pela ação automática do corpo, e tanto o cérebro denso quanto o etérico ficam povoados de imagens fragmentárias e incoerentes, onde as vibrações, por assim dizer, colidem desordenadamente entre si, produzindo as mais grotescas combinações. As vibrações exteriores também afetam ambos, e as combinações freqüentemente formadas no estado de vigília são facilmente trazidas à atividade por correntes do mundo astral de natureza análoga. As imagens produzidas em nossos sonhos, geradas espontaneamente ou suscitadas por uma força exterior, são em grande parte determinadas pela pureza ou impureza dos nossos pensamentos no estado de vigília.

Por ocasião do que se chama morte, o duplo etérico é retirado de sua contraparte densa pela consciência que se liberta; rompe-se assim o laço magnético que havia entre ambos durante a vida terrestre, e a consciência permanece durante algumas horas envolta nessa roupagem etérica. Às vezes, nesse estado, ela aparece às pessoas que lhe são mais chegadas, sob uma forma nebulosa, muito vagamente consciente e muda – a aparição. O duplo pode igualmente ser visto depois que a entidade consciente dele se retirou, flutuando acima do túmulo onde a contraparte densa está sepultada, lentamente se desagregando à medida que o tempo passa.

Quando se aproxima o momento de renascer, o duplo etérico é formado antes do corpo físico, o último modelando-se por ele em seu desenvolvimento pré-natal. Pode-se dizer que esses corpos determinam as limitações entre as quais a entidade consciente terá de viver e trabalhar durante sua vida terrestre, um assunto que será mais completamente explicado no Capítulo 9, sobre o carma.

Capítulo 2

O Plano Astral

O plano astral é a região do universo mais próxima do plano físico, se é que se pode empregar nesse sentido a idéia de proximidade. A vida é mais ativa ali do que no plano físico, e a forma é mais plástica. O espírito-matéria daquele plano é mais altamente vitalizado e mais sutil do que qualquer grau de espírito-matéria no mundo físico. Pois, como vimos, o átomo físico ultérrimo, constituinte do éter mais sutil, tem como superfície envoltória inumeráveis agregados da mais densa matéria astral. A idéia de proximidade é, porém, inadequada, porque sugere que os planos do universo são dispostos em círculos concêntricos, como se o limite de um marcasse o início do próximo. Mais exatamente são esferas concêntricas interpenetrantes, separadas entre si, não espacialmente, mas pela diferença de sua constituição. Assim como o ar permeia a água e o éter permeia o sólido mais denso, a matéria astral interpenetra todas as substâncias físicas. O mundo astral está acima de nós, abaixo de nós, ao redor de nós, através de nós; vivemos e nos movemos nele, mas ele é intangível, invisível, inaudível, imperceptível, porque a prisão do corpo físico nos separa dele, por serem as partículas físicas demasiadamente densas para serem postas em vibração pela matéria astral.

A Sabedoria Antiga

Neste capítulo estudaremos o plano em seus aspectos gerais, deixando de lado para considerar isoladamente aquelas condições especiais de vida no plano astral que rodeiam as entidades humanas que o atravessam quando vão da Terra ao Céu.[1].

O espírito-matéria do plano astral existe em sete subdivisões, como vimos no espírito-matéria do plano físico. Lá, como aqui, existem inumeráveis combinações, formando os sólidos, os líquidos, os gases e os éteres. Mas lá, a maior parte das formas materiais têm, quando as comparamos com as do mundo físico, um brilho, uma translucidez que lhes fizeram receber o epíteto de astrais ou estreladas – um epíteto que é na verdade enganador, mas que já está por demais consagrado pelo uso para ser alterado. Como não existem nomes específicos para as subdivisões do espírito-matéria astral, podemos empregar as designações terrestres. A idéia essencial a ser compreendida é a de que os objetos astrais são combinações de matéria astral, assim como os objetos físicos são combinações de matéria física, e de que a paisagem do mundo astral muito se assemelha à da Terra, por ser formada em geral pelos duplos astrais dos objetos físicos. Uma particularidade, porém, surpreende e desconcerta o observador pouco experimentado; devido em parte à translucidez dos objetos astrais, e em parte devido à natureza da visão astral – sendo a consciência menos entravada pela matéria astral mais sutil do que quando envolta na matéria terrestre – tudo é transparente, a parte de trás tão visível quanto a parte da frente, a parte interna tanto quanto a externa. É necessário alguma experiência, porém, antes que os objetos possam ser vistos corretamente, e uma pessoa que desenvolveu a visão astral, mas que ainda não tenha muita experiência no seu uso, está propensa a receber as impressões mais disparatadas e cometer os erros mais surpreendentes.

---

[1] *Devachan*, o estado feliz ou luminoso, é o nome teosófico para o Céu. *Kamaloka*, o lugar do desejo, é o nome dado para as condições de vida intermediária no plano astral.

O Plano Astral

Uma outra característica notável e de início surpreendente do mundo astral é a rapidez com que as formas – especialmente quando desconectadas de qualquer matriz terrestre – mudam seus contornos.

Uma entidade astral pode modificar seu aspecto completamente com a mais espantosa rapidez, porque a matéria astral toma forma a cada emissão do pensamento, a vida rapidamente remodelando a forma para lhe dar nova expressão. Quando a grande onda de vida da evolução da forma descia através do plano astral, e ali constituiu o Terceiro Reino Elemental, a Mônada atraiu em torno de si combinações de matéria astral, dando a essas combinações – chamadas de essência elemental – uma vitalidade peculiar e a característica de responder ao impulso das vibrações mentais, imediatamente assumindo uma forma. Essa essência elemental existe em centenas de variedades em cada subdivisão do plano astral, como se o ar se tornasse visível aqui – como de fato ele pode ser visto em ondas vibrantes sob intenso calor – e estivesse em constante movimento ondulatório com cores cambiantes como a madrepérola. Essa vasta atmosfera de essência elemental está sempre respondendo às vibrações causadas por pensamentos, sentimentos e desejos, e é lançada em movimento febril quando há uma avalanche de qualquer um desses, parecendo bolhas em água fervente.[2] A duração da forma depende da força do impulso que lhe deu nascimento; a nitidez dos seus contornos depende da precisão do pensamento, e a cor depende da qualidade do pensamento – intelectual, devocional ou passional.

Os pensamentos vagos e indefinidos que as mentes pouco desenvolvidas geram em grande quantidade atraem em torno delas mesmas nuvens difusas de essência elemental, quando chegam ao mundo astral, aí vagando sem direção, atraídas daqui para ali para outras nuvens de natureza análoga, aderindo ao corpo astral das pessoas cujo magnetismo as atrai – sejam bons ou maus – desinte-

---

[2] *O Plano Astral*, C.W.Leadbeater . Ed. Pensamento, São Paulo. (Nota da ed. bras.)

A Sabedoria Antiga

grando-se depois de algum tempo, para voltar novamente à atmosfera geral de essência elemental. Enquanto conservarem uma existência separada, são entidades vivas, com corpos de essência elemental, com pensamentos como vida animadora, e então são chamados de elementais artificiais ou formas-pensamento.

Os pensamentos claros e precisos têm cada um suas próprias formas definidas, de contornos firmes, e mostram uma infinita variedade de desenhos. Essas formas são modeladas pelas vibrações estabelecidas pelo pensamento, de uma maneira semelhante às figuras que encontramos no plano físico e que são determinadas pelas vibrações do som. As "figuras vocais" oferecem uma analogia muito boa às "figuras mentais", pois a Natureza, com toda a sua infinita variedade, é muito conservadora quanto a princípios, e reproduz os mesmos métodos de trabalho em todos os planos sucessivos dos seus reinos. Esses elementais artificiais claramente definidos têm uma vida mais longa e mais ativa que seus irmãos nebulosos, e exercendo uma ação muito mais poderosa sobre os corpos astrais (e através desses sobre as mentes) daqueles para os quais são atraídos. Eles estabelecem nesses corpos vibrações semelhantes às suas, e assim os pensamentos se transmitem de mente em mente, sem nenhum meio físico. Mais do que isso: podem ser dirigidos pelo pensador para qualquer pessoa que deseje atingir, dependendo a potência deles da força de vontade e da intensidade do seu poder mental.

Entre pessoas comuns, os elementais artificiais criados pelo sentimento ou pelo desejo são mais vigorosos e mais definidos que os criados pelo pensamento. Assim, uma explosão de cólera causará uma poderosa fulguração vermelha, com contornos bem definidos, e uma cólera mantida durante muito tempo criará um perigoso elemental de cor vermelha, pontiagudo, cortante, ou de outro modo pronto a fazer o mal. O amor, conforme sua qualidade, determinará formas mais ou menos belas em cor e desenho, em todos os tons de carmesim até os matizes mais belos e delicados, do rosa, semelhantes aos mais pálidos fulgores de um crepúsculo ou da aurora, nuvens ou formas fortes e suavemente protetoras. Muitas vezes as

O Plano Astral

preces amorosas de uma mãe vão pairar, como formas angelicais, em volta de seu filho, desviando dele influências perniciosas por acaso atraídas pelos pensamentos dele mesmo.

É característico desses elementais artificiais, quando dirigidos pela vontade para uma certa pessoa, que sejam animados pelo impulso único de executar a vontade de seu criador. Um elemental protetor irá pairar em torno de seu objetivo, procurando todas as ocasiões para desviar o mal ou atrair o bem – não conscientemente, mas por um impulso cego, como que encontrando ali a linha de menor resistência. Assim também, um elemental animado por um pensamento maligno irá pairar em torno da vítima, procurando a ocasião favorável para prejudicá-la. Mas nem um nem outro pode causar qualquer impressão a não ser que haja no corpo astral da pessoa para quem se dirigem, alguma coisa de natureza análoga à deles, algo que possa responder em ressonância com eles, permitindo assim que se fixem. Se nessa pessoa nada haja de matéria análoga à sua, então, por uma lei de sua própria natureza, recuam e voltam ao longo da trajetória já percorrida até essa pessoa – o traço magnético que deixaram atrás de si – e lançam-se sobre o seu próprio criador com uma força proporcional à de sua projeção. Assim um pensamento de ódio mortal, não podendo atingir aquele para quem era dirigido, é dito causar a morte de quem o emitiu, enquanto que bons pensamentos dirigidos a uma pessoa indigna, recaem como uma benção sobre aquele que os produziu.

Um leve entendimento do mundo astral agirá como um poderoso estimulante dos bons pensamentos, despertará em nós o sentimento de forte responsabilidade com relação aos pensamentos e aumentará o sentido de responsabilidade com relação a pensamentos, sentimentos e desejos que liberamos para o reino astral. Tais como vorazes animais de rapina, que despedaçam e devoram, são a maior parte dos pensamentos com que os homens povoam o plano astral. Mas eles pecam por ignorância, não sabendo o que fazem. Um dos objetivos do ensinamento teosófico, ao levantar parcialmente o véu do mundo invisível, é fornecer aos homens uma base mais firme para a sua conduta, uma apreciação mais ra-

A Sabedoria Antiga

cional das causas cujos efeitos somente são visíveis no mundo terrestre. E poucas de suas doutrinas são mais importantes em seu porte ético do que essa da criação e do direcionamento das formas-pensamento, ou elementais artificiais, pois é por meio dela que o homem fica sabendo que a sua mente não diz respeito exclusivamente a si mesmo, que seus pensamentos não afetam a ele somente, mas que ele está sempre lançando anjos e demônios no mundo dos homens, por cuja criação e influência ele se torna responsável. Que os homens, pois, conheçam a lei e pautem por ela os seus pensamentos.

Se, em vez de considerar os elementais artificiais separadamente, os tomarmos em conjunto, é fácil compreender o efeito colossal que eles exercem na produção dos sentimentos nacionalistas e racistas, tornando, por conseqüência, a mente tendenciosa e preconceituosa. Todos nós crescemos em uma atmosfera em que pululam elementais que corporificam certas idéias; os preconceitos nacionais, a maneira nacional de considerar todas as questões, os tipos de sentimentos ou pensamentos nacionais, tudo isso atua sobre nós desde o nosso nascimento, é verdade, e até mesmo antes. Vemos tudo através dessa atmosfera, cada pensamento é mais ou menos refratado por ela, e os nossos próprios corpos astrais vibram de acordo com ela. Daí que a mesma idéia parecerá bastante diferente para um hindu, um inglês, um espanhol e um russo; alguns conceitos, fáceis para um, serão quase impossíveis para o outro; costumes instintivamente atraentes para um são instintivamente odiosos para o outro. Todos nós somos dominados por nossa atmosfera nacional, isto é, por essa porção do mundo astral que mais proximamente nos envolve. Os pensamentos dos outros, fundidos quase todos no mesmo molde, agem sobre nós, pondo em ação em nós vibrações sincrônicas; elas intensificam os pontos sobre os quais estamos de acordo com o nosso meio e aplainam as diferenças, e essa ação incessante sobre nós, por intermédio do corpo astral, imprime em cada um de nós a marca nacional de contraste e abre canais para as energias mentais fluírem prontamente por eles. Dormindo ou acordados, essas correntes influem sobre nós, e a

O Plano Astral

nossa própria inconsciência em relação à sua ação ainda as tornam mais eficazes. Como geralmente em sua natureza a maior parte das pessoas é mais receptiva que ativa, elas agem quase como repetidores automáticos dos pensamentos que chegam a elas e, assim, a atmosfera nacional é continuamente intensificada.

Quando uma pessoa começa a tornar-se sensível às influências astrais, acontece, às vezes, sentir-se oprimida, dominada por um pavor inteiramente inexplicável e aparentemente irracional, que se precipita contra ela com uma força capaz de paralizá-la. Deve lutar contra ela com todas as forças, embora ainda sinta sua presença, e se ressinta por isso. Provavelmente poucos são aqueles que não experienciaram esse medo de algum modo, o medo desconfortável de algo invisível, o medo de uma presença, de "não estar só". Essa sensação surge em parte de uma certa hostilidade que anima o mundo elemental natural contra o mundo dos homens, que se deve à reação no astral às forças destrutivas postas em jogo pela humanidade no mundo físico, mas também é grandemente devido à presença de multidões de elementais artificiais de Natureza hostil, produzidos pelas mentes humanas. Pensamentos de ódio, inveja, vingança, amargura, suspeição e desgosto são produzidos aos milhões, povoando o plano de elementais artificiais cujas vidas são totalmente animadas por esses sentimentos. Quanta desconfiança e suspeitas indefinidas são também derramadas pelo ignorante contra todos aqueles cujo aspecto e maneiras lhes são estranhos e pouco familiares! A desconfiança cega para com todos os estrangeiros, o desprezo grosseiro, que se estende por muitas localidades, mesmo contra os habitantes do distrito vizinho – essas coisas também contribuem com influências nocivas para o mundo astral. Havendo tanto dessas coisas entre nós, criamos no mundo astral um exército cegamente hostil, a que os nossos corpos astrais respondem com um sentimento de pavor, criado pelas vibrações antagônicas que são sentidas, mas não compreendidas.

Fora a classe de elementais artificiais, o mundo astral é densamente povoado, mesmo excluindo, como estamos fazendo por enquanto, todas as entidades humanas que perderam seus corpos

A Sabedoria Antiga

físicos com a morte. Há grandes hostes de elementais naturais, ou espíritos da Natureza, divididos em cinco classes principais – os elementais do éter, do fogo, do ar, da água e da terra; os quatro últimos grupos foram chamados, pelos ocultistas medievais, de Salamandras, Silfos, Ondinas e Gnomos (desnecessário dizer que existem duas outras classes, totalizando sete, que não nos dizem respeito aqui, uma vez que ainda não se encontram manifestadas). São esses os verdadeiros elementais, ou criaturas dos elementos terra, água, ar, fogo e éter, e eles estão verdadeiramente ocupados em levar adiante as atividades concernentes aos seus respectivos elementos; são eles os canais através dos quais as energias divinas operam nesses diversos campos, a expressão viva da lei em cada um. À frente de cada uma dessas divisões se encontra um grande Ser, o capitão de uma hoste poderosa[3], a inteligência diretora e orientadora de todo o departamento da Natureza que é administrado e energizado pela classe de elementais sob seu controle. Assim Agni, o Deus do fogo, é uma grande entidade espiritual que preside as manifestações do fogo, em todos os planos do Universo, e exerce sua administração por intermédio das legiões de elementais do fogo. Pela compreensão da natureza desses seres, ou conhecendo os métodos para controlá-los, são produzidos os chamados milagres ou feitos mágicos, que de tempos em tempos são registrados pela imprensa, sejam eles decididamente o resultado de artes mágicas, ou sejam executados com a ajuda de "espíritos" – como no caso do falecido Sr. Home, que podia pegar tranqüilamente com os dedos um carvão ardente em um braseiro e mantê-lo na mão sem se queimar. A levitação (a suspensão de um corpo pesado no ar sem suporte visível) e o caminhar sobre as águas têm sido executados com o auxílio dos respectivos elementais do ar e da água, embora um outro método seja mais freqüentemente empregado.

---

[3] Chamado de Deva, ou Deus, pelos hindus. Os nomes dos cinco Deuses dos elementos manifestados são: Indra, o Senhor do *Akasha*, ou éter do espaço; Agni, Senhor do fogo; Pavana, Senhor do ar; Varuna, Senhor da água; Kshiti, Senhor da terra.

O Plano Astral

Como os elementos penetram o corpo humano, predominando um ou outro conforme a natureza da pessoa, cada ser humano se relaciona com esses elementais, e os que lhe são mais amistosos são aqueles cujo elemento lhe seja preponderante. Os efeitos desse fato são freqüentemente observados, e são popularmente atribuídos à "sorte". Diz-se que uma pessoa tem a "mão boa" para as plantas crescerem, para acender fogareiros, achar águas subterrâneas, etc., etc. A Natureza está sempre a nos empurrar por meio de suas forças ocultas, mas somos lentos em perceber suas insinuações. Às vezes a tradição esconde uma verdade num provérbio ou numa fábula, mas deixamos para trás todas essas "superstições".

Encontramos também, no plano astral, espíritos da Natureza – inadequadamente chamados de elementais – que se ocupam da construção das formas nos reinos mineral, vegetal, animal e humano. Há espíritos da Natureza que constroem minerais, que guiam as energias vitais nas plantas, e que, molécula a molécula, formam os corpos do reino animal; ocupam-se da construção do corpo astral dos minerais, dos vegetais e dos animais, e também dos corpos físicos. Esses são as fadas e os elfos das lendas, as "pequenas criaturas" que representam um grande papel no folclore de todas as nações, os filhos encantadores e irresponsáveis da Natureza, friamente relegados pela ciência ao âmbito das histórias infantis, mas a quem um dia lhes será devolvido, por cientistas mais sábios de dias futuros, seu verdadeiro lugar na ordem natural das coisas. Apenas poetas e ocultistas acreditam neles hoje em dia, os poetas pela intuição relativa a seu gênio, e os ocultistas pela visão de seus sentidos internos treinados. A multidão se ri de ambos, sobretudo dos ocultistas; mas não importa – a Sabedoria fará justiça a seus filhos.

A ativa circulação das correntes de vida no duplo etérico das formas dos reinos mineral, vegetal e animal despertaram de seu estado latente a matéria astral envolta na estrutura de seus constituintes atômicos e moleculares. Ela começou a vibrar de maneira muito limitada nos minerais, e a Mônada da forma, exercendo o seu poder organizador, atraiu materiais do mundo astral, com os

A Sabedoria Antiga

quais os espíritos da Natureza elaboraram uma massa vagamente constituída, o corpo astral mineral. No reino vegetal, os corpos astrais são um pouco mais organizados, e sua característica especial, a "sensação", começa a aparecer. Sensações monótonas e difusas de bem-estar e desconforto já podem ser observadas na maioria dos vegetais como resultado da crescente atividade do corpo astral. As plantas gozam vagamente do ar, do Sol, da chuva, procurando-os às apalpadelas, ao passo que recuam ante condições nocivas. Algumas procuram a luz, outras a escuridão; elas respondem aos estímulos e se adaptam às condições externas, mostrando, algumas, claramente, um sentido de tato. No reino animal o corpo astral é mais desenvolvido, alcançando nos membros mais elevados daquele reino uma organização suficientemente definida para manter sua coesão durante certo tempo após a morte do corpo físico, e para levar uma existência independente no plano astral.

Os espíritos da Natureza ligados à construção dos corpos astrais animal e humano receberam o nome especial de elementais do desejo[4], porque são poderosamente animados por desejos de todo tipo, e se introduzem constantemente na constituição dos corpos astrais de animais e humanos. Eles também usam as variedades de essência elemental análogas às que compõem os seus próprios corpos, para construir os corpos astrais dos animais, de modo que esses corpos adquiram, como parte integrante de sua estrutura, os centros de sensação e das diversas atividades emocionais. Esses centros são estimulados a funcionar por impulsos recebidos pelos órgãos físicos densos, e transmitidos pelos órgãos etéricos físicos para o corpo astral. Enquanto o centro astral não é atingido, o animal não experimenta prazer ou dor. Uma pedra pode ser golpeada, mas não experimentará dor alguma; ela possui moléculas físicas densas e etéricas, mas o seu corpo astral não está organizado; o animal sente dor em conseqüência de um golpe, porque possui os

---

[4] *Kamadeva*: literal e popularmente (Índia) o deus do Amor. *Glossário Teosófico*. (Nota da ed. bras.)

O Plano Astral

centros astrais da sensação, e os elementais do desejo cingiram nele sua própria natureza.

Como uma nova consideração penetra o trabalho desses elementais com o corpo astral humano, terminaremos nosso exame dos habitantes do plano astral antes de estudar essa forma astral mais complicada.

Os corpos de desejo[5], ou corpos astrais, dos animais, têm no plano astral, como foi dito recentemente, uma existência independente embora efêmera, após a morte haver destruído sua contraparte física. Nos países "civilizados" esses corpos astrais animais contribuem muito para aumentar o sentimento geral de hostilidade de que falamos antes, pois o massacre organizado de animais nos matadouros e por esportes lança anualmente no mundo astral milhões e milhões dessas criaturas cheias de horror, de terror e de aversão aos seres humanos. O número comparativamente mínimo das criaturas que se deixa morrer em paz e quietude perde-se no meio da imensidão dos sacrificados, e as correntes geradas por esses derramam influências do mundo astral, sobre as raças humanas e animais, que os afastam ainda mais e produzem, de um lado, o temor e a desconfiança "instintiva", e de outro o desejo de infligir crueldade.

Esses sentimentos têm sido fortemente intensificados nos últimos anos pelo método de tortura científica friamente premeditado chamado vivissecção, método cuja crueldade sem nome tem introduzido novos horrores no mundo astral, pela reação sobre os culpados[6], e ao mesmo tempo aumentando o abismo entre o homem e seus "pobres parentes".

Afora o que podemos chamar de população normal do mundo astral, há viajantes de passagem por lá, que para lá vão em função do seu trabalho, e que não podemos deixar inteiramente de

---

[5] *Kamarupa*, é o nome técnico para o corpo astral, de *kama*, desejo, e *rupa*, forma.

[6] Veja o Capítulo 3 sobre o *Kamaloka*.

A Sabedoria Antiga

mencionar. Alguns desses vêm de nosso próprio mundo terrestre, enquanto outros são visitantes vindos de regiões mais elevadas.

Entre os primeiros, muitos são Iniciados de vários graus, alguns pertencendo à Grande Loja Branca – a Fraternidade Tibetana, ou do Himalaia, como é muitas vezes chamada[7] – ao passo que outros são membros de diferentes lojas ocultas, espalhadas pelo mundo, cuja coloração varia, desde o branco até o negro, passando por todos os matizes do cinzento[8]. São todos seres humanos vivendo em corpos físicos, e que aprenderam a abandonar o seu invólucro físico à vontade, para agir conscientemente no corpo astral. Eles se situam em todos os graus de saber e de virtude, benfeitores e malfeitores, fortes e fracos, meigos e ferozes. Há também muitos jovens aspirantes, ainda não iniciados, que estão aprendendo a servir-se do veículo astral, e que estão envolvidos em obras boas ou malignas, segundo o caminho que desejam seguir.

Após esses, temos sensitivos em diversos graus de desenvolvimento, uns bem despertos, outros em estado de sonho e confusos, vagando sem direção enquanto os seus corpos físicos estão adormecidos ou em estado de transe. Inconscientes do ambiente exterior, envoltos em seus próprios pensamentos, encapsulados por assim dizer dentro de suas conchas astrais, estão milhões de corpos astrais à deriva habitados por entidades conscientes, cujas moldu-

---

[7] A Sociedade Teosófica deve sua origem a alguns membros dessa Fraternidade.

[8] Os ocultistas desinteressados, exclusivamente consagrados ao cumprimento da vontade divina, ou os que trabalham para adquirir essas virtudes são chamados "brancos". Os que são egoístas e trabalham contra o propósito divino no Universo, são chamados "negros". A abnegação que irradiam, o amor e o devotamento são as características dos primeiros; o egoísmo que se fecha, o ódio e a arrogância são as marcas dos segundos. Entre os dois existem as classes cujo motivo é misto, que ainda não compreenderam a necessidade de evoluir, ou para o Ser Uno, ou para o ser separado, e por isso lhes dei o nome de "cinzentos". Os seus membros vagam sem rumo, ou se juntam deliberadamente a um ou outro desses dois grandes grupos. [Os termos "branco" e "negro" foram usados pela autora exclusivamente para indicar que, no processo da vida, os primeiros buscam a luz da Unidade e os segundos, as trevas da separatividade]. (Nota da ed. bras.)

O Plano Astral

ras físicas estão profundamente adormecidas. Como veremos dentro em pouco, a consciência em seu veículo astral desprende-se quando o corpo adormece e passa ao plano astral; mas fica inconsciente de tudo que a rodeia, até que o corpo astral esteja suficientemente desenvolvido para funcionar independente do corpo físico.

Ocasionalmente se vê nesse plano um discípulo[9] que passou pela morte, e que está esperando uma reencarnação quase imediata sob a direção de seu Mestre. Ele goza, evidentemente, de sua plena consciência, e trabalha como outros discípulos que apenas se afastaram do corpo físico adormecido. Em determinado estágio[10] é permitido ao discípulo reencarnar bem rapidamente após a morte, e nessas circunstâncias ele tem que esperar no plano astral por uma oportunidade favorável para o renascimento.

Os seres humanos a caminho da reencarnação também passam através do plano astral; eles serão novamente mencionados mais tarde[11] e não se ocupam de modo algum com a vida geral do mundo astral. Os elementais do desejo, no entanto, que tenham afinidade com eles devido às atividades emocionais e sensoriais de seu passado, reúnem-se em torno deles, ajudando na construção do novo corpo astral para a próxima existência terrestre.

Passemos à consideração do corpo astral humano durante o período da existência neste mundo, e estudemos sua natureza e sua constituição, como também suas relações com o reino astral. Tomaremos o corpo astral de (a) um homem não evoluído; b) de um homem comum, e; c) de um homem espiritualmente desenvolvido.

(a) O corpo astral de um homem não evoluído é uma massa nebulosa, imprecisamente organizada, e vagamente definida de espírito-matéria astral, contendo materiais – tanto matéria astral quanto essência elemental – tirados de todas as subdivisões do plano astral, mas com uma grande predominância das substâncias do plano inferior, por isso é de contextura densa e grosseira, apto a

---

[9] Um chela, o discípulo aceito de um Adepto.
[10] Veja o Cap. 11: A Ascensão Humana.
[11] Veja o Cap. 7: A Reencarnação.

A Sabedoria Antiga

responder a todos os estímulos que se prendem às paixões e aos apetites. As cores causadas pelos ritmos vibratórios são embaçadas, lamacentas e sombrias – marrons, vermelhos opacificados, verdes sujos, são os matizes predominantes. Não há qualquer jogo de luz, nenhuma cintilação rápida de cores cambiantes pulsando através desse corpo astral, mas as diversas paixões se mostram sob a forma de ondas pesadas ou, quando violentas, sob a forma de relâmpagos; assim, a paixão sexual produzirá uma onda de carmesim escuro, a cólera, um relâmpago vermelho e lúgubre.

O corpo astral é maior que o corpo físico, estendendo-se em torno desse em todas as direções 25 ou 30 centímetros no exemplo que estamos considerando. Os centros dos órgãos sensoriais estão nitidamente assinalados, e mostram atividades quando afetados do exterior; mas no estado de repouso as correntes vitais são apáticas, e o corpo astral, não recebendo estímulo dos mundos físico e mental, permanece inerte e indiferente[12]. Uma característica constante do estado não - desenvolvido é que a atividade é estimulada mais pelo exterior do que pela consciência interna. Para que uma pedra se mova, é necessário que seja empurrada; uma planta se move sob a atração da luz e da umidade; um animal torna-se ativo quando a fome o aguilhoa. O homem fracamente desenvolvido tem necessidade de ser excitado de maneira análoga. É necessário que a mente esteja parcialmente evoluída para que comece a tomar a iniciativa da ação. Os centros das faculdades superiores[13], relacionados com o funcionamento independente dos sentidos astrais, são dificilmente visíveis. Nesse estágio um homem necessita, para sua evolução, de todas as espécies de sensações violentas, para sacudir a natureza, excitando-o à atividade. Choques violentos, tanto de prazer quanto de dor, oriundos do mundo exterior, são necessários para despertá-lo e conduzi-lo à ação. Quanto mais numerosas e

---

[12] O estudante reconhecerá aqui a predominância de um *guna tamásico*, a qualidade de obscuridade e de inércia na Natureza.

[13] Referência aos sete *chakras* ou rodas, assim chamados pela aparência de um vórtice que apresentam, como rodas de fogo vivo quando em atividade.

O Plano Astral

violentas são as sensações, tanto mais ele poderá ser levado a sentir seu crescimento favorecido.

Nesse estágio a qualidade tem pouca importância; a quantidade e o vigor são os principais requisitos. Os primórdios da moralidade desse homem estarão nas suas paixões; um leve impulso de altruísmo em suas relações com a mulher, o filho ou amigo, será o primeiro passo na via ascendente, por provocar vibrações na matéria mais sutil do seu corpo astral, e atrair mais essência elemental de uma espécie adequada. O corpo astral está constantemente renovando seus materiais sob a influência das paixões, dos apetites, desejos e das emoções. Todos os de boa qualidade fortificam as partes mais sutis desse corpo, expelem alguns dos elementos mais grosseiros, absorvem materiais mais sutis, e atraem em torno dele elementos de natureza benéfica, que auxiliam o processo de renovação. Aqueles de má qualidade produzem efeitos diametralmente opostos, fortificando os elementos grosseiros, expulsando os mais sutis, absorvendo mais material impuro, e atraindo elementais que ajudam no processo de deterioração. No caso que ora consideramos, os poderes morais e intelectuais do homem são ainda tão embrionários, que se pode dizer que a maior parte da construção e modificação do seu corpo astral é mais feita para ele do que por ele. Essas operações dependem mais das circunstâncias exteriores que propriamente de sua própria vontade, pois, como já foi dito, é característico de um baixo grau de desenvolvimento que o homem seja movido muito mais pelo exterior e pela ação do corpo do que pelo interior e por sua mente. É indício de um progresso considerável quando um homem começa a agir por sua vontade, por sua própria energia autodeterminada, em vez de ser arrastado pelo desejo, isto é, por uma resposta a uma atração ou repulsão exterior.

Durante o sono, o corpo astral, servindo de invólucro à consciência, desliza para fora do veículo físico, deixando juntos os corpos denso e etérico adormecidos. Mas, nesse estágio, a consciência não está desperta no corpo astral, por falta dos fortes contatos que a estremecem quando no corpo físico, e as únicas coisas

A Sabedoria Antiga

que podem afetar o corpo astral são os elementais de natureza a mais grosseira, que podem provocar vibrações no interior do corpo que são refletidas nos cérebros etérico e denso, e que induzem a sonhos de prazeres animais. O corpo astral flutua bem acima do corpo físico, mantido por sua forte atração, e não pode se afastar dele.

(b) No homem de moral e intelectualidade médias, o corpo astral manifesta um progresso imenso com relação ao tipo que acabamos de descrever. É maior em tamanho, seus materiais estão mais equilibrados em qualidade, e a presença daqueles de espécies mais finas dão uma certa qualidade luminosa ao conjunto, enquanto que a expressão das emoções superiores faz correr nele admiráveis ondulações coloridas. O seu contorno é claro e definido, em vez de vago e cambiante, como no caso precedente, e reproduz a imagem de seu possuidor. Está evidentemente tornando-se um veículo para o homem interno, com organização e estabilidade definida, um corpo adequado e pronto para funcionar, e capaz de manter-se por si mesmo, independente do corpo físico. Embora retenha uma grande plasticidade, tem uma forma normal, à qual volta invariavelmente, quando cessa qualquer pressão que possa ter causado mudança no seu contorno. Sua atividade é constante, daí estar em perpétua vibração, exibindo infinitas variedades de matizes cambiantes; também as "rodas" (*chakras*) são claramente visíveis, embora ainda não funcionem[14]. Responde rapidamente a todos os contatos que lhe vêm através do corpo físico, e é impulsionado pelas influências vertidas sobre ele pela entidade consciente interior, onde a memória e a imaginação estimulam-no à ação, fazendo com que o corpo físico seja impelido à ação, em vez de ser exclusivamente movido por ele. A sua purificação segue sempre a mesma marcha como no caso precedente – a expulsão dos constituintes inferiores por meio da produção de vibrações contrárias a eles, e a assimilação de materiais mais sutis em substituição a eles.

---

[14] Aqui o estudante notará a predominância do *Rajas Guna*, a qualidade da atividade na Natureza.

O Plano Astral

Mas agora o aumento do desenvolvimento moral e intelectual do homem coloca a construção quase inteiramente sob seu próprio controle, pois não é mais cegamente levado daqui para ali pelos estímulos da natureza exterior, mas raciocina, julga, e resiste ou cede, conforme o caso lhe aprouver.

Pelo exercício do pensamento bem dirigido ele pode afetar rapidamente o corpo astral, e daí o aperfeiçoamento desse pode ocorrer com rapidez crescente. E nem é necessário que ele entenda o *modus operandi* para obter resultados, assim como um homem não tem necessidade de conhecer as leis da ótica para poder ver.

Durante o sono, esse corpo astral bem desenvolvido se desprende, como de costume, de seu revestimento físico, mas não é de modo algum mantido prisioneiro desse, como no caso precedente. Vagueia no mundo astral, levado daqui para ali pelas correntes astrais, enquanto a consciência em seu interior, incapaz ainda de dirigir seus movimentos, está desperta, ocupada em admirar e gozar suas próprias imagens e atividades mentais, e capaz de receber impressões, através de seu invólucro astral, e de transformá-las em imagens mentais. Desse modo um homem pode ganhar conhecimento quando fora do corpo, e pode subseqüentemente imprimir esse conhecimento no cérebro como um sonho nítido ou como uma visão, ou na falta desse elo da memória, o conhecimento pode infiltrar-se na consciência de vigília.

(c) O corpo astral de um homem espiritualmente desenvolvido compõe-se das partículas mais sutis de cada subdivisão da matéria astral, as mais elevadas preponderando em quantidade. É portanto um belo objeto em luminosidade e cor, matizes desconhecidos na Terra, exibindo-se sob os impulsos procedentes da mente purificada. As rodas de fogo justificam agora o nome que possuem, e seu movimento turbilhonante denota a atividade dos sentidos superiores. Um corpo assim é, na perfeita acepção do termo, um veículo de consciência, pois, no decurso da evolução, foi vivificado em cada órgão e posto sob o controle absoluto do seu dono. Quando, nesse invólucro, o homem deixa seu corpo físico, não ocorre qualquer interrupção de consciência; ele simplesmente põe

A Sabedoria Antiga

de lado seu revestimento mais pesado, e sente-se desembaraçado de seu peso. Pode mover-se para qualquer lugar nos limites da esfera astral com imensa rapidez, e já não é tolhido pelas estreitas condições da vida terrestre. Seu corpo responde à sua vontade, reflete o seu pensamento e obedece a ele. Suas oportunidades de servir a humanidade são assim enormemente aumentadas, e os seus poderes são guiados por sua virtude e sua beneficência. A ausência de partículas grosseiras em seu corpo astral o torna incapaz de responder aos estímulos dos objetos inferiores do desejo, os quais se desviam dele por não atraí-los mais. O corpo todo vibra somente em resposta às emoções mais elevadas, seu amor se expandiu até a devoção, a sua energia é equilibrada pela paciência. Meigo, calmo, sereno, cheio de poder, mas sem qualquer traço de agitação, a um homem assim "todos os *siddhis* estão prontos a servir"[15].

O corpo astral forma a ponte sobre o abismo que separa consciência e cérebro físico. As impressões recebidas pelos órgãos sensoriais e transmitidas, como já vimos, aos centros denso e etérico, passam em seguida aos centros astrais correspondentes; aí são elaboradas pela essência elemental e transmutadas em sentimentos, para serem finalmente apresentadas ao homem interior como objetos da consciência, as vibrações astrais despertando as vibrações correspondentes nos materiais do corpo mental.[16] Por meio dessas gradações sucessivas na pureza do espírito-matéria as fortes impressões dos objetos terrestres podem ser transmitidas à entidade consciente; e, por sua vez, as vibrações estabelecidas por seus pensamentos podem passar pela mesma ponte até o cérebro físico e ali induzir vibrações físicas correspondentes ao mental. Esse é o modo normal e regular pelo qual a consciência recebe impressões do exterior, e por sua vez envia impressões para o exterior. Por essa passagem contínua de vibrações, tanto em um como em outro sentido, o corpo astral é grandemente desenvolvido; essa corrente

---

[15] Aqui predomina o *Sattva Guna*, a qualidade de felicidade perfeita e pureza na Natureza. *Siddhis* são poderes superfísicos.

[16] Veja o Cap. 4: O Plano Mental.

O Plano Astral

atua sobre ele do interior e do exterior, desenvolve sua organização e auxilia o seu crescimento geral.

Desse modo o corpo astral torna-se mais expandido, mais fino em textura, com um contorno mais definido, e mais organizado interiormente. Treinado assim para responder à consciência, torna-se gradualmente apto a funcionar como seu veículo separado, e a transmitir-lhe com clareza as vibrações recebidas diretamente do mundo astral. A maioria dos leitores terá tido alguma pequena experiência de impressões vindo à consciência procedentes do exterior, que não surgiram de qualquer impacto físico, e que são muito rapidamente confirmadas por algum acontecimento externo. Freqüentemente essas são impressões que alcançam o corpo astral diretamente, e são por ele transmitidas à consciência, e tais impressões são geralmente da natureza de previsões que muito rapidamente se confirmam. Quando o homem está muito evoluído, embora o grau varie muito de acordo com outras circunstâncias, estabelecem-se vínculos entre o físico e o astral, o astral e o mental, de modo que a consciência funciona sem interrupção de um estado a outro, e a memória não apresenta em si mais nenhuma das lacunas que, no homem comum, interpõe um período de inconsciência na passagem de um plano a outro. Pode então o homem também exercer livremente seus sentidos astrais enquanto sua consciência funciona no corpo físico, de modo que essas vias de informações mais amplas de conhecimento, tornam-se um apanágio de sua consciência de vigília. Os assuntos que foram outrora questões de fé tornam-se questões de conhecimento, e ele pode verificar pessoalmente a exatidão de uma grande parte dos ensinamentos teosóficos com relação às regiões inferiores do mundo invisível.

*   *   *   *

Quando o homem é analisado em relação aos "princípios", isto é, quanto às modalidades da vida manifestada, diz-se que seus quatro princípios inferiores, designados pelo nome de "Quaternário Inferior", funcionam nos planos astral e físico. O quarto princí-

A Sabedoria Antiga

pio é *Kama*, o desejo, e é a vida manifestando-se no corpo astral e por ele condicionada; é caracterizado pelo atributo do sentimento, seja sob a forma rudimentar da sensação, ou na forma complexa de emoção, ou sob qualquer um dos graus intermediários. Tudo isso é resumido pelo termo "desejo", aquilo que é atraído ou repelido pelos objetos, conforme proporcionem prazer ou dor ao "eu" pessoal. O terceiro princípio é *Prana*, a vida especializada para a manutenção do organismo físico. O segundo princípio é o duplo etérico, e o primeiro é o corpo denso. Esses três funcionam no plano físico. Nas classificações posteriores de H.P. Blavatsky ela eliminou tanto o *Prana* quanto o corpo físico denso da lista de princípios, *Prana* por ser a vida universal, e o corpo físico denso por ser apenas a contraparte do etérico, e por ser formado de materiais sempre mutáveis, construídos na matriz etérica. Ao adotarmos essa maneira de ver, temos a grandiosa concepção filosófica da Vida Una, do Ser Uno, manifestando-se como homem, e apresentando diferenças transitórias e variáveis conforme as condições que lhe são impostas pelos corpos que vivifica; essa vida permanece imutável no centro, embora exibindo diferentes aspectos quando contemplada do exterior, conforme os tipos de matéria em um corpo ou outro. No corpo físico essa Vida é *Prana*, energizando, controlando, coordenando. No corpo astral ela é *Kama*, sensação, gozo, sofrimento. Encontramo-la ainda sob outros aspectos, à medida que passamos a planos mais elevados, mas a idéia fundamental é a mesma em toda parte, e é uma daquelas idéias-raízes da Teosofia, as quais, claramente compreendidas, servem de fios condutores através deste nosso mundo tão complexo.

Capítulo 3

Kamaloka

Kamaloka, literalmente o lugar ou hábitat do desejo, é, como já foi indicado, uma parte do plano astral, não uma região separada do resto do plano como uma localidade distinta, mas separada pelas condições de consciência das entidades que pertencem a esse plano[1]. São seres humanos que perderam seus corpos físicos pela morte, e têm de passar por certas transformações purificadoras antes que possam prosseguir para a vida pacífica e feliz que pertence ao homem propriamente dito, à alma humana.[2]

Essa região representa e engloba as condições descritas como pertencentes aos diferentes estados intermediários, infernos e purgatórios, que todas as grandes religiões consideram como a residência temporária do homem após o abandono de seu corpo físico e antes de atingir o "céu". Não inclui lugar algum de tortura eterna, sendo o inferno eterno, no qual acreditam alguns beatos de

---

[1] Os hindus chamam esse estado de *Pretaloka*, a morada dos *Pretas*. Um preta é o ser humano que perdeu seu corpo físico, mas ainda não se desembaraçou da vestimenta de sua natureza animal. Não pode ir longe com esse veículo, e fica preso nele até sua desagregação.

[2] A alma é o intelecto humano, o laço entre o Espírito Divino no homem e sua personalidade inferior. É o Ego, o indivíduo, o "eu", que se desenvolve pela evolução. Em linguagem teosófica, é *Manas*, o Pensador. A mente é a energia desse Pensador, operando através das limitações do cérebro físico, ou dos corpos astral e mental. [Não confundir o Ego Superior, Alma Imortal ou Individualidade, com o ego psicológico, eu inferior, ou personalidade mortal. (Nota da ed. bras.)].

A Sabedoria Antiga

mente estreita, apenas um pesadelo de ignorância, ódio e medo. Mas essa região compreende condições de sofrimento, temporárias e purificadoras em sua natureza, o resultado de causas postas em ação em sua vida terrestre pelo homem que as experiencia. Essas condições são tão naturais e inevitáveis quanto quaisquer efeitos causados neste mundo pela ação errada, pois vivemos em um mundo de lei, e cada semente deve frutificar conforme a sua natureza. A morte em nada altera a natureza mental e moral do homem, e a mudança de estado que se dá na passagem de um mundo para outro lhe tira o corpo físico, mas deixa o homem como ele era.

A condição de *Kamaloka* se encontra em cada subdivisão do plano astral, de forma que podemos considerar *Kamaloka* como tendo sete regiões, chamando-as de primeira, segunda, terceira e assim até a sétima, começando do mais inferior e contando de baixo para cima[3]. Já vimos que entram na composição do corpo astral materiais de cada subdivisão do plano astral, e é uma re-disposição peculiar desses materiais, a ser explicada brevemente, que separa as pessoas moradoras em uma região das de uma outra, embora aquelas de uma mesma região sejam capazes de intercomunicar-se. As regiões, cada uma sendo uma subdivisão do plano astral, diferem em densidade, e a densidade da forma exterior da entidade que ali mora determina a região à qual ela está limitada; essas diferenças no estado da matéria são as barreiras que impedem a passagem de uma região à outra; os habitantes de uma região não podem entrar em contato com os de outra região, assim como o peixe das maiores profundidades do oceano não pode entabular uma conversa com uma águia – o meio necessário à vida de um seria fatal à vida do outro.

Quando o corpo físico é abatido pela morte, o corpo etérico, arrastando consigo *Prana* e acompanhado de todos os outros princípios – isto é, o homem completo, com exceção do corpo denso – retira-se do "tabernáculo da carne", como é o corpo externo apro-

---

[3] Essas regiões são muitas vezes enumeradas de outro modo, tomando o primeiro como o mais elevado e o sétimo como o mais inferior. Não importa de qual ponto contamos. Conto aqui de baixo para cima a fim de mantê-los de acordo com os planos e princípios.

Kamaloka

priadamente chamado. Todas as energias vitais que se irradiavam para o exterior, voltam-se para o interior e são "recolhidas por *Prana"*, e esse recolhimento se manifesta pelo entorpecimento que invade os órgãos físicos dos sentidos. Os órgãos estão lá, ilesos, fisicamente completos, prontos para entrar em atividade como sempre estiveram; mas o "Regente Interno" está partindo, ele que, por meio deles, via, ouvia, sentia, cheirava, provava, e entregues a si mesmos são simples agregados de matéria, matéria viva é verdade, mas sem poder de ação perceptiva. Lentamente o senhor do corpo se retira, envolto no duplo etérico cinza violeta, absorto na contemplação do panorama de sua vida passada, que se desenrola diante dele na hora da morte, completo em todos os detalhes.

Nesse quadro-da-vida estão todos os eventos de sua vida, grandes e pequenos; ele vê suas ambições realizadas ou frustradas, seus esforços, seus triunfos, suas derrotas, seus amores, seus ódios; a tendência predominante do conjunto surge claramente, o pensamento diretor da vida se afirma, e se imprime profundamente na alma, assinalando a região na qual passará a parte principal de sua existência póstuma. Solene é o momento em que o homem fica face a face com a sua vida, e ouve sair dos lábios do seu passado o vaticínio de seu futuro. Durante um breve período ele se vê tal qual é, reconhece o propósito de sua vida, e sabe que a Lei é forte, justa e boa. Então se rompe o laço magnético entre os corpos denso e etérico, os camaradas de uma vida inteira são separados e – salvo casos excepcionais – o homem cai em plácida inconsciência.

Quietude e devoção devem marcar a conduta de todos os que estão próximos a um moribundo, para que um solene silêncio deixe ininterrupto esse desenrolar do passado pelo homem que parte. O choro convulsivo e as lamentações ruidosas conseguem apenas interromper e perturbar a atenção concentrada da alma, não deixando de ser um ato impertinente e egoísta interromper, pelo desgosto de uma perda pessoal, a calma que deve ajudá-la e apaziguá-la. A religião age sabiamente quando prescreve orações para os agonizantes, pois as orações mantêm a calma e estimulam aspirações desinteressadas que auxiliam o moribundo, e as orações, como todo pensamento amoroso, protegem e abrigam.

A Sabedoria Antiga

Diz-se que algumas horas após a morte – geralmente não excedem de trinta e seis – o homem se retira do corpo etérico, deixando-o, por sua vez, como um cadáver inerte que permanecendo próximo de sua contraparte densa, compartilha de sua sorte. Se o corpo denso for enterrado, o duplo etérico flutua acima do túmulo, desagregando-se lentamente, e os sentimentos desagradáveis que muitas pessoas experimentam nos cemitérios são, em grande parte, devido à presença desses cadáveres etéricos em decomposição. Se o corpo for queimado, o duplo etérico se dissolve rapidamente, porque perde seu ponto de apoio, seu centro físico de atração, e essa é uma razão, entre muitas, por que a cremação é preferível em vez do enterro, como meio de se desfazer de cadáveres.

O afastamento do homem de seu duplo etérico é seguido da retirada de *Prana,* que então volta ao grande reservatório da vida universal, enquanto que o homem, pronto agora para passar ao *Kamaloka*, sofre uma recomposição de seu corpo astral, habilitando-o a submeter-se às transformações purificadoras que são necessárias para a libertação do próprio homem[4]. Durante a vida terrestre, os diversos estados da matéria astral se misturam na formação do corpo, como o fazem os sólidos, os líquidos, os gases e os éteres no corpo físico. A mudança na recomposição do corpo astral após a morte consiste na separação desses materiais de acordo com suas respectivas densidades, numa série de conchas concêntricas – a mais sutil por dentro e a mais densa por fora – sendo cada capa formada pela matéria de uma única subdivisão do plano astral; o corpo astral torna-se, assim, um conjunto de sete camadas superpostas, um sétuplo envolvimento de matéria astral, na qual não se pode dizer esteja o homem inapropriadamente prisioneiro, pois que somente a ruptura dessas camadas pode libertá-lo. Agora será vista a imensa importância da purificação do corpo astral durante a vida terrestre; o homem fica retido em cada subdivisão do *Kamaloka* até que o invólucro de matéria dessa subdivisão fique suficiente-

---

[4] Essas transformações resultam na formação do que é chamado pelos hindus de *Yatana* ou corpo de sofrimento; no caso de um indivíduo muito mau, em cujo corpo astral há preponderância da matéria mais densa, forma-se o *Dhruvam*, ou corpo forte.

Kamaloka

mente desagregado para lhe permitir escapar para a subdivisão seguinte. Além disso, a medida do trabalho feito por sua consciência em cada tipo de matéria astral determina se ele estará desperto e consciente em qualquer uma dessas regiões, ou se passará por ela inconsciente, "envolto em sonhos agradáveis", e apenas retido durante o tempo necessário ao processo de desintegração mecânica.

Um homem espiritualmente desenvolvido, que purificou tanto o seu corpo astral que os seus constituintes sejam provenientes somente do grau mais sutil de cada divisão da matéria astral, simplesmente atravessa o *Kamaloka* sem demora, desintegrando-se o corpo astral com extrema rapidez, e ele prossegue para onde quer que possa ser a sua meta, de acordo com o nível que alcançou em sua evolução. Um homem menos desenvolvido, mas cuja vida foi pura e sóbria, e que não se prendeu às coisas da Terra, atravessará o *Kamaloka* num vôo menos rápido, mas sonhará pacificamente, inconsciente do que o rodeia, enquanto seu corpo mental se desembaraça das conchas astrais, sucessivamente, para despertar somente quando alcançar as camadas celestes. Outros, menos desenvolvidos ainda, despertarão depois de terem atravessado as regiões inferiores, tornando-se conscientes na divisão que corresponde à sua atividade consciente durante a vida terrestre, pois a consciência será desperta ao receber impactos costumeiros, embora esses sejam agora recebidos diretamente através do corpo astral, sem o auxílio do físico. Aqueles que viveram em meio às paixões animais despertarão na região apropriada, cada homem literalmente indo "para o seu lugar apropriado."

O caso de indivíduos retirados bruscamente da vida física por acidente, suicídio, assassinato ou morte súbita de qualquer espécie, difere daquelas pessoas que morreram por falência das energias vitais devido à doença ou velhice. Se são puros e de tendências espirituais são especialmente guardados, e passam dormindo felizes até o final de suas vidas naturais. Mas em outros casos, permanecem conscientes – incapazes de compreender que perderam seu corpo físico e enredados durante algum tempo na cena terrestre final – permanecendo na região astral a qual mais lhes diz respeito, conforme à camada mais exterior do corpo astral;

A Sabedoria Antiga

sua vida regular no *Kamaloka* só começa após a teia da vida terrestre ter-se desfiado, e estão vivamente conscientes tanto do ambiente astral quanto do físico. Disse um dos instrutores de H. P. Blavatsky que um homem que cometera assassinato e que fora executado por seu crime, continuou vivendo em meio às cenas do crime e dos eventos subseqüentes em *Kamaloka*, sempre repetindo seu ato diabólico e experimentando os terrores de sua prisão e execução. Um suicida reproduzirá automaticamente os sentimentos de desespero e de temor que precederam o seu suicídio, e passará seguidamente pelo ato e pela agonia com uma persistência lúgubre. Uma mulher, que morreu em meio às chamas, tomada de um pavor louco, depois de esforços desesperados para escapar, criou um tal turbilhão de emoções que, cinco dias depois, ainda lutava desesperadamente, imaginando-se ainda no incêndio e repelindo violentamente todos os esforços para acalmá-la; enquanto uma outra mulher que, com seu bebê no colo, afundou num turbilhão de águas durante uma furiosa tempestade, com o coração tranqüilo e cheio de amor, dormiu calmamente até o outro lado da morte, sonhando com o seu marido e filhos em visões felizes, tão perfeitas quanto a realidade.

Nos casos mais comuns, a morte por acidente ainda é uma desvantagem, resultado de alguma falta grave[5], pois a posse da plena consciência nas regiões inferiores do *Kamaloka*, que estão estreitamente ligadas à Terra, traz consigo muitos inconvenientes e perigos. O homem está consciente de todos os esquemas e interesses que constituíram sua vida, e está consciente da presença de pessoas e coisas ligadas a esses esquemas e interesses; sente-se quase irresistivelmente levado por suas lembranças a tentar influir nos negócios aos quais suas paixões e seus sentimentos ainda se prendem, e está preso à Terra, embora já tenha perdido todos os órgãos habituais de sua atividade; sua única esperança de paz está em resolutamente virar as costas à Terra e em fixar sua mente em coisas elevadas, mas comparativamente poucos são forte o sufici-

---

[5] Não necessariamente uma falta cometida na presente vida. A lei de causa e efeito será explicada no Cap. 9 sobre o Carma.

Kamaloka

ente para levar a cabo esse esforço, mesmo com o auxílio que sempre é oferecido pelos auxiliares do plano astral, cujo trabalho consiste em ajudar e guiar aqueles que deixam este mundo[6]. Muito freqüentemente essas almas sofredoras, impacientes com sua inatividade forçada, buscam o auxílio de sensitivos, com os quais possam se comunicar e assim uma vez mais se envolver em assuntos terrestres; às vezes procuram mesmo obsedar médiuns disponíveis e assim utilizar corpos alheios para seus propósitos particulares, incorrendo assim em muitas responsabilidades para o futuro. Não é sem uma razão oculta que a clérigos ingleses foi ensinada esta oração: "Livrai-nos senhor da batalha, do assassinato e *de uma morte súbita*".

Podemos agora considerar as subdivisões do *Kamaloka* uma a uma, e desse modo formarmos alguma idéia das condições que o homem preparou para si mesmo no estado intermediário pelos desejos que cultivou durante a vida física; mantendo na mente que a quantidade de vitalidade em qualquer uma das "camadas" – e por conseguinte o seu confinamento naquela camada – depende da quantidade de energia lançada durante a vida terrestre na espécie de matéria de que consiste aquela camada. Se as paixões mais inferiores estiveram ativas, a matéria mais densa será fortemente vitalizada e a sua quantidade também será relativamente grande. Esse princípio aplica-se a todas as regiões do *Kamaloka*, de forma que o homem durante a sua vida terrestre pode dar-se conta, muito claramente, do futuro imediato que está preparando para ele do outro lado da morte.

A primeira divisão, ou a mais inferior, é a que contém as condições descritas em tantas escrituras hindus e budistas sob o nome de "infernos" de várias espécies. Deve-se compreender que um homem, ao passar por um desses estados, não está se livrando das paixões e dos desejos vis que o conduziram para lá; eles permanecem, como parte integrante de seu caráter, latentes na mente em estado germinal, para novamente surgirem e formarem a sua

---

[6] Esses trabalhadores são discípulos de alguns dos grandes Instrutores que guiam e auxiliam a humanidade, e eles são empregados neste dever especial de socorrer os que têm necessidade de sua assistência.

A Sabedoria Antiga

natureza passional quando ele voltar a nascer no mundo físico[7]. A sua permanência na região mais inferior do *Kamaloka* deve-se à existência em seu corpo astral, de matéria pertencente àquela região, e lá ele é mantido prisioneiro até que a maior parte daquela matéria seja afastada, e até que a concha composta daquela matéria esteja suficientemente desintegrada para permitir ao homem entrar em contato com a região imediatamente superior.

A atmosfera desse lugar é sombria, pesada, triste, deprime a um grau inconcebível. Parece exalar todas as influências mais hostis ao bem, como em verdade o faz, devido às pessoas cujas más paixões as levaram para esse lugar lúgubre. Todos os desejos e sentimentos que nos causam tremores encontraram aqui os materiais para sua expressão; é, aliás, o lugar mais miserável, com todos os horrores que se ocultam à vista física desfilando em sua hedionda nudez. O caráter repulsivo é grandemente aumentado pelo fato de que no mundo astral o caráter se expressa como forma, e o homem que está cheio de más paixões tem a aparência de todas elas; os apetites bestiais dão ao corpo astral um aspecto bestial, e as formas hediondas e terríveis, semi-humanas e semi-animais, são a vestimenta mais apropriada de almas humanas brutalizadas. Ninguém pode ser hipócrita no mundo astral, nem dissimular seus maus pensamentos sob o véu de aparências virtuosas; o que quer que o homem *seja* é como ele parece em sua forma e em seu aspecto exterior, irradiando beleza quando sua mente é nobre, repulsivo e horrível se sua natureza é vil. Compreender-se-á prontamente, então, porque Instrutores como Buda – para cuja visão infalível todos os mundos estão abertos – descreviam o que era visto nesses infernos numa linguagem vívida, de um realismo terrível, que parece incrível aos leitores modernos apenas porque as pessoas esquecem que, uma vez libertadas da matéria pesada e não plástica do mundo físico, todas as almas aparecem sob o seu verdadeiro aspecto, parecendo apenas o que são. Mesmo neste mundo um facínora vil e estupefato molda em seu rosto o aspecto mais repugnante; o que se pode então esperar quando a matéria plástica

---

[7] Veja-se o Cap. 7 sobre a Reencarnação.

Kamaloka

astral se molda a cada impulso dos seus desejos criminosos, senão que tal homem tenha uma forma horrível, assimilando elementos cambiantes de repugnância?

Pois deve ser lembrado que a população – se essa palavra pode ser usada – dessa região mais inferior consiste da escória da humanidade, assassinos, bandidos, criminosos violentos de todas as espécies, bêbados, depravados, o que há de mais vil no gênero humano. Não há ninguém aqui com a consciência desperta ao que está à sua volta, com exceção daqueles culpados de crimes brutais, ou de crueldade persistente e deliberada, ou possuídos por algum apetite vil. As únicas pessoas que podem ser de um tipo geral melhor, e que ainda assim podem ficar retidas aqui por algum tempo, são os suicidas, homens que procuravam, pelo suicídio, escapar à punição terrestre dos crimes que cometeram, e que não fizeram senão agravar sua situação. Nem todos os suicidas, fique claro, pois o suicídio é cometido por motivos diversos, mas somente aqueles que são levados ao suicídio devido a algum crime cometido e que se matam para evitar as conseqüências.

Afora o ambiente lúgubre e a repugnância dos companheiros a que o homem ali se associa, cada homem aqui é o criador imediato de sua própria miséria. Não modificados, senão pela perda de seus véus corpóreos, as pessoas aqui exibem suas paixões em toda a sua hediondez inata, sua brutalidade evidente; cheios de apetites ferozes e não-saciados, inflamados pela vingança, pelo ódio, pelas lembranças das indulgências físicas que a perda dos órgãos físicos lhes incapacita de desfrutar, vagueiam, furiosas e ávidas, através dessa região sombria, reunindo-se em torno dos piores lugares da Terra, nas casas de prostituição, bares, estimulando os freqüentadores a praticarem atos vergonhosos e de violência, procurando oportunidades para obsedá-los, e desse modo levá-los aos piores excessos. A atmosfera repugnante sentida em torno de tais lugares é, em grande parte, devido a essas entidades astrais ligadas à Terra, que evidenciam paixões abjetas e desejos infames. Os médiuns – a não ser que tenham um caráter puro e nobre – são alvos especiais de seus ataques, e com muita freqüência os mais fracos, debilitados ainda mais pelo abandono passivo de seu corpo para ocupação

A Sabedoria Antiga

temporária por outras entidades desencarnadas, são obsedados por essas criaturas e arrastados à intemperança e à loucura. Os assassinos executados, furiosos e cheios de terror e de ódio vingativo, repassando, como dissemos, os seus crimes, e recriando mentalmente os terríveis resultados dos mesmos, envolvem-se numa atmosfera de formas-pensamento selvagens, e, atraídos para quem alimente tais sentimentos de ódio e vingança, incitam-no a cometer o mesmo crime pelo qual ele se está remoendo. Às vezes, pode-se ver um homem sendo seguido constantemente pela vítima que ele assassinou, incapaz de escapar da assombração, que o persegue com uma persistência tediosa, apesar dos esforços que faz para escapar. A pessoa assassinada, a menos que não seja ela mesma de um caráter vil, está envolta em inconsciência, e essa inconsciência parece mesmo juntar um novo horror a essa perseguição mecânica.

Aqui também é o inferno do vivisseccionista, pois a crueldade atrai ao corpo astral os materiais mais grosseiros e as combinações mais repugnantes da matéria astral, e ele vive cercado pelas formas de suas vítimas mutiladas – lamentosas, trementes, uivantes, (vivificadas, não pelas almas dos animais, mas pela vida elemental), frementes de ódio contra o atormentador – ensaiando suas piores experiências com regularidade automática, consciente de todo o horror, e ainda assim imperiosamente levado ao autotormento pelo hábito estabelecido durante a vida terrestre.

É bom recordar mais uma vez, antes de deixarmos essa região sombria, que não temos aqui punições arbitrariamente infligidas do exterior, mas unicamente o efeito inevitável de causas postas em ação por cada pessoa. Durante a vida física elas cederam aos impulsos mais vis, atraíram e assimilaram em seu corpo astral materiais que unicamente podiam vibrar em resposta àqueles impulsos; esse corpo autoconstruído torna-se a prisão de sua alma, e deve cair em ruínas antes que a alma possa escapar-lhe. Tão inevitavelmente quanto um bêbado tem que viver aqui em seu repulsivo corpo físico encharcado, do mesmo modo deve viver em seu corpo astral igualmente repulsivo lá. Tudo o que se semeia, se colhe segundo sua espécie. Tal é a lei em todos os mundos, e não se lhe pode fugir. E nem deveras é o corpo astral mais repugnante e

Kamaloka

horrível lá do que o era quando o homem vivia na Terra, e tornava fétida a atmosfera em torno dele com suas emanações astrais. Mas as pessoas na Terra geralmente não reconhecem essa fealdade, por serem astralmente cegas.

Ademais, podemos alegrar-nos ao contemplar esses nossos infelizes irmãos, lembrando que seus sofrimentos são apenas temporários, e estão dando uma lição muito necessária à vida da alma. Pela tremenda pressão das leis da Natureza que foram violadas, estão aprendendo a existência dessas leis, e sobre a desgraça que advém por ignorá-las à vida e na conduta. A lição que eles não aprenderiam durante a vida terrestre, arrastados pela torrente de luxúria e desejos, tem aqui o papel de pressioná-los, e os pressionará em suas vidas sucessivas, até que os males sejam erradicados e o homem se eleve a uma vida melhor. As lições da Natureza são dolorosas, mas a longo prazo são misericordiosas, pois levam à evolução da alma e guiam-na para a conquista de sua imortalidade.

Passemos a uma região mais alegre. A segunda divisão do mundo astral pode ser considerada como o duplo astral do físico, pois os corpos astrais de todas as coisas e de muitas pessoas são em grande parte compostos da matéria pertencente a essa divisão do plano astral, e essa região está, portanto, mais estreitamente em contato com o mundo físico do que com qualquer outra parte do astral. A grande maioria das pessoas permanece aqui durante algum tempo, e dessas uma grande proporção está aí conscientemente desperta. Essas últimas são pessoas cujos interesses estiveram ligados a coisas fúteis e insignificantes da vida, somente se interessaram por ninharias, assim como outras que se deixaram governar por sua natureza inferior, e que morreram com apetites ainda ativos e desejosas de gozos físicos. Tendo direcionado suas vidas em grande parte para o exterior, desse modo construíram seus corpos astrais em grande parte com materiais que respondiam muito prontamente a impactos materiais, elas são mantidas por esses corpos na vizinhança de suas atrações físicas. Essas pessoas são em sua maioria descontentes, insatisfeitas, irrequietas, impacientes, com mais ou menos sofrimento de acordo com o vigor dos desejos que não podem satisfazer; algumas até mesmo sofrem uma

A Sabedoria Antiga

dor real por causa disso, e se atrasam por muito tempo antes de esgotarem seus anseios terrestres. Muitas prolongam inutilmente sua estadia, procurando comunicar-se com a Terra, em cujos interesses estão enredadas, por intermédio de médiuns, que lhes permitem usar seus corpos físicos para esse fim, suprindo-lhes a falta de um corpo próprio. Como essas almas presas à Terra são geralmente de pouca inteligência, suas comunicações não têm maior interesse (para aqueles já convencidos da existência da alma após a morte) do que tinha a sua conversação quando estavam em corpo físico, e – exatamente como na Terra – elas são proporcionais à sua ignorância, representando todo o mundo astral como idêntico à sua própria área limitada. Lá, como aqui:

> Eles julgam ser o cacarejo rústico de sua aldeia o murmúrio do mundo.

É dessa região que as pessoas desencarnadas com alguma ansiedade em suas mentes irá às vezes procurar comunicar-se com seus amigos para acertar o assunto terrestre que lhes preocupa; se não conseguem tornar-se visíveis, ou imprimir seus desejos a algum amigo sob a forma de sonho, freqüentemente causarão muita contrariedade com pancadas ou outros barulhos destinados a atrair a atenção, ou inconscientemente provocados por seus impacientes esforços. Nesse caso, uma pessoa competente fará um ato de caridade, comunicando-se com a entidade angustiada, para saber o que ela deseja, e assim ela poderá libertar-se da ansiedade que a impedia de seguir seu caminho. As almas, enquanto nessa região, podem muito facilmente ter a sua atenção desviada para a Terra, mesmo que espontaneamente não o fizessem, e esse desserviço lhes é quase sempre feito pelas lamentações veementes e pelo anseio por sua presença querida, por parte dos amigos que deixou na Terra. As formas-pensamento estabelecidas por essas lembranças amontoam-se em torno delas, pressionando-as, e conseguem muitas vezes despertá-las, se estão dormindo pacificamente, ou atrair seus pensamentos para a Terra se já estão conscientes. É especialmente no primeiro caso em que este egoísmo inconsciente da parte dos amigos na Terra causa malefícios a seus entes queridos, que

Kamaloka

deveriam eles mesmos ser os primeiros a lamentar; e pode ser que a compreensão desses sofrimentos desnecessários causados àqueles que morreram possa, com alguns, reforçar a força unitiva dos preceitos religiosos que prescrevem a submissão à lei divina e o domínio sobre uma dor excessiva e revoltada.

A terceira e quarta regiões do mundo *Kamaloka* diferem pouco da segunda, e poderiam ser descritas como reproduções etéricas das mesmas, a quarta sendo mais sutil que a terceira, mas sendo as características gerais das três regiões muito semelhantes. Almas de um tipo um pouco mais elevado são aí encontradas, e embora sejam aí retidas pelo invólucro formado pela atividade de seus interesses terrestres, a sua atenção dirige-se na maior parte mais para a frente do que para trás, e, se não forem pressionadas a se voltar para preocupações da vida terrena, seguirão adiante sem mais atrasos. Ainda assim, são suscetíveis a estímulos terrestres, e a diminuição do interesse por assuntos terrestres pode ser despertado pelos clamores vindos de baixo. Um grande número de pessoas instruídas e reflexivas, que estiveram ocupadas principalmente por assuntos mundanos durante suas vidas, são conscientes nessas regiões, e podem ser induzidas a comunicar-se através de médiuns, e, de modo mais raro, procurar elas mesmas tais comunicações. Aquilo que dizem são naturalmente de um nível mais elevado do que o que se comenta ser proveniente da segunda divisão, mas não são marcadas por qualquer característica que as tornem mais valiosas do que afirmações semelhantes feitas por pessoas ainda no corpo físico. A iluminação espiritual não vem de *Kamaloka*.

A quinta subdivisão do *Kamaloka* oferece muitas características novas. Apresenta uma aparência distintamente luminosa e radiante, eminentemente atraente àquelas pessoas acostumadas somente aos matizes sombrios da Terra, e justifica o epíteto astral, estrelado, dado a todo o plano. Aqui que se encontram todos os céus materializados que tão importante papel representam nas religiões populares do mundo inteiro. Os campos felizes de caça do índio pele-vermelha, o Walhalla do escandinavo, o paraíso do muçulmano repleto de ninfas, a Nova Jerusalém com portões de ouro e pedras preciosas do cristão, o céu cheio de liceus do reformador

A Sabedoria Antiga

materialista, todos têm aqui o seu lugar. Homens e mulheres que se aferraram desesperadamente à "letra que mata" encontram aqui literalmente a satisfação de seus desejos ardentes, inconscientemente construindo na matéria astral, através de seus poderes de imaginação, e alimentados pela casca exterior das Escrituras do mundo, os "castelos no ar" de onde sonhavam. As crenças religiosas mais bizarras encontram aqui sua temporária realização fantasiosa, e os intérpretes literais de todas as crenças, cheios do desejo egoísta de sua própria salvação no mais materialista dos céus, encontram aqui um lar apropriado e agradável, rodeados pelas exatas condições nas quais acreditavam. Os intrometidos religiosos e filantropos, que mais se preocupavam em dar curso a seus próprios caprichos e em impor ao próximo a sua maneira de ser do que trabalhar altruisticamente pela expansão da virtude e felicidade humanas, estão aqui muito em evidência, organizando reformatórios, asilos, escolas, para sua grande satisfação pessoal, rejubilam-se em ainda dar sua ajuda astral em assuntos da Terra com a ajuda de um médium subserviente a quem prestigiam com a maior condescendência. Edificam igrejas, casas e escolas astrais, reproduzindo os céus materiais que cobiçavam; e embora para uma visão mais aguçada suas construções sejam imperfeitas, e até mesmo pateticamente grotescas, eles as acham totalmente auto-suficientes. Pessoas da mesma religião reúnem-se e cooperam entre si de maneiras diversas, de modo que comunidades são formadas, diferindo tanto entre si como comunidades análogas na Terra. Quando são atraídos para a terra procuram, em geral, pessoas de sua mesma crença, principalmente por afinidade natural, sem dúvida, mas também porque as barreiras de idiomas ainda existem no *Kamaloka*, como se pode observar ocasionalmente nas mensagens recebidas em círculos espiritualistas. As almas dessa região às vezes se interessam vivamente em estabelecer comunicação entre este mundo e o próximo, e os espíritos-guia dos médiuns comuns vêm, na maioria das vezes, dessa e da região imediatamente acima. Elas geralmente estão conscientes de que há muitas possibilidades de existência mais elevada perante elas, e que estão destinadas a passar, mais

Kamaloka

cedo ou mais tarde, para outros mundos onde a comunicação com a Terra não será possível.

A sexta região do *Kamaloka* assemelha-se à quinta, mas é muito mais refinada, e é grandemente povoada por almas de um tipo mais avançado, que ficam a desgastar seu invólucro astral no qual muito de suas energias mentais se manifestaram enquanto estiveram no corpo físico. Sua demora aqui é devido em grande parte ao papel preponderante representado pelo egoísmo em suas vidas artísticas e intelectuais, e à prostituição de seus talentos para a gratificação de sua natureza-desejo de um modo refinado e delicado. Tudo o que as cerca é o que há de melhor no *Kamaloka*, já que seus pensamentos criadores modelam a substância luminosa de seu lar temporário em paisagens admiráveis e oceanos ondulantes, montanhas cobertas de neve e planícies férteis, cenas de uma beleza de contos de fada, que podem ser comparadas a tudo que de mais belo a Terra possa exibir. Os beatos também são encontrados aqui, mas de um tipo um pouco mais elevado que os da divisão imediatamente abaixo, e com um sentido mais definido de suas limitações. Todos esperam com certeza deixar a sua esfera atual e alcançar um estado mais elevado.

A sétima subdivisão do *Kamaloka*, a mais elevada, é ocupada quase inteiramente por homens e mulheres intelectuais que foram, quando na Terra, de um materialismo pronunciado, ou que estão tão ligados ao modo como o conhecimento é adquirido pela mente inferior no corpo físico que continuam suas buscas segundo os métodos antigos, embora com faculdades mais desenvolvidas. Recordemos como Charles Lamb era hostil à idéia de que no céu o conhecimento teria que ser adquirido "por algum processo estranho de intuição" e não através de seus queridos livros. Muitos estudiosos vivem durante longos anos, às vezes por séculos – segundo H. P. Blavatsky – literalmente dentro de uma biblioteca astral, consultando avidamente todos os livros sobre seu assunto preferido, e perfeitamente contentes com isso. Homens que se concentraram ativamente sobre alguma linha de investigação intelectual, e que se desfizeram de seu corpo físico sem ter saciado a sede de conhecimentos, continuam perseguindo seu objetivo com uma per-

A Sabedoria Antiga

sistência infatigável, presos por seu apego às modalidades de estudo no físico. Muitas vezes tais homens ainda se mostram céticos quanto às possibilidades mais elevadas que se lhes apresentam, e recuam diante da perspectiva do que é praticamente uma segunda morte – a imersão na inconsciência que precede ao nascimento da alma na vida superior do céu. Políticos, estadistas, homens de ciência, habitam por algum tempo essa região, lentamente desembaraçando-se do corpo astral, presos ainda à existência inferior por seu agudo e vívido interesse nos movimentos nos quais desempenharam papéis tão importantes, e no esforço para executar no astral alguns dos esquemas que a morte lhes arrebatou antes mesmo que tivessem tirado proveito.

Para todos, porém, mais cedo ou mais tarde – salvo para aquela pequena minoria que durante a vida na Terra jamais sentiu um toque sequer de amor altruísta, de aspirações intelectuais, do reconhecimento de algo ou de alguém mais elevado que eles mesmos – chega um tempo quando as amarras do corpo astral são finalmente lançadas fora, enquanto a alma imerge em breve inconsciência de tudo que a rodeia, como a inconsciência que se segue ao descarte do corpo físico, para ser despertada por um senso de felicidade, intensa, imensa, ilimitada, jamais sonhada, a felicidade do mundo celeste, do mundo ao qual, por sua própria natureza, a alma pertence. Muitas de suas paixões podem ter sido baixas e vis, muitas de suas aspirações triviais e sórdidas, mas ela tinha lampejos de uma natureza mais elevada, clarões vagos, esparsos, vindos de uma região mais pura, e esses, como sementes, devem amadurecer até o tempo da colheita, e, sejam pobres ou poucos, devem produzir o seu justo retorno. O homem se adianta a fim de fazer a colheita, e para comer e assimilar os seus frutos[8].

O cadáver astral, como é às vezes chamado, ou a "concha" da entidade que partiu, consiste dos fragmentos das sete conchas concêntricas antes descritas, mantidos juntos pelo remanescente magnetismo da alma. Cada concha, por sua vez, se desintegrou, até o ponto em que restem meros fragmentos esparsos; os quais ligam-

---

[8] Veja Cap. 5 sobre o *Devachan*.

Kamaloka

se por atração magnética às conchas que permanecem, e quando uma após outra tenha sido reduzida a essa condição, até chegar à sétima ou a mais interna, o homem liberta-se, deixando esses resíduos atrás de si. A concha flutua sem direção no mundo de *Kamaloka*, repetindo suas costumeiras vibrações automática e debilmente, e à medida que o magnetismo restante se dispersa, ela entra numa condição de decomposição cada vez maior, e finalmente se desintegra completamente, restituindo seus materiais ao depósito comum de matéria astral, exatamente como faz o corpo físico com relação ao mundo físico. Essa concha astral vagueia aonde quer que a leve as correntes astrais, e se não estiver muito decomposta, pode ser vitalizada pelo magnetismo de almas encarnadas na Terra, e desse modo volta a poder exercer alguma atividade. Ela irá absorver magnetismo como uma esponja absorve água, e depois se revestirá de uma aparência ilusória de vitalidade, repetindo mais vigorosamente quaisquer vibrações às quais estava acostumada; essas são muitas vezes estabelecidas pelo estímulo de pensamentos comuns à alma que partiu e a amigos e parentes na Terra, e uma "concha" assim vitalizada, pode desempenhar de maneira bastante respeitável o papel de uma inteligência que se comunica; é, no entanto, distinguível – exceto pelo emprego da visão astral – pela repetição automática de pensamentos familiares, e pela ausência total de toda originalidade e de quaisquer traços de conhecimentos não possuídos durante a vida física.

Assim como as almas podem ser retardadas em seu progresso por amigos ignorantes e imprudentes, assim também podem ser auxiliadas em seu progresso por esforços sábios e bem direcionados. Eis por que todas as religiões, que retenham quaisquer traços da sabedoria oculta dos seus Fundadores, prescrevem o uso de "orações pelos mortos". Essas preces, com as cerimônias que as acompanham, são mais ou menos eficazes conforme o conhecimento, o amor e o poder da vontade que as animam. Elas se baseiam naquela verdade universal da vibração, pela qual o universo é construído, modificado e mantido. As vibrações são estabelecidas pelos sons emitidos, que modelam a matéria astral em formas determinadas, inculcadas pelo pensamento entesourado nas palavras.

A Sabedoria Antiga

Esses são dirigidas para a entidade no *Kamaloka*, e, lançando-se contra o corpo astral, aceleram a sua desintegração. Com a decadência do conhecimento oculto essas cerimônias têm se tornado cada vez menos eficazes, até sua utilidade ter chegado ao ponto de desaparecer. No entanto, são às vezes executadas por um homem de conhecimento, e então exercem a influência desejada. Ademais, todo mundo pode ajudar seus entes queridos que morreram, enviando-lhes pensamentos de amor e paz e fazendo votos por seu progresso rápido através do *Kamaloka* e de sua libertação dos entraves astrais. Ninguém deve deixar seu "morto" seguir solitário, sem a assistência amorosa dessas hostes de anjos da guarda, que são as formas-pensamento, ajudando-o a avançar para a bem-aventurança.

Capítulo 4

O Plano Mental

O plano mental, como o seu nome indica, é aquele que pertence à consciência trabalhando como pensamento; não da mente quando funciona através do cérebro, mas quando funciona em seu próprio mundo, desembaraçada do espírito-matéria físico. Esse mundo é o mundo do homem real. A palavra inglesa *man* (homem) vem da raiz sânscrita *man*, que é a raiz do verbo sânscrito "pensar", de modo que *homem* significa *pensador;* ele é nomeado pelo seu atributo mais característico, a inteligência. Em inglês a palavra *mind*, "mente", significa a própria consciência intelectual, e também os efeitos produzidos no cérebro físico pelas vibrações dessa consciência; mas devemos agora considerar a consciência intelectual como uma entidade, um indivíduo – um ser, de quem as vibrações de vida são pensamentos, pensamentos que são imagens, não palavras. Este indivíduo é *Manas*, ou Pensador[1]; ele é o Ser, revestido de matéria, e funcionando dentro das condições das subdivisões mais elevadas do plano mental. Ele revela sua presença no plano físico pelas vibrações que estabelece no cérebro e no sistema

---

[1] Deriva-se de *Manas* expressão "plano *manásico*", traduzido por plano mental. Podemos chamá-lo plano da mente propriamente dita, para distinguir suas atividades daquelas atuando no corpo físico.

A Sabedoria Antiga

nervoso; essas respondem aos estremecimentos de sua vida por vibrações simpáticas, mas em conseqüência da rudeza de seus materiais, podem reproduzir apenas uma pequena parte das vibrações do Ser, e mesmo assim de modo imperfeito. Assim como a ciência afirma a existência de uma série vasta de vibrações etéricas, das quais o olho pode ver apenas um pequeno fragmento, o espectro de luz solar, porque ele pode vibrar apenas dentro de certos limites, também o mecanismo físico do pensamento, o cérebro e o sistema nervoso, só podem pensar um fragmento diminuto da série imensa de vibrações mentais estabelecidas pelo Pensador em seu próprio mundo. Os cérebros mais receptivos respondem até o ponto do que chamamos de grande poder intelectual, os cérebros excepcionalmente receptivos respondem até o ponto do que chamamos gênio; os cérebros excepcionalmente insensíveis respondem apenas até o ponto que chamamos imbecilidade; mas todas as pessoas enviam milhões de ondas-pensamento de encontro ao cérebro, às quais esse não pode responder, devido à densidade de seus materiais, e os assim chamados poderes mentais de cada pessoa estão em proporção direta a essa sensibilidade. Mas antes de estudar o Pensador, será bom considerar o seu mundo, o plano mental.

O plano mental é aquele que está próximo ao astral, e está separado desse apenas pela diferença de seus materiais, do mesmo modo como o astral está separado do físico. Aliás, podemos repetir o que foi dito quanto ao astral e ao físico, com relação ao mental e ao astral. A vida no plano mental é mais ativa do que no astral, e a forma é mais plástica. O espírito-matéria daquele plano é mais altamente vitalizado e mais sutil do que qualquer grau de matéria no

O Plano Mental

mundo astral. O átomo-ultérrimo de matéria astral contém inumeráveis agregados da matéria mental mais densa para o mundo-esfera que o envolve, de modo que a desintegração do átomo astral produz uma massa de matéria mental de espécie mais densa. Sob essas circunstâncias compreender-se-á que o papel das forças vitais nesse plano serão enormemente aumentadas em atividade, por haver tão menos massa a ser posta em movimento por elas. A matéria está em movimento contínuo e incessante, assumindo formas sob cada palpitação de vida, e adaptando-se sem hesitação a cada alteração de movimento. A "substância mental," como tem sido chamada, faz o espírito-matéria astral parecer tosco, pesado e embaciado, embora comparado com o espírito-matéria físico seja tão delicado e luminoso. Mas a lei da analogia prevalece, e nos dá uma chave para guiar-nos através dessa região super-astral, a região que é o nosso lugar de nascimento e o nosso lar, embora, prisioneiros numa Terra estranha, não a conhecemos, e atentamos para as descrições que dela nos fazem com olhos de estrangeiros.

Mais uma vez aqui, como nos dois planos inferiores, as subdivisões do espírito-matéria do plano são em número de sete. Essas variedades, uma vez mais, participam de incontáveis combinações, de todos os graus de complexidade, produzindo os sólidos, os líquidos, os gazes e os éteres do plano mental. A palavra "sólido" parece sem dúvida absurda, mesmo quando falamos das formas mais substanciais de material da mente; ainda assim, como elas são densas em comparação com outros tipos de matéria mental, e como não temos outras palavras para descrevê-las salvo aquelas que se aplicam às condições físicas, devemos usá-la na falta de uma melhor. Basta-nos compreender que esse plano obedece à lei e à ordem geral da Natureza, que é, para o nosso globo, a base setenária, e que as sete subdivisões de matéria são de densidades decrescentes, em relação umas às outras, como os sólidos físicos, os líquidos, os gazes e os éteres; sendo a sétima ou a mais elevada subdivisão exclusivamente composta dos átomos mentais ultérrimos.

Essas subdivisões estão agrupadas sob dois títulos, aos quais foram dados os epítetos algo ineficientes e ininteligíveis de "sem

A Sabedoria Antiga

forma" e "com forma".[2] As quatro subdivisões inferiores – a primeira, a segunda, a terceira e a quarta – constituem o grupo "com forma"; as três superiores – a quinta, a sexta e a sétima subdivisões – o grupo "sem forma". Esse agrupamento é necessário, pois a distinção é real, embora difícil de descrever, e as regiões estão relacionadas na consciência com as divisões da própria mente – como aparecerá mais adiante. Talvez a distinção possa ser melhor expressada dizendo-se que nas quatro subdivisões inferiores as vibrações da consciência dão lugar a formas, a imagens ou quadros, e cada pensamento aparece como uma forma viva; ao passo que nas três superiores, a consciência, embora ainda, é claro, estabelecendo vibrações, pareça mais irradiá-las como uma poderosa corrente de energia viva, que não se corporifica em imagens distintas enquanto permanece nessa região superior, embora faça surgir uma variedade de formas, todas ligadas entre si por alguma condição comum quando se projeta nos mundos inferiores. A analogia mais próxima que posso encontrar para a concepção que estou tentando expressar é a dos pensamentos abstratos e concretos; uma idéia abstrata de um triângulo não tem forma, mas traz a conotação de qualquer figura plana contida dentro de três linhas retas, cujos ângulos formam dois ângulos retos; tal idéia, com condições mas sem forma, arremessada no mundo inferior, pode dar nascimento a uma vasta variedade de figuras, com ângulos retos, isósceles, escalenos, de qualquer cor e tamanho, mas todas preenchendo as condições – triângulos concretos, cada um com uma forma definida própria. A impossibilidade de dar através de palavras uma exposição lúcida da diferença na ação da consciência nas duas regiões deve-se ao fato de que as palavras são símbolos de imagens e pertencem às operações da mente inferior no cérebro, e estão baseadas totalmente nessas operações; enquanto que a região "sem forma" pertence à Razão Pura, que jamais opera dentro dos limites estreitos da linguagem.

O plano mental é aquele que reflete a Mente Universal na Natureza, o plano que em nosso pequeno sistema equivale à Gran-

---

[2] *Arupa* significa "sem forma"; *Rupa* é forma, contorno, corpo.

O Plano Mental

de Mente no Cosmo[3]. Em suas regiões superiores existem todas as idéias arquetípicas que estão atualmente em curso de evolução concreta, e em suas regiões inferiores a elaboração dessas idéias em formas sucessivas, para serem devidamente reproduzidas nos mundos astral e físico. A matéria desse plano é capaz de combinar-se sob o impulso de vibrações do pensamento, e pode dar origem a qualquer combinação que o pensamento possa construir; assim como o ferro pode ser modelado numa pá para cavar ou numa espada para matar, a substância da mente também pode ser modelada em formas-pensamento que beneficiem ou que prejudiquem; a vida vibrante do Pensador modela a matéria a seu redor, e de acordo com sua volição tal é sua obra. Nessa região, o pensamento e a ação, a vontade e o feito, são uma e a mesma coisa – o espírito-matéria torna-se aqui o servo obediente da vida, adaptando-se a cada impulso criador.

Essas vibrações, que modelam a matéria do plano em formas-pensamento, dão origem também – por sua velocidade e sutileza – às cores mais delicadas e constantemente cambiantes, ondas de matizes variados como as nuanças da madrepérola, eterizadas e com luminosidade de um grau indescritível, envolvendo completamente todas as formas, de maneira que cada uma delas apresenta uma harmonia de cores ondulantes, vívidas, luminosas e delicadas, inclusive muitas jamais conhecidas na Terra. As palavras não podem dar idéia da delicada beleza e brilho exibidos nas combinações dessa matéria sutil, plena de vida e movimento. Todo vidente que a tenha testemunhado, hindu, budista, cristão fala em termos extasiados sobre sua gloriosa beleza, e sempre confessa sentir-se profundamente incapaz de descrevê-la; as palavras parecem servir tão somente para embrutecê-la e rebaixá-la, por mais bem articulado que seja o seu elogio.

As formas-pensamento representam naturalmente um papel considerável entre as criaturas vivas que funcionam no plano mental. Assemelham-se àquelas com as quais já nos acostumamos

---

[3] Mahat, o Terceiro *Logos* ou a Inteligência Criadora Divina: Brahma dos hindus, Mandjusri dos budistas do Norte, o Espírito Santo dos cristãos.

A Sabedoria Antiga

no plano astral, salvo que são muito mais luminosas e de coloração mais brilhante, são mais fortes, mais duradouras e mais cheias de vida. À medida que as qualidades intelectuais superiores se acentuam mais claramente, essas formas apresentam contornos muito nitidamente definidos e há uma tendência a uma singular perfeição de formas geométricas, acompanhadas por uma pureza igualmente singular na luminosidade da cor. Mas, desnecessário dizer, que no estágio atual da humanidade há uma vasta preponderância de formas-pensamento nebulosas e irregulares, que são a produção das mentes maltreinadas da maioria. Raramente são também encontrados aqui belos pensamentos artísticos, e não é de admirar que os pintores, depois de terem captado em uma visão de sonho algum relance de seu ideal, se impacientem contra sua incapacidade de reproduzir sua incandescente beleza com os pigmentos sombrios da Terra. Essas formas-pensamento são constituídas a partir da essência elemental do plano, as vibrações do pensamento modelando a essência elemental em uma forma correspondente, tendo essa forma o pensamento como vida animadora. Assim novamente temos elementais artificiais criados de maneira idêntica aos daqueles que lhes deram vida nas regiões astrais. Tudo o que é dito no Cap. 2 a respeito de sua geração e importância, pode ser repetido em relação aos do plano mental, aqui com a responsabilidade adicional sobre quem os criou a respeito da maior força e permanência que têm os elementais desse mundo mais elevado. A essência elemental do plano mental é formada pela Mônada no estágio de sua descida, imediatamente anterior à sua entrada no mundo astral, e constitui o Segundo Reino Elemental, existente nas quatro subdivisões inferiores do plano mental. As três subdivisões superiores, as "sem forma", são ocupadas pelo Primeiro Reino Elemental, sendo a essência elemental lá projetada pelo pensamento em fulgurações brilhantes, jorros coloridos e relâmpagos de um fogo vivo, em vez de ser projetada em formas definidas, tendo por assim dizer suas primeiras lições em ação combinada, mas não assumindo ainda formas de limites definidos.

No plano mental, em ambas as suas grandes divisões, existem inumeráveis Inteligências, cujos corpos mais inferiores são

O Plano Mental

formados da matéria luminosa e da essência elemental do plano – Inteligências Resplandecentes que dirigem os processos da ordem natural, supervisionando as hostes de entidades inferiores das quais já falamos, e que se submetem, em suas várias hierarquias, a seus Senhores Soberanos dos sete Elementos.[4] São Seres, como facilmente se percebe, de um vasto conhecimento, de grande poder, esplêndidos em aparência, radiantes, criaturas resplandecentes, com miríades de nuanças, qual arco-íris de cores celestes e cambiantes, de um porte régio e majestoso, externam uma energia calma, expressão de uma força irresistível. Aqui salta à mente a descrição do grande vidente cristão, quando descreveu um poderoso anjo: "havia um arco-íris em sua cabeça, seu rosto assemelhava-se ao Sol, e seus pés a colunas de fogo."[5] Suas vozes são "como o som de muitas águas", como ecos da música das esferas. Eles guiam a ordem natural e dirigem vastas companhias dos elementos do mundo astral, de modo que suas coortes executam incessantemente os processos da Natureza com uma regularidade e precisão infalíveis.

No plano mental inferior são vistos muitos chelas trabalhando em seus corpos mentais[6], libertos por algum tempo de suas vestimentas físicas. Quando o corpo físico está mergulhado em sono profundo, o Pensador, o homem verdadeiro, pode escapulir-se e trabalhar livre de seus entraves, nessas regiões superiores. Daqui ele pode ajudar e confortar seus semelhantes atuando diretamente em suas mentes, sugerindo-lhes pensamentos úteis, apresentando-lhes idéias nobres, de modo mais eficaz e mais rápido do que quando está preso ao corpo físico. Ele pode perceber mais claramente suas necessidades e pode portanto remediá-las de uma maneira mais perfeita, e é seu mais alto privilégio e alegria auxiliar desse modo seus irmãos que lutam, sem que esses tenham conhe-

---

[4] Esses Seres são os *Arupa Devas* e os *Rupa Devas* dos hindus e budistas, os Senhores dos Céus e da Terra dos zoroastrianos, os Arcanjos e Anjos dos cristãos e maometanos.

[5] *Apocalipse* x, 1.

[6] Corpo geralmente chamado *Mayavi Rupa*, ou corpo ilusório, quando organizado para funcionar independentemente no mundo mental.

A Sabedoria Antiga

cimento do seu serviço ou qualquer idéia em relação ao braço forte que lhes levanta o fardo, ou à voz doce que lhes sussurra consolo em suas aflições. Sem ser visto nem reconhecido, ele trabalha, servindo seus inimigos com a mesma alegria e liberdade com que serve seus amigos, distribuindo aos indivíduos as correntes de forças benéficas que são derramadas pelos grandes Auxiliares das esferas mais altas. Aqui também são vistas, às vezes, as figuras gloriosas dos Mestres, embora residam em sua maioria no nível mais elevado da divisão "sem forma" do plano mental; e outros Grandes Seres podem também vir às vezes até aqui em alguma missão de compaixão que requeira manifestação nesse nível inferior.

A comunicação entre inteligências funcionando conscientemente nesse plano, seja humana ou não-humana, seja no corpo ou fora dele, é praticamente instantânea, pois se dá com "a rapidez do pensamento". As barreiras do espaço não têm aqui poder algum de separação, e qualquer alma pode entrar em contato com qualquer outra, simplesmente dirigindo sua atenção para ela. Não somente a comunicação é assim rápida, mas é igualmente completa, se as almas estão mais ou menos no mesmo grau de evolução; nenhuma palavra entrava ou obstrui a comunicação, e a totalidade do pensamento flui de um para o outro, ou, talvez mais exatamente, cada um vê o pensamento tal como concebido pelo outro. As verdadeiras barreiras entre as almas são as diferenças de evolução; a menos evoluída só pode conhecer a mais evoluída, na medida de sua capacidade de resposta; certamente que a limitação só pode ser sentida pela mais elevada, já que a menos evoluída tem tudo que a mais elevada pode conter. Quanto mais evoluída for uma alma, tanto mais ela conhece tudo a seu redor, e mais se aproxima das realidades, mas o plano mental tem também os seus véus de ilusão, não devemos esquecer, embora sejam muito menos numerosos e mais sutis do que os dos mundos astral e físico. Cada alma tem sua própria atmosfera mental, e, como todas as impressões devem vir através dessa atmosfera, são todas elas distorcidas e coloridas. Quanto mais límpida e pura a atmosfera, e menos colorida pela personalidade, tanto menos ilusões lhe podem acontecer.

O Plano Mental

As três subdivisões superiores do plano mental são o hábitat do Pensador, e ele reside em uma ou outra dessas subdivisões, conforme seu estágio de evolução. A imensa maioria vive no nível mais inferior, em vários estágios de evolução; um número comparativamente pequeno dos altamente intelectuais habita o segundo nível, o Pensador ascendendo até aí – para usar uma frase mais adequada ao plano físico do que ao plano mental – quando a matéria mais sutil daquela região prepondera nele, e então se faz necessária a mudança; não há, naturalmente, "ascensão" alguma, nem mudança de lugar, mas ele recebe as vibrações daquela matéria mais sutil, sendo capaz de responder a ela, e ele mesmo é capaz de emitir forças que lançam suas raras partículas em movimento vibratório. O estudante deve familiarizar-se com o fato de que a ascensão na escala da evolução não o muda de um lugar para outro, mas o torna cada vez mais capaz de receber impressões. *Todas as esferas estão ao nosso redor*, a astral, a mental, a *búdica*, a *nirvânica*, e mundos ainda mais elevados, a vida do Deus Supremo; não precisamos nos mover para as encontrar, pois estão aqui; mas a nossa receptividade embotada as mantém afastadas mais eficazmente do que milhões de quilômetros de puro espaço. Somos conscientes somente daquilo que nos afeta, que nos provoca a responder com vibrações, e à medida que nos tornamos cada vez mais receptivos, à medida que absorvemos para o nosso interior matéria cada vez mais sutil, entramos em contato com esferas cada vez mais sutis. Portanto, elevar-se de um nível a outro significa que estamos tecendo nossas vestimentas com materiais cada vez mais sutis, e podemos ter através delas contatos com os mundos mais sutis, e isso significa ainda que no Ser envolto nessas vestimentas os poderes mais divinos estão despertando da latência para a atividade, e estão emitindo suas palpitações mais sutis de vida.

No estágio agora alcançado pelo Pensador, ele está plenamente consciente de seus arredores e está de posse da memória do seu passado. Ele conhece os corpos que está usando, por meio dos quais está em contato com os planos inferiores, e é capaz de influenciá-los e dirigi-los em uma grande medida. Ele vê as dificuldades, os obstáculos dos quais seus corpos se aproximam – os resul-

A Sabedoria Antiga

tados de uma conduta negligente em vidas passadas – e se prepara para lhes infundir energias com as quais possam estar melhor e-quipados para as suas tarefas. A sua direção é às vezes sentida na consciência inferior como uma força imperiosamente irresistível que impõe a sua maneira, e que impele a uma linha de conduta cu-jas razões nem sempre parecem clara à visão confusa causada pe-las vestimentas astral e mental. Homens que executaram grandes ações prestam, às vezes, testemunhos, afirmando terem sido cons-cientes de um poder interior irresistível que os elevava, que pare-cia não lhes deixar outra escolha a não ser agir como agiram. Eles estavam agindo como os homens reais; os Pensadores, que são as individualidades interiores, estavam agindo conscientemente atra-vés dos corpos, que preenchiam então as suas funções específicas de veículos da individualidade. Todos atingirão esses altos poderes à medida que a evolução prossegue.

No terceiro nível da região mais elevada do plano mental re-sidem os Egos dos Mestres[7], e dos Iniciados que são Seus chelas, tendo os Pensadores aqui uma preponderância da matéria dessa região em seus corpos. Desse mundo de forças mentais as mais sutis os Mestres levam adiante a sua obra beneficente pela huma-nidade, derramando nobres ideais, pensamentos inspiradores, aspi-rações devocionais, torrentes de auxílio espiritual e intelectual pa-ra os homens. Cada força ali gerada irradia em miríades de dire-ções, e as almas mais nobres e mais puras captam prontamente es-sas influências auxiliadoras. Uma descoberta lampeja na mente do paciente pesquisador dos segredos da Natureza; uma nova melodia extasia o ouvido de um grande músico; a solução de um problema há longo tempo estudado ilumina o intelecto do filósofo altivo; uma nova energia de esperança e amor inunda o coração de um filantropo infatigável. Ainda assim os homens pensam que estão abandonados, embora as frases que usam: "este pensamento ocor-reu-me", "a idéia me veio", "a descoberta brilhou em mim, incons-

---

[7] Refere-se ao Ego Superior, Eu Superior, Individualidade, Alma Imortal, que não deve ser confundido com o eu inferior ou ego psicológico mortal da personalidade. (N. da ed. bras.)

O Plano Mental

cientemente testificam a verdade conhecida pelo Ser interno que nelas habita, embora os olhos exteriores sejam cegos."

Passemos agora ao estudo do Pensador e sua vestimenta tais como são encontrados nos homens da Terra. O corpo da consciência, que a condiciona nas quatro subdivisões inferiores do plano mental – o corpo mental, como o chamamos – é formado de combinações da matéria dessas subdivisões. O Pensador, o indivíduo, a Alma Humana – que é formado como descrito na última parte deste capítulo – quando está vindo para a encarnação, se encarnar, primeiramente irradia uma porção de sua energia em vibrações que são atraídas à sua volta, e que o revestem com matéria retirada das quatro subdivisões inferiores de seu próprio plano. Os tipos de matéria que atrai estão de acordo com a natureza das vibrações; os tipos mais refinados respondem às vibrações mais rápidas, e tomam forma sob sua influência, e os tipos mais densos respondem, de maneira semelhante, às vibrações mais lentas; assim como uma corda, em vibração simpática, ressoará uma nota, isto é, em resposta a um determinado número de vibrações, vindo de uma corda similar em peso e tensão, mas que permaneceria muda em meio a um coro de notas soadas por cordas diferentes dela, quanto ao peso e à tensão; de modo semelhante os diferentes tipos de matéria se agrupam em resposta a diferentes tipos de vibrações. Exatamente de acordo com as vibrações enviadas pelo Pensador será a natureza do corpo mental que ele desse modo atrai à sua volta, e esse corpo mental é o que se chama de mente inferior, o *Manas* Inferior, porque é o Pensador revestido na matéria das subdivisões inferiores do plano mental e condicionado por ela em suas operações posteriores. Nenhuma de suas energias que são sutis demais para mover essa matéria, rápidas demais para dela obter uma resposta, pode expressar-se através dela; ele é, portanto, limitado por ela, condicionado por ela, restringido por ela em sua própria expressão. É essa a primeira das suas prisões durante sua vida encarnado, e enquanto suas energias estão atuando nela, ele permanece excluído de seu mundo mais elevado, pois sua atenção está voltada para as energias emanadas e sua vida é projetada com elas no corpo mental, muitas vezes chamado de vestimenta, envoltório ou veículo –

A Sabedoria Antiga

qualquer expressão servirá para dar a entender que o Pensador não é o corpo mental, mas que o formou e que o utiliza para expressar tanto de si quanto possível na região do mental inferior. Não deve ser esquecido que suas energias, ainda pulsando para o exterior, atraem em torno dele também a matéria mais densa do plano astral formando o seu corpo astral; e que durante sua vida encarnada as energias que se expressam através dos tipos inferiores de matéria mental são tão prontamente convertidas por essa em vibrações mais lentas às quais responde a matéria astral, que os dois corpos ficam vibrando juntos continuamente, e ficam muito estritamente entretecidos; quanto mais densos os tipos de matéria assimilados pelo corpo mental, tanto mais se torna íntima essa união, de tal modo que os dois corpos são, às vezes, classificados conjuntamente e até mesmo considerados como um veículo único[8]. Quando abordarmos o estudo da reencarnação veremos que esse fato assume uma importância vital.

De acordo com o estágio de evolução alcançado pelo homem será o tipo de corpo mental que ele forma no seu caminho de volta à encarnação, e podemos estudar, como fizemos com o corpo astral, os respectivos corpos mentais de três tipos de homens:

a) um homem não-evoluído; b) um homem de desenvolvimento médio; c) um espiritualmente avançado.

> a) No homem não-evoluído o corpo mental é apenas um pouco perceptível, um pequeno amontoado de matéria mental desorganizada, tirada principalmente das subdivisões inferiores do plano, sendo tudo que o representa. A influência que recebe é quase exclusivamente dos corpos inferiores, e é posto a vibrar debilmente pelas tormentas astrais desen-

---

[8] Assim o teosofista falará de *Kama-Manas*, significando a mente atuando dentro da natureza-desejo e cooperando com ela, influenciando e sendo influenciado pela natureza animal. Os vedantinos classificam os dois como um só e falam do Ser como agindo no *Manomayakosha*, a veste formada pela mente inferior, emoções e paixões. Os psicólogos europeus fazem dos "sentimentos" uma seção de sua divisão tripartite da "mente", e incluem tanto as sensações como as emoções nos sentimentos.

O Plano Mental

cadeadas pelos contatos com os objetos materiais através dos órgãos dos sentidos. Exceto quando estimulado por essas vibrações astrais, permanece quase inerte e, mesmo sob esses impulsos, suas respostas são morosas. Nenhuma atividade definida é originada do interior, sendo necessários esses choques do mundo exterior para despertar alguma resposta diferente. Quanto mais violentos os choques, melhor para o progresso do homem, pois cada resposta vibratória ajuda no desenvolvimento embrionário do corpo mental. Os prazeres tumultuosos, a cólera, a raiva, a dor, o terror, todas essas paixões, produzindo furacões no corpo astral, despertam fracas vibrações no mental, e gradualmente essas vibrações, levando a consciência mental ao início de sua atividade, fazem-na acrescentar algo de si às impressões nela causadas pelo exterior. Nós vimos que o corpo mental é tão entremeado com o astral que agem como um corpo único, mas as faculdades mentais nascentes acrescentam uma certa força e uma certa qualidade às paixões astrais que não lhes são aparentes quando atuam como qualidades puramente animais. As impressões produzidas sobre o corpo mental são mais permanentes que as produzidas sobre o astral, e são conscientemente reproduzidas por ele. Aqui começam a memória e o órgão da imaginação, e esse último gradualmente molda a si mesmo, as imagens do mundo exterior atuando sobre a matéria do corpo mental e modelando a substância mental à sua própria semelhança. Essas imagens, nascidas dos contatos dos sentidos, atraem em torno de si a matéria mental mais densa; os poderes nascentes da consciência reproduzem essas imagens, e assim acumulam um estoque de imagens que começa a estimular a ação iniciada do interior, a partir do desejo de novamente experienciar as vibrações que achou agradáveis através dos órgãos exteriores de vibração, e a evitar aquelas que causaram sofrimento. O corpo mental começa então a estimular o astral, e a despertar nele os desejos que, no animal, dormitam até serem despertados por

A Sabedoria Antiga

um estímulo físico; daí vermos no homem pouco evoluído uma busca persistente de gratificação dos sentidos jamais encontrada nos animais inferiores, uma luxúria, uma crueldade, uma astúcia que lhes são estranhas. Os poderes nascentes da mente, sujeitos ao serviço dos sentidos, fazem do homem um bruto infinitamente mais perigoso e selvagem do que qualquer animal, e as forças mais fortes e sutis inerentes ao espírito-matéria mental emprestam à natureza passional uma energia e uma perspicácia que não encontramos no mundo animal. Mas esses mesmos excessos levam à sua própria correção pelos sofrimentos que causam, e essas experiências resultantes atuam sobre a consciência e estabelecem novas imagens sobre as quais a imaginação trabalha. Essas estimulam a consciência a resistir a muitas das vibrações que lhe chegam por intermédio do corpo astral vindas do mundo exterior, e a exercitar a sua volição reprimindo as paixões, em vez de lhes dar livre curso. Tais vibrações resistentes se estabelecem internamente e atraem para o corpo mental combinações mais sutis de matéria mental, e tendem também a repelir dele as combinações mais grosseiras que vibram em resposta às notas passionais estabelecidas no corpo astral; em função dessa luta entre as vibrações estabelecidas pelas imagens passionais e as vibrações estabelecidas pela reprodução imaginativa de experiências passadas, o corpo mental cresce, começa a desenvolver uma organização nítida, e a exercer uma iniciativa cada vez maior diante das atividades exteriores. Enquanto a vida terrestre é passada armazenando-se experiências, a vida intermediária é empregada em assimilá-las, como veremos em detalhe no capítulo seguinte, de modo que em cada retorno à Terra o Pensador tem um estoque aumentado de faculdades para a moldagem do seu corpo mental. Assim o homem não evoluído, cuja mente é escrava de suas paixões, se transforma em um homem medianamente evoluído, cuja mente é um campo de batalha na qual as paixões e os poderes mentais travam

O Plano Mental

guerra com probabilidades diversas, com forças mais ou menos iguais, mas o homem está gradualmente tornando-se senhor de sua natureza inferior.

b) No homem medianamente evoluído, o corpo mental é muito maior em tamanho, revela uma certa quantidade de organização, e contém uma proporção razoável de matéria retirada da segunda, terceira e quarta subdivisões do plano mental. A lei geral que preside toda a construção e modificação do corpo mental pode ser aqui estudada com proveito, embora seja o mesmo princípio já visto em atuação nos reinos inferiores dos mundos astral e físico. O exercício desenvolve, a inércia atrofia e finalmente destrói. Cada vibração estabelecida no corpo mental causa uma modificação em seus constituintes, lançando fora, na parte afetada, a matéria que não consegue vibrar simpaticamente, substituindo-a por materiais convenientes retirados das reservas praticamente inesgotáveis que se encontram ao redor. Quanto mais uma série de vibrações é repetida, tanto mais a parte atingida por elas cresce em desenvolvimento; daí, pode ser notado de passagem, o mal causado ao corpo mental pela superespecialização das energias mentais. O direcionamento equivocado desses poderes causa um desenvolvimento assimétrico do corpo mental; ele torna-se desproporcionalmente desenvolvido na região na qual essas forças estão continuamente atuando e proporcionalmente não-desenvolvido em outras partes, talvez igualmente importantes. O objetivo a ser alcançado é um desenvolvimento geral harmonioso e proporcional, e para isso são necessárias uma calma auto-análise e um direcionamento preciso dos meios para os fins. O conhecimento dessa lei permite explicar certas experiências bem conhecidas e oferece uma esperança segura de um progresso. Quando um estudo novo é iniciado, ou uma mudança se opera em favor de uma alta moralidade, descobre-se que as primeiras etapas estão repletas de dificuldades; às vezes o esforço é até mesmo abandonado porque os obstáculos no

A Sabedoria Antiga

caminho do sucesso parecem insuperáveis. No início de um novo empreendimento mental qualquer, todo o automatismo do corpo mental se opõe; os materiais, acostumados a vibrar de uma maneira particular, não conseguem adaptar-se aos novos impulsos, e o estágio inicial consiste principalmente em emitir vibrações de força que são frustradas, até onde diz respeito ao estabelecimento de vibrações no corpo mental, mas que são as preliminares para quaisquer vibrações simpáticas, já que expelem do mental os antigos materiais refratários e incorporam nele os tipos simpáticos. Durante esse processo, o homem não está consciente de progresso algum; ele está consciente apenas da frustração de seus esforços e da resistência tediosa que encontra. Logo, se ele persiste, à medida que os materiais recém-atraídos começam a atuar, e ele tem melhor sucesso em suas tentativas e, por fim, quando todos os materiais antigos são expulsos e os novos estão funcionando, ele sente que progride sem esforço, e seu objetivo se realiza. O período crítico é durante o primeiro estágio; mas se ele confia na lei, tão infalível em suas operações como qualquer outra lei da Natureza, e se com persistência renova os seus esforços, ele *deverá* ter sucesso; e o conhecimento desse fato pode estimulá-lo quando, de outra maneira, ele estaria afundando em desespero. Dessa maneira, então, o homem medianamente desenvolvido deve prosseguir, descobrindo com alegria que, à medida que firmemente resiste às solicitações da natureza inferior, ele torna-se consciente de que elas estão perdendo poder sobre ele, pois ele está expelindo de seu corpo mental todos os materiais passíveis de serem lançados por ele em vibrações simpáticas. Assim, o corpo mental passa gradualmente a ser composto dos constituintes mais sutis das quatro subdivisões inferiores do plano mental, até que ele se tenha tornado a forma radiante e admiravelmente bela que é o corpo mental do homem espiritualmente desenvolvido.

O Plano Mental

c) O homem espiritualmente desenvolvido. Todas as combinações mais grosseiras foram eliminadas desse corpo, de modo que os objetos dos sentidos não encontram mais aí, ou no corpo astral conectado com ele, materiais que respondam simpaticamente às suas vibrações. Contém somente as combinações mais sutis pertencentes a cada uma das quatro subdivisões do mundo mental inferior, e também desses, os materiais dos terceiro e quarto subplanos têm grande preponderância em suas composições sobre os materiais do segundo e do primeiro plano, fazendo com que responda a todas as operações superiores do intelecto, a todos os puros estremecimentos das emoções mais sublimes. Um corpo assim permite ao Pensador que dele se reveste exprimir-se muito mais plenamente na região mental inferior e nos mundos astral e físico; seus materiais são capazes de responder a uma banda muito mais larga de vibrações, e os impulsos de um reino mais sublime modelam-no em um organismo mais nobre e sutil. Um tal corpo está desse modo tornando-se rapidamente capaz de reproduzir todos os estímulos emitidos pelo Pensador o qual é capaz de expressar-se nas subdivisões inferiores do plano mental; está-se tornando um instrumento perfeito para as atividades nesse mundo mental inferior.

Uma compreensão nítida da natureza do corpo mental modificaria bastante a educação moderna, e a tornaria bem mais útil ao Pensador do que o é atualmente. As características gerais desse corpo dependem das vidas anteriores do Pensador na Terra, como será amplamente compreendido quando tivermos estudado a reencarnação e o carma. O corpo é constituído no plano mental, e os seus materiais dependem das qualidades que o Pensador acumulou dentro de si mesmo como resultado de suas experiências passadas. Tudo o que a educação pode fazer é proporcionar estímulos externos que despertem e encorajem o crescimento das faculdades úteis que o Pensador já possui, e auxiliar na erradicação daquelas que são indesejáveis. Provocar a manifestação dessas faculdades inatas

A Sabedoria Antiga

e não sobrecarregar a memória com fatos, é o objetivo da verdadeira educação. Nem tem a memória necessidade de ser cultivada como uma faculdade separada, pois a memória depende da atenção – ou seja, da concentração da mente sobre o assunto estudado – e sobre a afinidade natural entre o assunto e a mente. Se o assunto agrada – isto é, se a mente tem capacidade para tal – a memória não faltará, desde que a atenção seja mantida. Portanto, a educação deve cultivar o hábito da firme concentração, da atenção sustentada, e ser dirigida de acordo com as faculdades inatas do aluno.

Passemos agora às divisões "sem forma" do plano mental, a região que é o verdadeiro lar do homem durante o ciclo de suas reencarnações, nas quais ele nasce, uma alma incipiente, um Ego infantil, uma individualidade embrionária, quando começa a sua evolução puramente humana[9].

O contorno desse Ego, o Pensador, é de forma oval, daí H.P. Blavatsky referir-se a esse corpo de *Manas* que persiste através de todas as encarnações humanas, como o Ovo Áurico. Formado da matéria das três subdivisões superiores do plano mental, é delicadamente sutil, uma película da mais rara sutileza, mesmo no seu princípio; e, à medida que se desenvolve, torna-se um objeto radiante de glória e beleza sobrenaturais, o Uno luminoso, como tem sido apropriadamente chamado[10]. O que é esse Pensador? É, como já dissemos, o Ser divino, limitado, ou individualizado por esse corpo sutil constituído de matérias da região "sem forma" do plano mental[11]. Essa matéria – atraída em torno de um raio do Ser, um raio vivo da Luz e Vida unas do universo – separa esse raio de sua fonte, no que se refere ao mundo exterior, envolve-o numa concha translúcida de si mesma, transformando-o assim em um "indivíduo". A vida é a Vida do *Logos*, mas todos os poderes dessa Vida jazem latentes, ocultos; tudo está ali potencialmente, germinal, tal como a árvore está oculta no germe minúsculo da semente. Essa

---

[9] Veja os Capítulos 7 e 8 sobre Reencarnação.

[10] É o *Augoeides* dos neoplatônicos, ou o "corpo espiritual", de São Paulo.

[11] É o Ser, funcionando no *Vignyanamayakosha*, o envoltório do conhecimento perceptivo, segundo a classificação vedantina.

O Plano Mental

semente é lançada ao solo da vida humana a fim de que suas forças latentes possam ser estimuladas à atividade pelo Sol da alegria e pela chuva das lágrimas, e para que possa ser alimentada pela seiva do solo vital a que chamamos de experiência, até que o germe se desenvolva em árvore possante, a imagem do Senhor que o gerou.

A evolução humana é a evolução do Pensador; ele se reveste de corpos nos planos mental inferior, astral e físico, veste-os através das vidas terrena, astral e mental inferior, despojando-se deles sucessivamente nos estágios regulares desse ciclo de vida, à medida que passa de um mundo para outro, mas sempre acumulando em si mesmo os frutos colhidos com eles em cada plano. A princípio, tão pouco consciente quanto o corpo terrestre de um bebê, ele quase adormeceu vida após vida, até que as experiências agindo sobre ele a partir do exterior, despertaram à atividade algumas de suas forças latentes; mas gradualmente ele participa cada vez mais no rumo de sua vida, até que, alcançada a maturidade, toma a sua vida em suas próprias mãos, exercendo sobre seu futuro um controle cada vez maior.

O crescimento do corpo permanente que, com a consciência divina, compõe o Pensador, é extremamente lento. Seu nome técnico é corpo causal, porque acumula dentro de si o resultado de todas as experiências, e essas atuam como causas, moldando as vidas futuras. É o único que é permanente entre os corpos usados durante a encarnação, sendo que os corpos mental, astral e físico são reconstituídos para cada nova vida; à medida que cada um perece, transmite sua colheita ao corpo imediatamente acima, e assim todas as colheitas são finalmente armazenadas no corpo permanente; quando o Pensador retorna à encarnação, exterioriza as suas energias, constituídas dessas colheitas, sobre cada plano sucessivo, e desse modo atrai em torno de si um novo corpo após outro, condizentes com o seu passado. O crescimento do corpo causal é, como já dissemos, muito lento, pois ele só pode vibrar em resposta aos impulsos que podem ser expressados na matéria profundamente sutil de que é composto, desse modo tecendo-os para formar a textura do seu ser. Daí as paixões, que representam um papel tão

A Sabedoria Antiga

importante nos primeiros estágios da evolução humana, não poderem afetar diretamente o seu crescimento. O Pensador só pode transformar as experiências que podem ser reproduzidas nas vibrações do corpo causal, e essas devem pertencer à região mental, e ser altamente intelectuais ou elevadamente morais em seu caráter; de outro modo a sua matéria sutil pode não oferecer uma vibração simpática em resposta.

Uma pequenina reflexão convencerá qualquer pessoa de como a sua vida diária proporciona tão pouco material adequado ao desenvolvimento desse corpo sublime; daí a lentidão da evolução, o pequeno progresso alcançado. O Pensador deve ter mais de si mesmo para expressar em cada vida sucessiva, e, quando tal é o caso, a evolução avança rapidamente. A persistência no caminho do mal reage de uma maneira indireta sobre o corpo causal, e faz mais dano do que o mero atraso do seu crescimento; essa persistência parece, após muito tempo, causar uma certa incapacidade para responder às vibrações contrárias do bem, e assim atrasar o crescimento por um período considerável após se haver renunciado ao mal. Para prejudicar diretamente o corpo causal é necessário uma perversidade altamente intelectual e refinada, o "mal espiritual" mencionado nas diversas Escrituras do mundo. Isso felizmente é raro, tão raro como o bem espiritual, e é encontrado apenas entre os de progresso elevado, estejam eles seguindo o caminho da Mão Direita ou da Mão Esquerda[12].

O hábitat do Pensador, do Homem Eterno, é no quinto subplano, o nível mais inferior da região "sem forma" do plano mental. A grande maioria da humanidade está aqui, escassamente desperta, ainda na infância de suas vidas. O Pensador desenvolve a consciência lentamente, à medida que as suas energias, agindo nos planos inferiores, aí ganham experiência, que é assimilada a essas

---

[12] O caminho da mão direita é o que conduz à humanidade divina, ao Adeptado, que se percorre para servir aos mundos. O caminho da mão esquerda é aquele que também conduz a um adeptado, mas um adeptado que é usado para frustrar o progresso da evolução e é voltado para fins egoístas. São algumas vezes chamados de caminhos Brancos e Negros, respectivamente [ou da Magia Branca e da Magia Negra, respectivamente. (N. da ed. bras.)].

O Plano Mental

quando retornam para ele, carregadas da colheita de uma vida. Esse Homem eterno, o Ser individualizado, é o ator em cada um dos corpos que veste; é a sua presença que dá o sentimento de "eu", tanto ao corpo como à mente, sendo o "eu" aquele que é autoconsciente e que, devido à ilusão, se identifica com o veículo no qual centraliza mais ativamente suas energias. Para o homem dos sentidos, o "eu" é o corpo físico e a natureza-desejo; desses ele extrai o seu gozo, e os considera como se fossem ele próprio, pois sua vida está neles. Para o intelectual o "eu" é a mente, pois no seu exercício jaz sua alegria e nela está concentrada a sua vida. Poucos conseguem elevar-se às alturas abstratas da filosofia espiritual, e sentir esse Homem Eterno como o "Eu", cuja memória se estende através de vidas passadas, e cujas esperanças se estendem pelos futuros nascimentos. Os fisiologistas nos dizem que se cortarmos um dedo nós não sentimos a dor lá por onde o sangue está saindo, e sim que a dor é sentida no cérebro, e que é projetada pela imaginação para o local do ferimento; a sensação de dor *no dedo* é, dizem eles, uma ilusão; é colocada pela imaginação no ponto de contato com o objeto que ocasiona o ferimento; assim também um homem sentirá dor em um membro amputado, ou melhor, no espaço que o membro ocupava antes. De maneira análoga, o "Eu" uno, o Homem Interior, sente dor e alegria nas coberturas que o envolvem, nos pontos de contato com o mundo externo, e sente o invólucro como sendo ele mesmo, ignorando que esse sentimento é uma ilusão, e que ele é o único ator e experimentador em cada vestimenta.

Consideremos agora, sob esse prisma, as relações entre a mente superior e a inferior, e a sua ação sobre o cérebro. A mente, *Manas*, o Pensador, é uno e é o Ser no corpo causal; é a fonte de inumeráveis energias, de vibrações de inumeráveis tipos. Essas ele envia para o exterior, irradiando de si mesmo. Dentre essas, as mais elevadas e sutis manifestam-se na matéria do corpo causal, que em si mesma é suficientemente delicada para responder a elas; elas constituem o que chamamos de Razão Pura, cujos pensamentos são abstratos, cujo método de ganhar conhecimento é a intui-

87

A Sabedoria Antiga

ção; a sua verdadeira "natureza é conhecimento", e reconhece a verdade de imediato como congruente consigo mesma.

As vibrações menos sutis passam externamente, atraindo a matéria da região mental inferior, e essas vibrações constituem o *Manas* inferior ou mente inferior – as energias mais grosseiras do mental superior expressas na matéria mais densa; a isso que chamamos intelecto, que compreende a razão, o juízo, a imaginação, a comparação, e as outras faculdades mentais; seus pensamentos são concretos, e seu método é a lógica; discute, raciocina, deduz. Essas vibrações, atuando através da matéria astral sobre o cérebro etérico e, por esse sobre o cérebro físico denso, estabelecem aí vibrações, que são as reproduções pesadas e lentas delas mesmas – pesadas e lentas, porque as energias perdem muito de sua rapidez ao moverem a matéria mais pesada. Esse amortecimento de resposta quando uma vibração é iniciada em um meio rarefeito e depois passa para um meio denso é conhecido de todo estudante de física. Toque um sino no ar e ele soará claramente; toque-o no hidrogênio e deixe que as vibrações no hidrogênio tenham que pôr as ondas atmosféricas para vibrar, e veja como é fraco o resultado. Igualmente fracas são as operações do cérebro em resposta aos impactos rápidos e sutis da mente; e, no entanto, é tudo o que a imensa maioria conhece como sua "consciência".

A importância imensa das atividades mentais dessa "consciência" deve-se ao fato de que é ela o único meio através do qual o Pensador pode colher as experiências, graças às quais ele se desenvolve. Enquanto estiver dominada pelas paixões, é tumultuada e sem direção, e o Pensador é deixado sem alimento, sendo, portanto, incapaz de se desenvolver; e enquanto estiver totalmente absorto em atividades mentais, relativas ao mundo exterior, pode despertar tão somente suas mais baixas energias; somente quando é capaz de impressionar na consciência física o verdadeiro objeto de sua vida, é que ela começa a cumprir suas mais valiosas funções de colher o que despertará e nutrirá as energias superiores dele. À medida que o Pensador se desenvolve ele se torna cada vez mais consciente de seus poderes inerentes, e também das operações de suas energias

O Plano Mental

nos planos inferiores, e dos corpos que aquelas energias atraíram em torno dele. Por fim ele começa a tentar influenciá-los, utilizando sua memória do passado para guiar sua vontade, e é a essas impressões que chamamos de "consciência" quando se referem à moral, e a *"flashes* de intuição" quando iluminam o intelecto. Quando essas impressões são freqüentes o bastante para poderem ser consideradas normais, designamos seu conjunto pelo termo "gênio". A evolução superior do Pensador é assinalada por seu crescente controle sobre seus veículos inferiores, pela crescente sensibilidade deles à sua influência, e pela crescente contribuição deles para seu desenvolvimento. Aqueles que querem colaborar deliberadamente nesta evolução podem fazê-lo por um treinamento cuidadoso da mente inferior e do caráter moral, por um esforço constante e bem dirigido. O hábito do pensamento calmo, sustentado, e seqüencial, dirigido para objetos não-mundanos, o hábito da meditação, do estudo, desenvolvem o corpo-mente e o torna um instrumento melhor; o esforço em cultivar o pensamento abstrato também é útil, já que eleva a mente inferior até a superior, e atrai para ela os materiais mais sutis do plano mental inferior. Nesses e em modos análogos todos podem cooperar em sua própria evolução superior, cada passo à frente torna os passos seguintes mais rápidos. Nenhum esforço, mesmo o mais insignificante, é perdido, mas é seguido por seu amplo efeito, e toda contribuição obtida e assimilada é armazenada no tesouro do corpo causal, para uso futuro. Assim, a evolução, embora lenta e vacilante, é sempre para a frente, e a Vida divina, sempre desabrochando em cada alma, lentamente conquista todas as coisas.

Capítulo 5

O Devachan

A palavra *Devachan* é o nome teosófico para Céu, e, traduzido literalmente, significa Terra Resplandecente, ou a Terra dos Deuses[1]. É uma parte especialmente protegida do plano mental, da qual toda tristeza e todo mal são excluídos pela ação das grandes Inteligências Espirituais que superintendem a evolução humana; e é habitada por seres humanos que se desvencilharam de seus corpos físico e astral, e que lá chegam quando sua estada no *Kamaloka* se tenha completado. A vida no *Devachan* consiste de dois estágios, o primeiro dos quais se passa nas quatro subdivisões inferiores do plano mental, nas quais o Pensador ainda conserva o corpo mental e é por ele condicionado, sendo empregado na assimilação dos materiais acumulados por ele durante a vida terrestre da qual ele acaba de emergir. O segundo estágio se passa no mundo "sem forma", onde o Pensador desembaraça-se de seu corpo mental, e vive sua vida na plena medida da autoconsciência e do conhecimento que atingiu.

---

[1] *Devasthan*, a Morada dos Deuses, é o termo sânscrito equivalente. É o *Svarga* dos hindus, o *Sukhavati* dos budistas, o Céu dos zoroastrianos e dos cristãos, como também para os menos materialistas entre os muçulmanos.

A Sabedoria Antiga

A duração total do tempo passado no *Devachan* depende da quantidade de materiais próprios à existência *devachânica* que a alma tenha trazido consigo até aqui, de sua vida na Terra. A colheita dos frutos para consumo e assimilação no *Devachan* consiste de todos os pensamentos e emoções puros gerados durante a vida terrestre, todos os esforços e aspirações intelectuais e morais, todas as memórias de trabalho útil e projetos para o serviço à humanidade – por tudo que é suscetível de ser convertido em faculdades mentais e morais, desse modo auxiliando na evolução da alma. Nenhum desses se perde, por mais fraco, por mais débil; mas as paixões animais egoístas não podem entrar, por não haver material no qual se possam expressar. Nem todo o mal da existência passada, embora possa preponderar grandemente sobre o bem, impede a completa colheita do mínimo de bem que possa ter havido; a escassez da colheita pode tornar a vida no *Devachan* muito breve, mas o indivíduo mais depravado, se teve uma mínima aspiração pelo bem, ou qualquer impulso de ternura, deve ter um período de existência *devachânica* no qual a semente do bem possa estender seus ternos brotos, e a centelha do bem possa ser soprada até tornar-se uma minúscula chama.

No passado, quando os homens viviam com seus corações grandemente voltados para o céu e orientavam suas vidas com o fim de gozar as alegrias celestes, o período passado no *Devachan* era mito longo; estendendo-se por vezes a vários milhares de anos; atualmente, com as mentes dos homens tão mais voltadas para a Terra, e tão poucos de seus pensamentos sendo comparativamente dirigidos para a vida superior, seus períodos no *Devachan* são comparativamente diminuídos. Analogamente, o tempo passado nas regiões superiores e inferiores do plano mental respectivamente[2], é proporcional à quantidade de pensamentos gerados correspondentemente nos corpos mental e causal; todos os pensamentos pertencentes ao eu pessoal, à vida que acaba de se extinguir – com todas as suas ambições, interesses, afeições, esperanças

---

[2] Tecnicamente designada pelos termos *Devachan Rupa* e *Arupa*, conforme se trate das regiões *Rupa* (com forma) ou *Arupa* (sem forma) do plano mental.

O Devachan

e temores – tudo isso tem a sua fruição no *Devachan*, na parte onde se encontram as formas; enquanto que aqueles pertencentes à mente superior, às regiões do pensamento abstrato e impessoal, devem ser exercitados na região *devachânica* "sem forma". A maior parte das pessoas apenas adentra essa região sublime para abandoná-la imediatamente; algumas passam lá grande parte de sua existência *devachânica*; uns poucos vivem ali durante quase toda ela.

Antes de entrar em quaisquer detalhes tentemos compreender algumas das idéias fundamentais que regem a existência no *Devachan*, pois ela é tão diferente da vida física que qualquer descrição da mesma pode desorientar devido à sua grande peculiaridade. As pessoas compreendem tão pouco de sua vida mental, mesmo como ela é vivida no corpo, que quando lhes é apresentado um quadro da vida mental fora do corpo, perdem todo o senso de realidade, e sentem-se como se tivessem sido transportadas a um mundo de sonhos.

A primeira idéia a compreender é que a vida mental é infinitamente mais intensa, mais ativa e mais próxima da realidade que a vida dos sentidos. Tudo o que vemos e tocamos, ouvimos, sentimos e manuseamos aqui embaixo está demasiado afastado da realidade do que tudo com que entramos em contato no *Devachan*. E mesmo lá não vemos as coisas tais como são, mas as coisas que vemos aqui embaixo têm dois véus de ilusão a mais, envolvendo-as. Nosso senso de realidade aqui é uma ilusão total; nada conhecemos das coisas, das pessoas, como elas realmente são; tudo o que conhecemos delas são as impressões que produzem sobre nossos sentidos, e as conclusões, quase sempre errôneas, que nossa razão deduz do agregado dessas impressões. Ponha lado a lado as idéias que de um homem fazem seu pai, seu amigo mais íntimo, a garota que o adora, o seu rival nos negócios, o seu inimigo mais mortal, e um conhecido qualquer, e veja quão incongruentes são as imagens. Cada uma delas pode fornecer somente a impressão produzida sobre sua própria mente, e quão distantes estão elas do que o homem é, visto pelos olhos que penetram todos os véus e contemplam o homem em sua totalidade! De cada um de nossos ami-

93

A Sabedoria Antiga

gos temos apenas as impressões embasadas nos que eles nos passam, e essas estão estritamente limitadas por nossa faculdade de perceber; uma criança pode ter por pai um grande homem de Estado dotado de propósitos sublimes e ideais grandiosos, mas esse guia dos destinos de uma nação é para ela apenas o seu alegre companheiro de brincadeiras, o mais encantador contador de histórias. Vivemos em meio a ilusões, mas temos o sentimento da realidade, e isso basta para contentar-nos. No *Devachan* também estaremos rodeados de ilusões – embora, como dissemos, a dois passos da realidade – e lá também teremos um sentimento de realidade similar que nos satisfará.

Das ilusões terrestres, embora reduzidas, não se consegue escapar nos céus inferiores, embora o contato seja mais real e mais imediato. Pois jamais se deve esquecer que esses céus são parte de um grande esquema de evolução, e, até que o homem tenha encontrado o verdadeiro Eu, sua própria irrealidade o torna sujeito às ilusões. Um fato, todavia, que produz o sentido de realidade na vida terrestre e o de irrealidade quando estudamos o *Devachan*, é que observamos a vida terrestre a partir de nosso interior, sob a total influência de suas ilusões, ao passo que contemplamos o *Devachan* do exterior, livres, durante esse tempo, de seu véu de *maya*.

No *Devachan* o processo é revertido, e os seus habitantes sentem que sua vida é a única real e consideram a vida terrestre repleta das ilusões e equívocos mais patentes. Em suma, eles estão mais próximos da verdade do que os críticos terrestres da sua morada celestial.

Depois, o Pensador – revestido exclusivamente de seu corpo mental no exercício desimpedido de seus poderes – manifesta a natureza criativa desses poderes de um modo e em uma extensão que dificilmente podemos conceber aqui embaixo. Na Terra um pintor, um escultor, um músico, sonham sonhos de surpreendente beleza, criando suas visões pelo poder da mente; mas quando procuram corporificá-las nos materiais grosseiros da Terra, suas obras ficam muito aquém da criação mental. O mármore é demasiado resistente para tomar a forma perfeita, a tinta, muito embaciada

O Devachan

para refletir a cor perfeita. No céu, tudo o que eles pensam é imediatamente reproduzido em forma, pois a matéria rarefeita e sutil do mundo celestial é a substância mental, o meio no qual a mente atua normalmente quando liberta das paixões, e essa matéria toma forma a cada impulso mental. Cada homem, portanto, num sentido muito real, cria seu próprio céu, e pode aumentar indefinidamente a beleza que o envolve, conforme a riqueza e energia de sua mente. À medida que a alma desenvolve seus poderes, o seu céu torna-se cada vez mais sutil e belo; todas as limitações no céu são autocriadas, e o céu se expande e se aprofunda com a expansão e o aprofundamento da alma. Enquanto a alma for fraca e egoísta, tacanha e subdesenvolvida, a vida celeste participa de sua mesquinhez; mas é sempre o melhor que há na alma, não importa quão escasso esse melhor possa ser. À medida que o homem evolui, suas vidas no *Devachan* se tornam mais plenas, mais ricas, cada vez mais reais, e as almas elevadas se aproximam cada vez mais entre si, desfrutando de um relacionamento mais amplo e mais profundo. Uma vida terrestre superficial, débil, insípida e mesquinha, mental e moralmente, produz uma vida comparativamente superficial, débil, insípida e mesquinha no *Devachan*, onde somente as qualidades mental e moral sobrevivem. Não podemos *ter* mais do que aquilo que *somos,* e a nossa colheita é proporcional à nossa semeadura. "Não vos enganeis; não se escarnece de Deus; pois o que quer que o homem semeie, aquilo", nem mais, nem menos, "ele também colherá." Nossa indolência e avidez colheriam de bom grado onde não semeamos, mas neste universo de lei, a Boa Lei, misericordiosamente justa, dá a cada um precisamente o salário de seu trabalho.

As impressões mentais, ou quadros mentais, que fazemos de nossos amigos nos dominarão no *Devachan*. Em torno de cada alma aglomeram-se aquelas que ela amou na vida, e cada imagem dos seres amados que vivem no coração, torna-se uma companhia viva da alma no céu. E não há mudanças. Serão para nós lá como foram aqui, nem mais, nem menos. A aparência externa de nosso amigo tal como impressionava nossos sentidos, nós a reproduzimos com a matéria mental no *Devachan*, através dos poderes cria-

A Sabedoria Antiga

tivos da mente; o que aqui era um quadro mental, lá é – como na verdade era aqui, embora não o soubéssemos – uma forma objetiva na substância mental viva, residindo em nossa própria atmosfera mental; apenas que o que aqui é pesado e vago, lá é forçosamente palpitante e vivente. E com relação à verdadeira comunhão, é aquela do tipo alma com alma! É mais íntima, mais próxima e mais amorosa do que qualquer coisa que conhecemos aqui, pois, como vimos, não existe barreira entre as almas no plano mental; na exata proporção da realidade da vida da alma em nós é a realidade da comunhão das almas lá; a imagem mental do nosso amigo é criação nossa; sua forma é como a tínhamos conhecido e amado; e sua alma se manifesta a nós através daquela forma, na medida em que a sua alma e a nossa consigam pulsar em uníssono. Mas não podemos ter contato algum com aqueles que conhecemos na Terra se os vínculos foram apenas dos corpos físico ou astral, ou se eles e nós éramos discordantes na vida interior; portanto, em nosso *Devachan,* nenhum inimigo pode entrar, pois tão somente concordância de mentes e de corações podem aproximar os homens lá. A separação de corações e mentes implica separação na vida celeste, pois tudo que é inferior ao coração e à mente não pode encontrar meios de expressão lá. Com aqueles que em muito nos excedem em evolução, entramos em contato apenas na medida em que podemos responder a eles; grandes extensões de seu Ser se expandem para além do nosso alcance, mas tudo que pudermos atingir é nosso. Além disso, esses Seres maiores podem e efetivamente nos ajudam na vida celeste, sob condições que mais tarde estudaremos, ajudam-nos a nos elevar até eles, e assim podermos receber cada vez mais. Não há separação pelo espaço ou pelo tempo, mas há separação pela ausência de sintonia, pela falta de ressonância entre corações e mentes.

No céu estamos com todos os que amamos e com todos os que admiramos, e a nossa comunhão com eles é determinada pelo limite de nossa capacidade, ou da deles, se formos nós os mais adiantados. Nós os encontramos sob as formas em que os amamos na terra, com a perfeita memória das nossas relações terrestres, pois o céu é a florescência de todos os botões da terra, e os amores

O Devachan

débeis ou frustrados da Terra, lá se expandem em beleza e poder. Sendo direta a comunhão, jamais surgirá um mal-entendido de palavras ou pensamentos; cada qual vê o pensamento que seu amigo cria, ou o tanto dele a que pode responder.

O *Devachan*, o mundo celeste, é um mundo de felicidade, de indizível alegria. Mas é muito mais do que isso, muito mais que um simples repouso para o peregrino fatigado. No *Devachan* tudo que foi valioso nas experiências mentais e morais do Pensador em sua vida recém-encerrada, é exercitado, ponderado, e é gradualmente transmutado em faculdade mental definida, em poderes, que ele levará consigo para seu próximo renascimento. Ele não elabora em seu corpo mental a lembrança do passado, pois o corpo mental se desintegrará quando chegar a hora; a memória do passado habita apenas no próprio Pensador, que a viveu e que permanece. Mas esses fatos das experiências passadas são transmutados em aptidões mentais, de modo que se um homem estudou profundamente um assunto, os efeitos daquele estudo serão a criação de uma faculdade especial para alcançar e dominar aquele assunto quando esse se lhe apresentar pela primeira vez numa outra encarnação. Nascerá com uma aptidão especial para aquela linha de estudos, e a assimilará com grande facilidade. Tudo que é pensado na Terra é assim utilizado no *Devachan*: toda aspiração é transformada em poder; todos os esforços frustrados se tornam faculdades e aptidões; as lutas e as derrotas reaparecem como materiais para serem forjados em instrumentos de vitória; os sofrimentos e os erros brilham como metais preciosos para serem modelados em volições sábias e bem direcionadas. Os projetos de beneficência que naufragaram no passado por falta de poder e habilidade, são exercitados no *Devachan* pelo pensamento, e executados, por assim dizer, etapa por etapa, e o poder e a habilidade necessários são desenvolvidos sob a forma de faculdades da mente, para serem postos em uso numa vida futura na Terra, quando o estudante inteligente e esforçado renascerá como gênio, quando o devoto renascerá como um santo. A vida celeste não é, pois, no *Devachan*, um simples sonho, um paraíso de lazer inútil; é uma Terra na qual a mente e o coração se desenvolvem, sem serem impedidos pela

A *Sabedoria Antiga*

matéria grosseira e por cuidados triviais, onde armas são forjadas para os cruéis campos de batalha da Terra, e onde o progresso do futuro é assegurado.

Uma vez tenha o Pensador consumido em seu corpo mental todos os frutos que lhe pertencem de sua vida terrestre, descarta-se dele e, desembaraçado, habita em seu local apropriado. Todas as faculdades mentais que se expressam nos níveis inferiores são recolhidas ao interior do corpo causal – com os germes da vida passional que foram trazidos para o corpo mental, quando esse abandonou a casca astral em sua dissolução no *Kamaloka* – e essas tornam-se latentes por algum tempo, dentro do corpo causal, forças que permanecem ocultas por ausência de material nos quais se manifestar[3]. O corpo mental, o último dos envoltórios temporários do homem verdadeiro, desintegra-se, e seus materiais retornam ao oceano geral do plano mental, de onde foram retirados na última descida do Pensador à encarnação. Desse modo apenas o corpo causal permanece, o receptáculo e tesouro de tudo que foi assimilado da vida que cessou. O Pensador terminou um ciclo de sua longa peregrinação, e habita por um certo tempo em sua Terra natal.

A sua condição quanto à consciência depende inteiramente do ponto que alcançou na evolução. Nos primeiros estágios de sua vida ele simplesmente dormirá, envolto em inconsciência, depois de ter perdido seus veículos nos planos inferiores. Em seu seio a vida palpitará gentilmente, assimilando quaisquer mínimos resultados da existência terrestre encerrada, suscetíveis de serem incorporados em sua substância; mas não terá qualquer consciência do meio que o envolve. Mas à medida que se desenvolve, esse período de sua vida torna-se cada vez mais importante, ocupando uma proporção maior de sua existência *devachânica*. Torna-se autoconsci-

---

[3] O estudante atento poderá achar aqui uma sugestão fecunda relativa ao problema da continuidade da consciência após a conclusão do ciclo do Universo. Considere *Ishvara* no lugar do Pensador, e as faculdades, que são os frutos de uma vida, representando as vidas humanas, que são os frutos de um universo. O estudante poderá, então, perceber alguns relances do que é necessário para a consciência, durante o intervalo entre os universos.

O Devachan

ente e, portanto, consciente de seus arredores – do não-eu – e a sua memória desenrola diante dele o panorama de sua vida, recuando através das eras do passado. Vê as causas que produziram seus efeitos na última de suas experiências de vida, e estuda as que ele pôs em movimento em sua última encarnação. Ele assimila e introduz na textura do corpo causal tudo o que houve de mais nobre e mais sublime no capítulo encerrado de sua vida, e por sua atividade interior desenvolve e coordena os materiais em seu corpo causal. Entra em contato direto com grandes almas, quer estejam no momento no corpo ou fora dele, desfruta da comunhão com elas, aprende com a sabedoria mais madura e com a experiência mais extensa delas. Cada vida *devachânica* sucessiva é mais rica e mais profunda; com a sua capacidade de receber em expansão, o conhecimento flui para dentro dele em ondas cada vez mais ricas; cada vez mais ele compreende as operações da Lei, as condições do progresso evolucionário; e assim retorna à vida terrestre cada vez com mais conhecimento, poder mais efetivo, sua visão do objetivo da vida tornando-se cada vez mais clara e o caminho que leva até ele, mais pleno ante seus pés.

Para cada Pensador, por menos evoluído que seja, há um momento de visão clara quando chega a hora do seu retorno à vida dos mundos inferiores. Por um instante ele contempla seu passado e vê as causas que nele agem preparando o futuro, e o mapa geral de sua próxima encarnação é também desenrolado ante ele. Em seguida, as nuvens de matéria inferior agitam-se em torno dele e obscurecem sua visão, e começa o ciclo de uma nova encarnação com o despertar dos poderes da mente inferior, atraindo em torno de si, por meio de suas vibrações, materiais do plano mental inferior para formar o novo corpo mental para o novo capítulo de sua vida que se abre. Essa parte do nosso assunto, porém, pertence com seus detalhes, aos capítulos sobre reencarnação.

Tínhamos deixado a alma adormecida[4], despojada dos últimos restos de seu corpo astral, pronta para passar do *Kamaloka* ao *Devachan*, saindo do purgatório para entrar no céu. A alma ador-

---

[4] Veja o Capítulo 3 sobre o *Kamaloka*.

A Sabedoria Antiga

mecida desperta com um sentimento de alegria inexprimível, de incomensurável felicidade, de paz que ultrapassa o entendimento. As mais doces melodias soam em torno dela, os mais delicados matizes saúdam a sua visão que se está abrindo, o próprio ambiente parece música e cor, todo o ser é inundado de luz e harmonia. Depois através de um nevoeiro dourado surgem docemente os semblantes dos que amou na Terra, com uma beleza etérica que exprimem as suas mais nobres e amorosas emoções, não desfiguradas pelos problemas e paixões dos mundos inferiores. Quem poderá falar da felicidade daquele despertar, a glória dessa primeira aurora do mundo céu?

Vamos agora estudar pormenorizadamente as condições das sete subdivisões do *Devachan*, recordando que, nas quatro subdivisões inferiores estamos num mundo de formas, e um mundo, além disso, no qual cada pensamento se apresenta imediatamente como uma forma. Esse mundo da forma pertence à personalidade, e cada alma está portanto rodeada por tanto de sua vida passada quanto tenha penetrado sua mente e que possa ser expressado em pura substância mental.

A primeira região, ou a mais baixa, é um céu das almas menos evoluídas, cuja emoção mais alta na Terra foi um amor limitado, sincero e por vezes altruísta pela família e pelos amigos. Ou pode ser que tenham sentido alguma admiração fervorosa por alguém que encontraram na Terra que era mais puro e melhor que elas mesmas, ou sentido o desejo de levar uma vida mais elevada, ou alguma aspiração passageira de expansão mental e moral. Não há muito material aqui do qual se possa moldar uma faculdade, e suas vidas progridem senão muito pouco; suas afeições familiares serão alimentadas e um pouco expandidas, e elas renascerão pouco depois com uma natureza emocional algo melhorada, com uma maior tendência a reconhecer e responder a um ideal mais elevado. Enquanto isso estão desfrutando toda felicidade que podem alcançar; a sua taça é pequena, mas está cheia de felicidade até a borda, e elas desfrutam de tudo que podem conceber como céu. A pureza e harmonia do céu atuam sobre as suas faculdades rudimentares e as cortejam para despertá-las à atividade, e as palpitações interio-

O Devachan

res começam a se fazer sentir, precursoras de qualquer germinação manifestada.

A divisão seguinte da vida no *Devachan* compreende homens e mulheres de todas as crenças religiosas, cujos corações durante suas vidas terrestres se tenham voltado com afetuosa devoção para Deus, sob qualquer nome, sob qualquer forma. A forma pode ter sido estreita, mas o coração elevou-se em aspiração, e aqui encontraram o objeto de sua amorosa adoração. O conceito do Divino como foi concebido por suas mentes quando na Terra encontra-os aqui na glória radiante da matéria *devachânica*, mais sutil, mais divina que seus sonhos mais extraordinários. O Ser Divino limita-Se para ficar ao alcance intelectual daquele que O adora, e qualquer que tenha sido a forma sob a qual o adorador O amou e adorou, é sob essa mesma forma que Ele se revela aos seus olhos ansiosos, derramando sobre ele a doçura de Seu correspondente amor. As almas são embebidas em êxtase religioso, adorando o Uno sob as formas que sua piedade buscou na Terra, extraviando-se no enlevo da devoção, em comunhão com o Objeto adorado. Ninguém se sente um estranho na mansão celeste, o Divino velando-Se sob a forma familiar a cada um. Tais almas crescem em pureza e em devoção sob o Sol dessa comunhão, e retornam à Terra com essas qualidades muito intensificadas. Nem tampouco é toda sua vida *devachânica* passada nesse êxtase devocional, pois elas têm plenas oportunidades de amadurecer outras qualidades de coração e de mente que possam ter.

Seguindo para a terceira região, encontramos aqueles seres nobres e sinceros que foram na Terra servidores devotados da humanidade, e que generosamente vertiam seu amor por Deus sob a forma de serviço à humanidade. Eles estão colhendo a recompensa de suas boas obras através do desenvolvimento de poderes mais amplos para se tornarem auxiliares mais úteis e de uma expansão de sabedoria no uso desses poderes. Na mente do filantropo desenvolvem-se projetos de uma beneficência mais ampla, e tal qual um arquiteto, traça o plano do edifício futuro que construirá na sua volta à Terra; aperfeiçoa os esquemas que então transformará em ações, e como um Deus criativo, planeja seu universo de benevo-

101

A Sabedoria Antiga

lência, que se manifestará na matéria densa quando os tempos forem apropriados. Essas almas surgirão como os grandes filantropos de séculos ainda por vir, que se encarnarão na Terra com dons inatos do amor desinteressado e com poder de realização.

O que apresenta maior variedade em caráter, talvez, de todos os céus é o quarto, pois aqui encontram expressão os poderes das almas mais adiantadas, até o ponto em que possam ser expressados no mundo da forma. Aqui se encontram os reis das artes e da literatura, exercendo todos os seus poderes de forma, de cor, de harmonia, e desenvolvendo maiores faculdades com as quais deverão renascer quando retornarem à Terra. A música mais nobre, indiscutivelmente arrebatadora, ressoa dos mais poderosos monarcas da harmonia que a Terra já conheceu, como Beethoven, que não mais surdo, verte sua alma majestosa em acordes de inigualável beleza, tornando até mesmo o mundo celestial mais harmonioso à medida que atrai harmonias das esferas mais elevadas, e as envia, vibrantes, através das regiões celestes. Também aqui encontramos os mestres da pintura e da escultura, descobrindo novos matizes de cores, novas curvas de beleza não sonhadas. E aqui também estão outros que foram malsucedidos, apesar de suas grandes aspirações, e que estão aqui transmutando seus anseios em poderes, e seus sonhos em faculdades, que serão suas em outra vida. Os pesquisadores da Natureza aqui estão, e estão aprendendo os seus segredos ocultos; ante seus olhos, sistemas de mundos se revelam com todos os seus mecanismos ocultos, com a trama sucessiva de elaborações de inimaginável delicadeza e complexidade; eles retornarão à Terra como grandes "descobridores", com infalíveis intuições dos processos misteriosos da Natureza. Nesse céu também se encontram estudantes do conhecimento mais profundo, discípulos ansiosos e reverentes que procuraram encontrar os Instrutores da raça, que aspiraram encontrar um Instrutor, e com paciência trabalharam com tudo que fora determinado por qualquer um dos grandes Mestres espirituais que têm ensinado à humanidade. Aqui as suas aspirações se realizam, e Aqueles a quem procuravam, aparentemente em vão, são agora seus instrutores; as almas sequiosas bebem da sabedoria celeste, e aceleram seu crescimento e seu pro-

O Devachan

gresso sentadas aos pés de seu Mestre. Elas renascerão na Terra como instrutores e portadores da luz, nascidas com o sinal do elevado ofício de instrutores sobre elas.

Inúmeros estudantes na Terra, inconscientes dessas elaborações mais sutis, estão preparando um lugar para si nesse quarto céu, enquanto se debruçam com devoção verdadeira sobre as páginas de algum instrutor ou gênio, sobre os ensinamentos de alguma alma elevada. Estão formando um elo entre si e o instrutor a quem amam e reverenciam, e essa união entre almas firmar-se-á no mundo celeste, e atrairá em comunhão as almas que une. Assim como o Sol despeja os seus raios em muitos aposentos, e cada compartimento tem somente o que pode conter de raios solares, também no mundo celeste essas grandes almas resplandecem em centenas de imagens mentais de si mesmas criadas por seus alunos, enchendo-as de vida, com a sua própria essência, de forma que cada estudante tenha seu mestre para lhe ensinar, não deixando sequer um de fora de seu auxílio.

Assim, durante períodos longos em proporção aos materiais colhidos para consumo na Terra, os homens habitam nesses mundos celestes da forma, onde tudo de bom que a última vida acumulara, encontra sua total fruição, sua inteira realização até nos mínimos detalhes. Depois, como vimos, quando tudo estiver exaurido, quando a última gota tiver sido drenada do cálice da alegria, a última migalha do festim celeste tiver sido consumida, tudo que se tenha transformado em faculdade, que seja de valor permanente, é absorvido para o interior do corpo causal, e o Pensador se descarta do corpo mental em desintegração através do qual ele encontrou expressão nos níveis inferiores do mundo *devachânico*. Livre do seu corpo mental, ele está em seu próprio mundo, a fim de desenvolver tudo o que de sua colheita possa achar como matéria adequada para expressão naquele reino elevado.

Um vasto número de almas alcançam o nível inferior do mundo sem forma por assim dizer apenas por um momento, refugiando-se ali brevemente, uma vez que todos os seus veículos inferiores se dissolveram. Porém estão num estado tão embrionário que não têm ainda nenhum poder ativo que possam pôr em funcio-

A Sabedoria Antiga

namento independentemente; e tornam-se inconscientes quando o corpo mental se afasta em desintegração. Então, por um instante, sua consciência é reanimada, e um clarão de memória ilumina seu passado tornando visíveis as causas que o geraram; e um lampejo de presciência ilumina o seu futuro, e elas podem ver os efeitos que vão manifestar-se na próxima existência. Isso é tudo que a grande maioria é ainda capaz de experienciar do mundo sem forma. Pois aqui novamente, como sempre, a colheita é proporcional à semeadura, e como poderiam aqueles que nada semearam para essa região sublime, esperar colher algo ali ?

Mas muitas almas plantaram muitas sementes durante suas vidas terrestres, através do pensamento profundo e do nobre viver, cuja colheita pertence a essa quinta região *devachânica*, o mais inferior dos três céus do mundo sem forma. Grande é agora sua recompensa por se terem elevado tão acima da servidão da carne e das paixões, e elas começam a experienciar a verdadeira vida do homem, a sublime existência da própria alma, libertas das vestimentas pertencentes aos mundos inferiores. Aprendem as verdades pela visão direta, e vêem as causas fundamentais das quais os objetos concretos são os efeitos; estudam as unidades subjacentes, cuja presença nos mundos inferiores é mascarada pela variedade de detalhes irrelevantes. Obtêm assim um profundo conhecimento da lei, e aprendem a reconhecer em suas operações imutáveis nos mundos inferiores, efeitos que parecem os mais desconexos, desse modo construindo no corpo que subsiste, indestrutível, convicções firmes e inabaláveis, que irão se revelar na vida terrestre como profundas certezas intuitivas da alma, acima e além de todo o raciocínio. Aqui também o homem estuda seu próprio passado, e cuidadosamente desembaraça as causas que pôs em movimento, os resultados que delas advêm, e vê algo de seus efeitos em vidas que ainda estão no futuro.

No sexto céu estão as almas mais adiantadas que durante a vida terrestre sentiram senão o mínimo de atração por seus *shows* passageiros, e que devotaram todas as suas energias à vida superior intelectual e moral. Para elas não há véus sobre o passado, sua memória é perfeita e ininterrupta, e em sua próxima vida planejam

O Devachan

a infusão de energias que neutralizarão muitas das forças que estão trabalhando para atrapalhar, e a fortalecer muitas daquelas que estão trabalhando para o bem. Essa memória nítida lhes permite formar determinações precisas e enérgicas quanto às ações que devem ser praticadas e as ações que devem ser evitadas, e deverão ser capazes de imprimir essas volições em seus veículos inferiores em seu próximo nascimento, tornando impossíveis certos tipos de males, incompatíveis com o que se sente ser a natureza mais profunda, e certos tipos de bem inevitáveis, as exigências inevitáveis de uma voz que não será negada. Essas almas nascem no mundo com altas e nobres qualidades que tornam impossível uma vida grosseira, e caracterizam o bebê desde o berço como um dos pioneiros da humanidade.

O homem que atingiu esse sexto céu vê desenrolar-se diante dele os vastos tesouros da Mente Divina em atividade criadora, e pode estudar os arquétipos de todas as formas que estão gradualmente se desenvolvendo nos mundos inferiores. Lá ele pode banhar-se no insondável oceano da Sabedoria Divina, e resolver os problemas ligados à produção desses arquétipos, o bem parcial que parece mal à visão limitada do homem envolto na carne. Nessa perspectiva mais ampla, os fenômenos assumem suas proporções relativas, e ele vê a justificação dos caminhos divinos, que para ele cessam de ser "passíveis de serem encontrados", pelo menos no que se referem à evolução dos mundos inferiores. As questões sobre as quais ele ponderou na Terra, e cujas respostas sempre escaparam ao seu ávido intelecto, são aqui resolvidas por um *insight* que atravessa os véus fenomênicos e vê os elos de conexão que compõem a corrente completa. Aqui também a alma está na presença imediata das maiores almas que completaram sua evolução em nossa humanidade e em plena comunhão com elas, e, liberta dos grilhões que constituem o "passado" da Terra, ela desfruta do "eterno presente" de uma vida infinita e contínua. Aqueles a quem nos referimos aqui como os "mortos ilustres" lá são os vivos gloriosos, e a alma humana desfruta do alto enlevo de suas presenças, e cresce à semelhança deles à medida que a poderosa harmonia des-

A Sabedoria Antiga

ses gloriosos seres afina a vibrante natureza da alma com a sua tônica.

Ainda mais elevado, mais admirável, brilha o sétimo céu, onde os Mestres e Iniciados têm seu lar intelectual. Nenhuma alma ali reside se na Terra ainda não atravessou o portal estreito da Iniciação, o portal direto que "conduz à vida" eterna[5]. Aquele mundo é a fonte dos mais poderosos impulsos intelectuais e morais que jorram sobre a Terra; dele se difundem as correntes revigorantes, da mais sublime energia. A vida intelectual do mundo tem aí a sua raiz; dele o gênio recebe suas inspirações mais puras. Para as almas que lá residem pouco importa se, no momento, estão ou não ligadas aos veículos inferiores; elas sempre desfrutam de sua sublime autoconsciência e de sua comunhão com aqueles ao seu redor; se, quando "no corpo", elas inundam seus veículos inferiores com tanto dessa consciência quanto possam conter é uma questão de escolha própria – podem dar ou reter como queiram. E suas volições são cada vez mais guiadas pela vontade dos Grandes Seres, cuja vontade é una com a vontade do *Logos*, a vontade que procura sempre o bem-estar dos mundos. Pois aqui estão sendo eliminados os últimos vestígios da separatividade[6] em todos os que ainda não atingiram a emancipação final – todos, isto é, que ainda não são Mestres – e, à medida que esses vestígios perecem, a vontade torna-se cada vez mais harmonizada com a Vontade que dirige os mundos.

Eis aí um esboço dos "sete céus" um ou outro dos quais o homem adentra na ocasião devida após a "mudança a que os homens chamam de morte". Pois a morte é apenas uma transformação que dá à alma uma libertação parcial, libertando-a do mais pesado de seus grilhões. É nada mais que um nascimento numa vida mais ampla, depois de breve exílio na Terra ao verdadeiro lar da

---

[5] Veja Cap. 11 sobre a Ascensão Humana. O Iniciado sai da linha comum de evolução e caminha para a perfeição humana, por um caminho mais curto, porém mais árduo.

[6] *Ahamkara*, o princípio gerador do "eu", que é necessário para a autoconsciência se desenvolver, mas que é transcendido quando o seu trabalho se completa.

O Devachan

alma, a passagem de uma prisão para a livre atmosfera das alturas. A morte é a maior das ilusões terrestres; não existe absolutamente morte, mas apenas transformações nas condições da vida. A vida é contínua, sem interrupção, sem ruptura; "sem nascimento, eterna, antiga, constante"; não perece com a morte dos corpos que a revestem. Poderíamos muito bem pensar que o céu está desabando quando um pote é quebrado, do mesmo modo como pensamos que a alma perece quando o corpo se desfaz[7].

Os planos físico, astral e mental são "os três mundos" nos quais se dá a peregrinação da alma, muitas vezes repetida. Nesses três mundos gira a roda da existência humana, e as almas estão ligadas a essa roda ao longo de toda a sua evolução, e são por ela levadas a cada um desses mundos sucessivamente. Estamos agora em condições de traçar um completo período de vida da alma, o conjunto desses períodos constituindo a sua existência, e podemos também distinguir claramente a diferença entre personalidade e individualidade.

Quando sua estada no mundo "sem forma" do *Devachan* termina, a alma começa um novo período de vida emitindo energias que agem no mundo-forma do plano mental, sendo essas energias o resultado dos períodos de vida precedentes. Essas exteriorizando-se, reúnem em torno de si, da matéria dos quatro níveis inferiores do mental, materiais tais que lhes sejam favoráveis à sua expressão, e assim é formado o novo corpo mental para o próximo nascimento. A vibração dessas energias mentais desperta as energias que pertencem à natureza-desejo, as quais começam a vibrar; à medida que despertam e pulsam, atraem para si, do mundo astral, materiais convenientes para sua expressão, os quais formam o novo corpo para a encarnação que se aproxima. Desse modo o Pensador veste-se com seus invólucros mental e astral, que exprimem exatamente as faculdades desenvolvidas durante os estágios anteriores de sua existência. Ele é atraído por forças que serão explicadas mais tarde[8], para a família que lhe deve prover um invólu-

---

[7] Uma imagem usada no *Bhagavad Purana*.
[8] Veja o Cap. 7 sobre a Reencarnação.

107

A Sabedoria Antiga

cro físico apropriado, e fica ligado a esse invólucro por intermédio do corpo astral. Durante a vida pré-natal o corpo mental envolve-se com os veículos inferiores, e essa conexão se torna cada vez mais íntima nos primeiros anos de infância, até que no sétimo ano se acham tão estritamente ligados ao Pensador quanto o seu grau de evolução o permite. Ele então começa a influenciar levemente os seus veículos, se suficientemente adiantado, e o que chamamos de consciência é a sua voz admoestadora. De qualquer modo, ele colhe experiência através desses veículos, e durante o prolongamento da vida terrestre, armazena a experiência adquirida no veículo apropriado, no corpo conectado ao plano ao qual a experiência pertence. Quando termina a vida terrestre o corpo físico desprende-se, e com ele o poder de relacionar-se com o mundo físico, e as suas energias ficam, portanto, limitadas aos planos astral e mental. No tempo devido, o corpo astral decompõe-se, e as energias emanadas de sua vida são confinadas ao plano mental, sendo as faculdades astrais absorvidas e postas em reserva dentro do próprio corpo mental, sob a forma de energias latentes. Uma vez mais, no tempo devido, tendo terminado o seu trabalho de assimilação, o corpo mental se desintegra, suas energias, por sua vez, tornando-se latentes no Pensador, que se retira completamente para a vida sem forma do mundo *devachânico*, o seu hábitat natural próprio. A partir daí, todas as experiências de seu ciclo de vida nos três mundos tendo sido transmudadas em faculdades e poderes para uso futuro, e recolhidas dentro de si, ele recomeça sua peregrinação e trilha o ciclo de um outro período de vida com poder e conhecimento aumentados.

A personalidade consiste dos veículos transitórios através dos quais o Pensador age nos mundos físico, astral e mental inferior, e de todas as atividades que a eles se relacionam. Essas estão ligadas entre si pelos elos de memória causados por impressões feitas sobre os três corpos inferiores; e, pela auto-identificação do Pensador com os seus veículos, o "eu" pessoal é estabelecido. Nos estágios inferiores da evolução esse "eu" se encontra nos veículos físico e passional, nos quais se manifesta a maior atividade, mais tarde é no veículo mental, que então assume predominância. A

108

O Devachan

personalidade, com os seus sentimentos, desejos e paixões transitórios, forma, desta maneira, uma entidade quase independente, embora extraia todas as suas energias do Pensador, ao qual envolve, e como suas qualificações, pertencendo aos mundos inferiores, estão muitas vezes em oposição direta aos interesses permanentes do "Morador do corpo", estabelece-se um conflito em que a vitória ora pende para o ganho temporário, ora para o ganho permanente. A vida de uma personalidade começa quando o Pensador forma o seu novo corpo mental, e persiste até a dissolução desse corpo mental ao término de sua vida no mundo forma do *Devachan*.

A individualidade consiste do próprio Pensador, a árvore imortal que projeta todas essas personalidades como folhas, para perdurarem através da primavera, verão e outono da vida humana. Tudo que as folhas absorvem e assimilam enriquece a seiva que circula nas suas veias, e no outono tudo isso é retirado para o interior do tronco gerador, e a folha seca cai e perece. Só o Pensador vive para sempre; ele é o homem para quem "a hora jamais soa", o eterno jovem que, como está no *Bhagavad Gita*, veste e despe-se de corpos como um homem veste uma roupa nova e joga fora a roupa velha. Cada personalidade é um novo papel para o Ator imortal, e ele adentra o palco da vida inúmeras vezes, só que no drama da vida cada personagem que ele interpreta é o filho das personagens anteriores e o pai das que virão, de modo que o drama da vida é uma história contínua, a história do Ator que representa papéis sucessivos.

Aos três mundos que estudamos está confinada a vida do Pensador, enquanto Ele trilha os estágios primários da evolução humana. Tempo virá na evolução da humanidade quando seus pés penetrarão reinos mais sublimes, e a reencarnação será uma recordação. Mas enquanto a roda dos nascimentos e das mortes estiver girando e o homem estiver atado a ela pelos desejos pertinentes aos três mundos, a sua vida será vivida nessas três regiões.

Podemos agora nos dirigir para os reinos que se estendem para além, embora muito pouco possa ser dito sobre eles que possa ser útil ou inteligível. Tão pouco quanto possa ser dito, porém, é necessário para o delineamento da Sabedoria Antiga.

Capítulo 6

Os Planos Búdico e Nirvânico

Vimos que o homem é uma entidade inteligente e autoconsciente, o "Pensador", vestido de corpos pertencentes aos planos mental inferior, astral e físico; resta-nos estudar, agora, o Espírito que é o seu Ser mais interno, a fonte de onde ele procede.

O Espírito Divino, um raio do *Logos*, que participa de Seu próprio Ser essencial, tem a tríplice natureza do próprio *Logos*, e a evolução do homem como homem consiste na manifestação gradual desses três aspectos, de seu desenvolvimento da latência para a atividade, o homem desse modo repetindo em miniatura a evolução do Universo. Daí ser ele chamado de microcosmo, sendo o Universo o macrocosmo; ele é chamado o espelho do Universo, a imagem, ou o reflexo, de Deus;[1] e daí também o axioma antigo: "Como é em cima, assim é embaixo". Essa Deidade envolvida é que é a garantia do triunfo final do homem; essa é a força motriz oculta que torna a evolução ao mesmo tempo possível e inevitável, a força ascensional que lentamente sobrepuja todo obstáculo e toda dificuldade. Era essa Presença que Matthew Arnold percebia vagamente quando escreveu sobre "o Poder, e não nós mesmos, que torna possível a probidade", mas ele errou ao pensar "não nós mesmos", pois é o Eu mais íntimo de todos – verdadeiramente não os nossos eus separados, e sim o nosso Ser.[2]

---

[1] "Façamos o homem à nossa imagem e semelhança"(*Gênesis*, i, 26).
[2] *Atma*, o reflexo de *Paramatma*.

A Sabedoria Antiga

Esse Ser é o Uno, daí por que é chamado de Mônada[3], e precisaremos nos lembrar que essa Mônada é a vida aspirada do *Logos*, contendo em si em germe, ou em estado de latência, todos os poderes e atributos divinos. Esses poderes são trazidos à manifestação pelos impactos provenientes do contato com os objetos do Universo no qual a Mônada é lançada; o atrito produzido dá origem a pulsações vibratórias da vida submetida aos seus estímulos, e uma a uma as energias da vida passam da latência à atividade. A Mônada humana – assim chamada para efeito de distinção – revela, como já dissemos, os três aspectos da Deidade, sendo a imagem perfeita de Deus, e no ciclo humano esses três aspectos desenvolvem-se um após o outro. Esses aspectos são os três grandes atributos da Vida Divina como manifestados no Universo, existência, bem-aventurança e inteligência,[4] os Três *Logoi* expressando-os com toda a perfeição possível dentro dos limites da manifestação.

No homem esses aspectos se desenvolvem em ordem inversa – inteligência, bem-aventurança, existência – "existência" implicando a manifestação dos poderes divinos. Na evolução do homem que estudamos até agora, estivemos observando o desenvolvimento do terceiro aspecto da Deidade oculta – o desenvolvimento da consciência como inteligência. *Manas*, o Pensador, a alma humana, é a imagem da Mente Universal, do Terceiro *Logos*, e toda a sua longa peregrinação nos três planos inferiores é devotada à evolução desse terceiro aspecto, o lado intelectual da natureza divina no homem. Enquanto isso está ocorrendo, podemos considerar as outras energias divinas mais como pairando sobre o homem, a fonte oculta de sua vida, do que desenvolvendo ativamente suas forças dentro dele. Elas atuam entre si, imanifestadas. Ainda assim, a preparação dessas forças para manifestação está prosse-

---

[3] É chamado de Mônada, seja a Mônada do espírito-matéria, *Atma*; ou a Mônada da forma, *Atma-Buddhi*; ou a Mônada humana, *Atma-Buddhi-Manas*. Em cada caso é uma unidade e age como uma unidade, seja de um, de dois ou de três aspectos.

[4] Satchitananda é o nome abstrato de Brahman, usado nas Escrituras hindus, sendo as manifestações concretas de seus atributos representados pelas três pessoas da Trindade ou Trimurti.

Os Planos Búdico e Nirvânico

guindo lentamente; elas estão sendo gradualmente despertadas dessa vida imanifestada que chamamos de latência pela energia sempre crescente das vibrações da inteligência, e o aspecto de bem-aventurança começa a emitir suas primeiras vibrações – tênues palpitações de sua vida manifestada fazem-se vagamente sentir. Este aspecto de bem-aventurança é chamado *Buddhi* na terminologia teosófica, um nome derivado do termo sânscrito que significa sabedoria, e ele pertence ao quarto plano, ou *búdico*, do nosso Universo, o plano no qual ainda há dualidade, mas onde não há separação. Faltam-me palavras para exprimir essa idéia, pois as palavras pertencem aos planos inferiores onde a dualidade e a separatividade estão sempre ligadas, embora alguma aproximação da idéia possa ser obtida. É um estado em que cada um é ele mesmo, com uma clareza e vívida intensidade que não pode ser alcançada nos planos inferiores, e ainda assim um estado no qual cada um sente que encerra em si todos os outros, que é uno com todos, inseparado e inseparável[5]. A sua analogia mais aproximada na Terra é a condição de duas pessoas que estão unidas por um amor puro, intenso, que as faz sentirem-se como uma só pessoa, fazendo-as pensar, sentir, agir, viver como uma só pessoa, sem reconhecerem barreira alguma, diferença alguma, nem "meu" nem "teu", nenhuma separação.[6] É um eco longínquo desse plano que faz com que os homens procurem a felicidade pela união entre eles e o objeto de seus desejos, não importa o que possa ser esse objeto. Isolamento completo é perfeita miséria; ser despojado de tudo, estar suspenso no abismo do espaço, em total solidão, nada mais havendo em lugar algum senão o indivíduo solitário, isolado de tudo, encerrado no seu "eu" separado – a imaginação não pode conceber hor-

---

[5] Veja-se pp. 268-269 do posfácio, que diz: "Eles vêem igualmente todas as coisas..." Note as seguintes frases: "Cada coisa é igualmente todas as coisas...", e também "Em cada uma delas, porém, predomina uma propriedade diferente".

[6] É por essa razão que a felicidade do amor divino foi simbolizada em muitas escrituras sagradas pelo amor profundo entre o esposo e a esposa, como no *Bhagavad Purana* dos hindus, o *Cântico de Salomão* dos hebreus e cristãos. É ainda desse amor que falam os místicos sufis, como todos os místicos.

A Sabedoria Antiga

ror mais intenso. A antítese para isso é a união, e a perfeita união é a perfeita bem-aventurança.

À medida que esse aspecto de bem-aventurança do Ser começa a emitir suas vibrações, essas vibrações, como nos planos abaixo, atraem à sua volta a matéria do plano em que estão funcionando, e assim é gradualmente formado o corpo *búdico* ou corpo da bem-aventurança, como é mais apropriadamente chamado[7]. A única maneira pela qual o ser humano pode contribuir para a elaboração dessa forma gloriosa é através do cultivo do amor puro, altruísta, universal e beneficente, o amor que "nada procura para si" – isto é, o amor que nem é parcial, nem procura retorno algum em troca. Essa efusão espontânea de amor é o mais marcante dos atributos divinos, o amor que tudo dá, que nada pede. O amor puro trouxe o universo à existência, o amor puro o mantém, o amor puro o eleva para a perfeição, para a bem-aventurança. E onde quer que o homem irradie amor sobre todos os que dele necessitem, sem fazer nenhuma distinção, sem buscar recompensa, na alegria pura e espontânea dessa efusão, então esse homem está desenvolvendo o aspecto de bem-aventurança da Divindade em seu interior, e está preparando esse corpo de beleza e alegria inefáveis no qual se elevará o Pensador, lançando fora os limites da separatividade, para descobrir-se, ainda assim, uno com tudo que vive. Essa é "a morada que não foi feita com as mãos, eterna nos céus", de que fala São Paulo, o grande Iniciado cristão; e ele elevava a caridade, o amor puro, acima de todas as outras virtudes, porque somente desse modo pode o homem contribuir na Terra para aquela gloriosa morada. Por uma razão análoga os budistas chamam a separatividade a "grande heresia", e a "união" é o objetivo dos hindus; a libertação é a fuga das limitações que nos mantêm afastados, e o egoísmo é a raiz do mal, cuja destruição é a destruição de toda dor.

O quinto plano, o *nirvânico*, é o plano do mais elevado aspecto humano de Deus dentro de nós, e esse aspecto é chamado pelos teósofos de *Atma*, ou o Ser. É o plano da existência pura, dos

---

[7] É esta a *Anandamayakosha*, ou veste de bem-aventurança dos vedantinos. É também o corpo do Sol, o corpo solar, como algumas vezes é mencionado nos *Upanixades*.

Os Planos Búdico e Nirvânico

poderes divinos em sua plena manifestação em nosso universo quíntuplo – o que existe mais além no sexto e sétimo planos, está oculto na inconcebível Luz de Deus. Essa consciência *átmica*, ou nirvânica, a consciência que pertence à vida no quinto plano, é a consciência atingida por aqueles Elevados Seres, os primeiros frutos de nossa humanidade, que já concluíram o ciclo da evolução humana, e que são chamados de Mestres[8]. Eles resolveram em si mesmos o problema de unir a essência da individualidade à não-separatividade, e vivem, como Inteligências imortais, perfeitos em sabedoria, em bem-aventurança, em poder.

Quando a Mônada humana emerge do seio do *Logos*, é como se do luminoso oceano de *Atma* um minúsculo fio de luz fosse separado do restante da película de matéria *búdica*, do qual pendesse uma centelha que fica encerrada em um invólucro ovóide de matéria pertencente aos níveis sem forma do plano mental. "A centelha pende da chama pelo fio mais tênue de Fohat".[9] À medida que a evolução prossegue, esse ovo luminoso se torna maior e mais opalescente, e o fio tênue se transforma em um canal cada vez mais largo através do qual flui cada vez mais abundantemente, a vida *átmica*. Finalmente, eles se fundem – o terceiro com o segundo, e os dois com o primeiro, como chama que se funde com chama e não se possa ver separação.

A evolução dos quarto e quinto planos pertence a um período futuro de nossa raça, mas aqueles que escolhem o caminho árduo do progresso mais rápido, podem trilhá-lo mesmo agora, conforme será explicado mais tarde.[10] Nesse caminho o corpo de bem-aventurança evolui rapidamente, e o homem começa a desfrutar a consciência daquela região mais sublime, e conhece a felicidade que advém da ausência das barreiras separativas, a sabedoria que o invade quando os limites do intelecto são transcendidos. Então se

---

[8] São, também, chamados Mahatmas, grandes espíritos e Jivanmuktas, ou almas libertas, que mantêm corpos físicos a fim de ajudar o progresso da humanidade. Muitos outros grandes seres vivem igualmente no plano *nirvânico*.

[9] *Livro de Dzyan*. Veja-se *A Doutrina Secreta*, V. 1, Ed. Pensamento. SP.

[10] Ver o Cap. 11 sobre a *Ascensão Humana*.

A Sabedoria Antiga

escapa da roda, que liga a alma aos mundos inferiores, e ocorre o primeiro antegozo da liberdade, que é aperfeiçoada no plano *nirvânico*.

A consciência *nirvânica* é a antítese da aniquilação; é a existência elevada a uma vivacidade e intensidade inconcebíveis para aqueles que só conhecem a vida dos sentidos e da mente. Assim como o candeeiro apequena-se ante o esplendor do Sol do meio-dia, assim é a consciência presa à Terra comparada ao Nirvana, e considerar o Nirvana como aniquilação porque os limites da consciência terrestre desapareceram, é como se um homem, que conhece apenas o candeeiro, dissesse que a luz não poderia existir sem um pavio imerso em cera. A *realidade* do Nirvana foi testemunhada no passado nas Escrituras do mundo por Aqueles que a desfrutam e vivem sua vida gloriosa, e ainda é testemunhada por outros de nossa raça que subiram aquela sublime escada da perfeição humana, e que permanecem em contato com a Terra para que os pés de nossa raça ascendente possam galgar os degraus sem dificuldades.

No Nirvana residem os Seres poderosos que concluíram a Sua evolução humana em universos passados, e que surgiram com o *Logos* quando Ele Se manifestou para trazer esse universo à existência. Eles são Seus ministros no governo dos mundos, os agentes perfeitos de Sua Vontade. Os Senhores de todas as hierarquias dos Deuses e os ministrantes menores que temos visto trabalhando nos planos inferiores têm aqui a Sua morada, pois o Nirvana é o coração do Universo, de onde procedem todas as suas correntes de Vida. Dali surge o Grande Alento, a vida de todas as coisas, e ali ele será imerso quando o Universo tiver alcançado o seu termo. Ali está a Visão Beatífica a que os místicos aspiram, ali está a Glória sem véus, a Meta Suprema.

A Fraternidade da Humanidade – não, a Fraternidade de todas as coisas – encontra nos planos espirituais, *átmico* e *búdico*, a sua base verdadeira, pois somente aqui há unidade, e somente aqui é encontrada a compreensão perfeita. O intelecto é o princípio da separação no homem, que distingue o "eu" do "não-eu", que tem a consciência de si mesmo, e considera tudo o mais como exterior a si mesmo e estranho. É o princípio combativo, lutador, que se

116

Os Planos Búdico e Nirvânico

afirma, e do plano do intelecto para baixo o mundo apresenta um cenário de conflito, cáustico em proporção à parte que o intelecto se associa a ele. Até mesmo a natureza passional é espontaneamente combativa quando é instigada pela sensação do desejo e se depara com algo que se coloca entre ela e o objeto de seu desejo; ela torna-se cada vez mais agressiva à medida que a mente inspira sua atividade, pois então ela procura assegurar a gratificação de desejos futuros, e busca apropriar-se cada vez mais das reservas da Natureza. Mas o intelecto é espontaneamente combativo, sendo próprio de sua natureza essencial afirmar-se diferente dos outros, e aqui encontramos a raiz da separatividade, a fonte inesgotável das divisões entre os homens.

Mas a unidade é percebida imediatamente quando o plano *búdico* é atingido, como se passássemos de um raio isolado, divergente de todos os outros raios, para o interior do próprio Sol, do qual todos os raios são irradiados por igual. Um ser que esteja no Sol, inundado de sua luz, e refletindo-a, não sentiria nenhuma diferença entre um raio e outro, mas refletiria da mesma maneira e facilmente tanto um quanto o outro. Assim também ocorre com o homem que uma vez tenha conscientemente atingido o plano *búdico*; ele *sente* a fraternidade de que os outros falam como um ideal, e se entrega inteiramente a todo aquele que necessite de ajuda, dando-lhe auxílio mental, moral, astral ou físico, exatamente em conformidade com a necessidade. Considera todos os seres como sendo ele mesmo, e sente que tudo que possui é deles tanto quanto dele; ou melhor, em muitos casos, mais deles do que dele, pois a necessidade deles é maior, sendo menor a força deles. É assim que numa família os irmãos mais velhos suportam os encargos da família, e protegem os pequeninos contra sofrimentos e privações; para o espírito da fraternidade a fraqueza é um reclamo à assistência e à proteção amorosa, não uma oportunidade de opressão. Porque atingiram esse nível e subiram ainda mais alto, os grandes Fundadores de religiões têm sempre sido marcados por Sua perene ternura e compaixão, atendendo tanto às carências físicas quanto às espirituais dos homens, a cada um conforme sua necessidade. A consciência dessa unidade interna, o reconhecimento do Ser Uno residindo igualmente em todos, é o único fundamento seguro da Fraternidade; tudo o mais afora isso é frágil.

A Sabedoria Antiga

Esse reconhecimento, além disso, é acompanhado pelo conhecimento de que o estágio de evolução alcançado por diferentes seres humanos e não-humanos depende principalmente do que podemos chamar sua idade. Alguns começam a sua jornada no tempo muito depois de outros, e, embora os poderes em ambos sejam o mesmo, alguns desabrocharam muito mais desses poderes do que outros, simplesmente porque tiveram um tempo maior para o processo do que seus irmãos mais jovens. Também culpar e desprezar a semente porque ainda não é a flor, o broto porque ainda não é o fruto, o bebê porque ainda não é o homem, é o mesmo que culpar e desprezar as almas germinais e infantis porque ainda não evoluíram até o estágio que ocupamos. Nós não nos culpamos porque ainda não somos Deuses; no tempo devido estaremos onde nossos Irmãos Mais Velhos estão. Por que deveríamos censurar as almas mais jovens que ainda não são como nós? A própria palavra fraternidade tem a conotação de identidade sangüínea e desigualdade de desenvolvimento; e portanto representa exatamente o elo entre todas as criaturas do universo – a identidade essencial da vida, e diferenças nos estágios alcançados na manifestação daquela vida. Somos unos em nossa origem, unos no método de nossa evolução, unos em nosso objetivo, e as nossas diferenças de idade e de estatura não podem senão dar oportunidade para o crescimento de laços os mais delicados e íntimos. Tudo que um homem faria por seu irmão carnal, a quem ama mais que a si mesmo, é a medida do que ele deve a cada um que com ele partilha a Vida Una. Os homens são afastados dos corações de seus irmãos por diferenças de raça, de classe, de país; o homem que é sábio pelo amor ergue-se acima de todas essas diferenças mesquinhas, e vê a todos extraindo suas vidas da fonte una, todos como membros de sua família.

O reconhecimento intelectual dessa Fraternidade, e o esforço para vivê-la de maneira prática, são tão estimulantes para a natureza superior do homem, que se tornou o único objetivo obrigatório da Sociedade Teosófica, o único "artigo de crença" que todos os que queiram se associar a ela devem aceitar. Viver essa fraternidade, mesmo em uma pequena medida, lava o coração e purifica a visão; vivê-la perfeitamente seria erradicar todas as manchas da separatividade e deixar o brilho puro do Ser nos irradiar, como uma luz através de um vidro sem mácula.

Os Planos Búdico e Nirvânico

Que jamais seja esquecido que essa fraternidade *existe*, mesmo que os homens a ignorem ou a neguem. A ignorância do homem não muda as leis da Natureza, nem altera por um fio de cabelo que seja a sua marcha imutável e irresistível. Suas leis esmagam aqueles que se lhe opõem, fazendo em pedaços tudo que não esteja em harmonia com elas. Por isso nenhuma nação pode subsistir que ultraje a fraternidade, nenhuma civilização pode perdurar se basear-se em sua antítese. Nós não temos que criar uma fraternidade; ela existe. Nós temos que harmonizar nossas vidas com ela, se não quisermos que nós e nossas obras pereçam.

Pode parecer estranho para alguns que o plano *búdico* – uma coisa para eles vago e irreal – possa de tal modo influenciar todos os planos abaixo dele, e que suas forças possam reduzir a pedaços tudo o que não pode se harmonizar com elas nos mundos inferiores. Entretanto assim o é, pois esse universo é uma expressão de forças espirituais, e elas são as energias diretoras e modeladoras que a tudo permeiam e que, lenta, mas seguramente, trazem todas as coisas sob seu domínio. Daí essa Fraternidade, que é uma unidade espiritual, é algo muito mais real que qualquer organização exterior; é uma vida e não uma forma, "sábia e docemente ordenando todas as coisas". Pode assumir inumeráveis formas, adequadas às épocas, mas a vida é uma; felizes aqueles que vêem sua presença e se tornam os canais de sua força vivificadora.

O estudante tem agora diante de si os constituintes da constituição humana, e as regiões às quais esses constituintes pertencem, respectivamente; assim uma recapitulação resumida lhe possibilitaria ter uma idéia nítida desse conjunto complexo.

A Mônada humana é *Atma-Buddhi-Manas*, ou, como algumas vezes traduzido, Espírito, Alma Espiritual e Alma do homem. O fato de que esses três são não mais que aspectos do Ser torna possível a existência imortal do homem, e embora esses três aspectos se manifestem separada e sucessivamente, a sua unidade substancial torna possível à Alma fundir-se na Alma Espiritual, dando a essa a essência preciosa da individualidade, e a essa Alma Espiritual individualizada fundir-se no Espírito, colorindo-o com os matizes necessários à individualidade, sem prejudicar sua unidade essencial com todos os outros raios do *Logos* e com o próprio *Logos*. Esses três formam o sétimo, sexto e quinto princípios do

A Sabedoria Antiga

homem, e os materiais que os limitam ou que os envolvem, isto é, que tornam possível sua manifestação e sua atividade, são retirados, respectivamente, dos planos quinto (*nirvânico*), quarto (*búdico*), e terceiro (mental) do nosso universo. O quinto princípio ademais toma para si um corpo inferior no plano mental, para entrar em contato com os mundos fenomênicos, e assim se entrelaça com o quarto princípio, a natureza do desejo, ou *Kama*, pertencente ao segundo plano, ou astral. Descendo ao primeiro plano, o físico, temos o terceiro, segundo e primeiro princípios – a vida especializada, ou *Prana*, o duplo etérico, seu veículo; o corpo denso, que se põe em contato com os materiais mais densos do mundo físico. Já vimos que *Prana* às vezes não é considerado como um "princípio", e então os corpos mental e do desejo entrelaçados enfileiram-se sob o nome de Kama-*Manas*; o puro intelecto é chamado *Manas* Superior, e a mente desvinculada do desejo, *Manas* Inferior. A concepção mais conveniente de homem talvez seja aquela que representa mais de perto os fatos em relação à vida una permanente e as diversas formas nas quais essa vida atua e que condicionam as suas energias, causando a variedade na manifestação. Vemos então o Ser como a Vida una, a fonte de todas as energias, e as formas como os corpos *búdico*, causal, mental, astral e físico (etérico e denso).

Juntando as duas maneiras de olhar para a mesma coisa, podemos construir uma tabela:

Princípios	Vida	Formas
Atma – Espírito	*Atma*	
Buddhi – Alma Espiritual		Corpo de Bem-Aventurança
Manas Superior ⎱ Alma		Corpo Causal
Manas Inferior ⎰ Humana		Corpo Mental
Kama – Alma Animal		Corpo Astral
Linga Sharira		Corpo Etérico
Sthula Sharira[11]		Corpo Denso

---

[11] *Linga Sharira* foi o nome originalmente dado ao corpo etérico e não deve ser confundido com a *Linga Sharira* da filosofia hindu. *Sthula Sharira* é o nome sânscrito para o corpo denso ou físico.

Os Planos Búdico e Nirvânico

Ver-se-á que a diferença é meramente uma questão de nomes, e que o sexto, quinto, quarto e terceiro "princípios" são apenas *Atma* agindo nos corpos *búdico*, causal, mental e astral, enquanto o segundo e o primeiro "princípios" são propriamente dois corpos mais inferiores. Essa súbita mudança no método de nomear é capaz de causar confusão na mente do estudante, e como H. P. Blavatsky, nossa venerada instrutora, expressou muita insatisfação com a nomenclatura então aceita, considerando-a confusa e desorientadora, e desejou que outros, inclusive eu, tentassem melhorá-la, os nomes acima são aqui adotados como descritivos e simples, representando os fatos.

Os leitores mais familiarizados com a classificação vedantina podem achar útil o seguinte quadro:

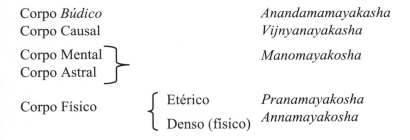

Os diversos corpos sutis do homem que terminamos de estudar formam em seu conjunto o que geralmente é chamado a "aura" do ser humano. Essa aura tem a aparência de uma nuvem luminosa de forma oval, no meio da qual se acha o corpo físico denso, e devido à sua aparência muitas vezes se tem falado dela como se fosse nada mais do que a tal nuvem. O que é geralmente chamado de aura é tão somente as partes dos corpos sutis que se estendem além da periferia do corpo físico denso; cada corpo é completo em si mesmo, interpenetra aqueles que são mais grosseiros que ele mesmo; é maior ou menor conforme o seu desenvolvimento, e toda parte dele que se sobrepõe à superfície do corpo físico denso é chamada de aura. Desse modo a aura é composta das partes sobrepostas do duplo etérico, do corpo do desejo, do corpo mental, do corpo causal, e em raros casos do corpo *búdico*, ilumi-

A Sabedoria Antiga

nados pela irradiação *átmica*. Ela é, ora obscura, grosseira e sombria; ora magnificamente resplandecente em tamanho, luz e cor; depende inteiramente do estágio de evolução atingido pelo homem, do desenvolvimento de seus diferentes corpos, do caráter moral e mental que ele desenvolveu. Todas as suas paixões cambiantes, desejos, pensamentos são nela escritos com forma, cor e luz, de modo que "aquele que dirige pode ler" se ele tiver olhos para tal tipo de escrita. O caráter está estampado nela, assim como as alterações passageiras, e nenhuma dissimulação é aí possível como o é na máscara que chamamos de corpo físico. O crescimento da aura em tamanho e beleza é a marca inconfundível do progresso do homem, e testemunha o crescimento e purificação do Pensador e de seus veículos.

Capítulo 7

A Reencarnação

Estamos agora em condições de estudar uma das doutrinas essenciais da Sabedoria Antiga, a doutrina da reencarnação. A nossa visão da reencarnação será mais clara e mais conforme à ordem natural, se nós a considerarmos como universal em princípio, e então considerarmos o caso especial da reencarnação da alma humana. Ao estudá-lo, esse caso especial é geralmente destacado de seu lugar na ordem natural, e considerado como um fragmento deslocado, em grande detrimento de si mesmo. Pois toda a evolução consiste de uma vida que evolui, que passa de forma em forma à medida que evolui, acumulando em si a experiência obtida através das formas; a reencarnação da alma humana não é a introdução de um princípio novo na evolução, mas a adaptação do princípio universal para fazer frente às condições que se fizerem necessárias pela individualização da vida em contínua evolução.

O Sr. Lafcadio Hearn[1] expressou-se bem ao considerar a influência da idéia da preexistência sobre o pensamento científico do Ocidente.

---

[1] O Sr. Hearn enganou-se na expressão – porém não em seu entendimento interno, creio – em parte de sua exposição da conceituação budista dessa doutrina, e o uso que ele faz da palavra "Ego"confundirá o leitor de seu capítulo muito interessante sobre este assunto, se a distinção entre o Ego real e o ego ilusório não for firmemente mantida na mente.

A Sabedoria Antiga

Diz ele:

> Com a aceitação da doutrina da evolução, velhas formas de pensamento se esfacelaram; novas idéias surgiram em toda parte para tomar o lugar de dogmas desgastados; e temos agora o espetáculo de um movimento intelectual geral em direções curiosamente paralelas à filosofia oriental. A rapidez sem precedentes e a diversidade do progresso científico durante os últimos cinqüenta anos não podiam deixar de provocar uma estimulação intelectual igualmente sem precedentes fora dos meios científicos. Que os organismos mais elevados e complexos evoluíram a partir dos mais elementares e mais simples; que uma base física comum de vida é a substância de todo o mundo vivo; que nenhuma linha de separação pode ser traçada entre o animal e o vegetal; que a diferença entre vida e não-vida é somente uma diferença de grau, e não de espécie; que a matéria não é menos incompreensível que a mente, sendo ambas apenas não mais que manifestações variáveis da mesma realidade una e desconhecida – essas noções já se tornaram lugares comuns da nova filosofia. Após o primeiro reconhecimento mesmo pela teologia da evolução física, foi fácil predizer que o reconhecimento da evolução psíquica não poderia ser indefinidamente retardado; pois a barreira erigida pelo velho dogma de impedir os homens de olharem para trás fora derrubada. E hoje, para o estudante da psicologia científica, a idéia da preexistência passa fora do domínio da teoria para o interior do reino dos fatos, provando que a explicação budista do mistério universal é tão plausível como qualquer outra. 'Ninguém a não ser pensadores muito apressados', escreveu o falecido professor Huxley[2], 'irá rejeitá-la com o argumento de inerente disparate. Como a própria doutrina da evolução, a da transmigração tem suas raízes no mundo da realidade; e ela pode reivindicar esse apoio como o grande argumento que pode ser fornecido a partir da analogia.' (Huxley, *Evolução da Ética*, p. 61. ed . 1894)[3].

---

[2] Thomas Henry Huxley, 1825-1895, biólogo e escritor inglês. (Nota da ed. bras.)

[3] *Kokoro-Hints and Echoes of Japanese Inner Life*, por Lafcadio Hearn, pp. 237-239 (Londres, 1896).

A Reencarnação

Consideremos a Mônada da forma – *Atma-Buddhi*. Nessa Mônada, alento da vida emanada do *Logos*, estão ocultos todos os poderes divinos, mas, como vimos, eles estão latentes, em vez de manifestos e ativos. Deverão ser despertados gradualmente por impactos externos, sendo da própria natureza da vida vibrar em resposta a vibrações que agem sobre ela. Como todas as possibilidades de vibrações existem na Mônada, quaisquer vibrações que a afetem despertará nela o poder vibratório correspondente, e desse modo uma força após outra passará do estado latente ao estado ativo. Aqui jaz o segredo da evolução;[4]. O meio ambiente atua sobre a forma da criatura viva – e todas as coisas, não nos esqueçamos, vivem – e essa ação, transmitida através da forma-invólucro para a vida, a Mônada, no interior, gera como resposta vibrações que se irradiam da Mônada para o exterior através da forma, lançando suas partículas, por sua vez, em vibrações, e dispondo-as novamente em uma forma que corresponde, ou se adapta, ao impacto inicial. Essa é a ação e a reação entre o meio ambiente e o organismo, fato que tem sido reconhecido por todos os biólogos e considerado por alguns como uma explicação mecânica satisfatória da evolução. Suas observações pacientes e meticulosas dessas ações e reações, no entanto, não fornecem qualquer explicação quanto ao por que o organismo deveria assim responder aos estímulos, e a Sabedoria Antiga é necessária para desvendar o segredo da evolução, apontando para o Ser no íntimo de todas as formas, a principal força motivadora oculta de todos os movimentos da Natureza.

Tendo assimilado essa idéia fundamental de uma vida que contém a possibilidade de responder a toda as vibrações que a possam atingir vindas do universo exterior, sendo a resposta efetiva gradualmente provocada pela atuação de forças externas sobre ela, a próxima idéia fundamental a ser assimilada é a da continuidade da vida e das formas. As formas transmitem suas características a outras formas que delas procedem, sendo essas outras formas parte da substância delas mesmas, separadas a fim de levarem uma

---

[4] Da condição estática à cinética, como diria um físico.

A Sabedoria Antiga

existência independente. Por fissiparidade, por meio de rebentos, por meio da extrusão de germes, pelo desenvolvimento da progênie no útero materno, uma continuidade física é preservada, cada nova forma derivada de uma forma precedente e reproduzindo suas características[5]. A ciência agrupa esses fatos sob o nome de lei da hereditariedade, e as suas observações sobre a transmissão da forma são dignas de atenção, sendo esclarecedoras das ações da Natureza no mundo fenomenal. Mas deve ser lembrado que essa lei aplica-se apenas à construção do corpo físico, no qual entram os materiais fornecidos pelos pais.

Suas ações mais secretas, aquelas ações da vida sem as quais a forma não poderia existir, não receberam qualquer atenção, por não serem suscetíveis de observação física, e esta lacuna só pode ser preenchida pelos ensinamentos da Sabedoria Antiga, fornecidos por Aqueles que desde a mais remota antigüidade empregaram poderes superfísicos de observação, e que são gradualmente verificáveis por todo discípulo que pacientemente estude em Suas escolas.

Há continuidade de vida assim como continuidade de forma, e é a vida contínua – com cada vez mais de suas energias latentes trazidas à atividade pelos estímulos recebidos através das formas sucessivas – que assimila em si as experiências obtidas por seus envoltórios na forma; pois quando a forma perece, a vida conserva o registro dessas experiências nas energias expandidas despertadas por elas, e está pronta para derramar-se nas novas formas derivadas das antigas, carregando consigo essa reserva acumulada. Enquanto estava na forma anterior, atuava através dela, adaptando-a para expressar cada nova energia despertada; a forma passa essas adaptações adiante, à parte separada de si a que chamamos sua progênie, a qual, sendo de sua substância, deve necessariamente possuir as peculiaridades daquela substância; a vida derrama-se naquela progênie com todos os seus poderes despertos, e a molda ainda mais; e assim por diante. A ciência moderna está provando

---

[5] O estudante deve familiarizar-se com os estudos de Weissmann sobre a continuidade do idioplasma. O idioplasma é o protoplasma que contém os caracteres hereditários de um indivíduo. (Nota da ed. bras.)

A Reencarnação

de modo cada vez mais claro que a hereditariedade tem um papel cada vez maior na evolução das criaturas superiores, e que as qualidades mentais e morais não são transmitidas de pais a filhos, e que quanto mais elevadas as qualidades, mais evidente se torna esse fato; o filho do gênio é muitas vezes um parvo; pais comuns dão nascimento a um gênio. Deve haver um substrato contínuo, ao qual as qualidades mentais e morais são inerentes, para que possam aumentar, de outro modo a Natureza, neste mais importante departamento de sua obra, mostraria uma produção irregular sem causa aparente, em vez de continuidade ordenada. Sobre esse assunto a ciência mostra-se muda, mas a Sabedoria Antiga ensina que esse substrato contínuo é a Mônada, que é o receptáculo de todos os resultados, o armazém no qual todas as experiências são acumuladas sob a forma de poderes crescentemente ativos.

Com esses dois princípios firmemente assimilados – da mônada com potencialidades que se transformam em poderes, e da continuidade da vida e da forma – podemos passar ao estudo detalhado de suas operações, e descobriremos que eles resolvem muitos dos perplexos problemas da ciência moderna, e também de outros ainda mais perturbadores com que se defrontam os filósofos e sábios.

Comecemos por considerar a Mônada já que ela está primeiramente sujeita aos impactos dos níveis sem forma do plano mental, o início mesmo da evolução da forma. As primeiras tênues vibrações de resposta atraem ao seu redor um pouco da matéria daquele plano, e temos a evolução gradual do Primeiro Reino Elemental, já mencionado.[6] Os grandes tipos fundamentais da Mônada são sete em número, muitas vezes representados como as sete cores do espectro solar[7], derivadas das três cores primárias. Cada um desses tipos tem sua "coloração" característica, e essa persiste através do ciclo eônico de sua evolução, afetando toda a seqüência

---

[6] Ver o Cap. 4 sobre o Plano Mental.

[7] "Como em cima, é embaixo". Instintivamente nos lembramos dos três *Logoi* e dos sete "Filhos do Fogo" primordiais. No simbolismo cristão temos a Trindade e os "Sete Espíritos diante do trono", ou no Zoroastrianismo, Ahura-Mazda e os sete Ameshaspentas.

A Sabedoria Antiga

das formas vivas que são animadas por ela. Agora começa o processo de subdivisão em cada um dos tipos, que será levado adiante, subdividindo e sempre subdividindo, até que chegue ao indivíduo. O presente arranjo das energias da Mônada que começam a se exteriorizar – será suficiente para seguir uma vida de evolução; as outras seis que lhe são semelhantes em princípio – têm apenas uma breve vida-forma, ainda assim qualquer experiência que possa ser obtida através delas é representada por uma vida que responde de maneira crescente na Mônada que é sua fonte e causa; e como essa vida que responde consiste, muitas vezes, em vibrações incompatíveis entre si, estabelece-se no interior da Mônada uma tendência à separatividade, onde as forças que vibram harmonicamente se agrupam para, por assim dizer, agir em conjunto, até que diversas "submônadas", se for permitido o epíteto, estejam formadas, semelhantes em suas características principais, mas diferindo nos detalhes, como matizes de uma mesma cor. Essas tornam-se, sob a ação de impactos dos níveis inferiores do plano mental, as Mônadas do Segundo Reino Elemental, pertencente à região da forma daquele plano, e o processo continua, as Mônadas aumentando incessantemente seu poder de responder, cada Mônada sendo a vida inspiradora de inumeráveis formas, através das quais ela recebe vibrações, e, à medida que essas formas se desintegram, ela vai animando constantemente formas novas; o processo de subdivisão também prossegue em decorrência da causa já descrita. Cada Mônada encarna, pois, continuamente nas formas, e acumula dentro de si como poderes despertos todos os resultados obtidos por meio das formas que anima. Podemos, apropriadamente, considerar essas Mônadas como as almas-grupo das formas; e à medida que a evolução prossegue, essas formas revelam atributos cada vez mais numerosos, sendo os atributos os poderes da alma-grupo monádica manifestados por intermédio das formas nas quais está encarnada. As inumeráveis submônadas desse Segundo Reino Elemental acabam por atingir um estágio de evolução no qual começam a responder às vibrações da matéria astral, e começam a atuar no plano astral, tornando-se as Mônadas do Terceiro Reino Elemental, repetindo nesse mundo mais denso todos os processos já

A Reencarnação

executados no plano mental. Elas tornam-se cada vez mais numerosas como almas-grupo monádicas, exibindo cada vez maior diversidade de detalhe, tornando-se o número de formas animadas por cada uma delas cada vez menor à medida que as características especializadas acentuam-se cada vez mais. Enquanto isso, pode-se dizer de passagem, a eterna corrente de efusão da vida do *Logos* fornece novas Mônadas da forma nos planos superiores, de maneira que a evolução prossegue continuamente, e à medida que as Mônadas mais evoluídas encarnam nos mundos inferiores, seus lugares são tomados pelas Mônadas recém-emanadas nos mundos superiores.

Por meio desse processo repetitivo de reencarnação das Mônadas, ou almas-grupo monádicas nos mundos astrais, a sua evolução prossegue, até que estejam prontas para responder aos impactos que lhes sobrevêm oriundos da matéria física. Quando nos recordarmos que os átomos ultérrimos de cada plano têm suas paredes esféricas compostas da matéria mais densa do plano que lhes é imediatamente superior, fica fácil ver como as Mônadas tornam-se capazes de responder aos impactos de um plano após outro. Quando, no Primeiro Reino Elemental, a Mônada acostumara-se a vibrar tenuemente em resposta aos impactos daquele plano, logo começaria a responder a vibrações recebidas *através das formas mais densas daquela matéria* a partir da matéria do plano imediatamente abaixo. Assim, em seus revestimentos de matéria que eram as formas compostas dos materiais mais densos do plano mental, tornar-se-ia suscetível às vibrações da matéria atômica astral; e, quando encarnada em formas da matéria astral mais densa, similarmente tornar-se-ia capaz de responder aos impactos do éter físico atômico, cujas paredes esféricas são constituídas dos mais densos materiais astrais. Assim, pode-se considerar a Mônada atingindo o plano físico; e aí começa, ou, mais acuradamente, todas essas almas-grupo monádicas começam a encarnar-se em formas físicas diáfanas, nos duplos etéricos dos futuros minerais densos do mundo físico. Nessas tênues formas os espíritos da Natureza constroem os materiais físicos mais densos, e assim são formados os minerais de todos os tipos, os veículos mais rígidos nos

A Sabedoria Antiga

quais a vida em evolução se encapsula, e através dos quais os seus mínimos poderes podem se expressar. Cada alma-grupo monádica tem suas próprias expressões minerais, as formas minerais nas quais está encarnada, e a especialização alcançou agora um alto grau. Essas almas-grupo monádicas são às vezes chamadas em sua totalidade de Mônada mineral, ou a Mônada encarnada no reino mineral.

A partir desse momento as energias despertadas na Mônada têm um papel menos passivo na evolução. Elas começam a buscar expressão ativamente, até certo ponto, quando despertadas e postas a funcionar, e passam a exercer uma influência distintamente modeladora sobre as formas nas quais estão aprisionadas. À medida que se tornam ativas demais para a sua incorporação mineral, manifestam-se os primórdios das formas mais plásticas do reino vegetal, com os espíritos da Natureza auxiliando essa evolução através de todo o reino físico. No reino mineral sempre já houvera sido mostrada uma tendência rumo à organização definida da forma, o delineamento de certas linhas[8] ao longo das quais se processa o crescimento. Essa tendência preside desde então toda a construção das formas, e é a causa da bela simetria dos objetos naturais, com os quais todo observador está familiarizado. No reino vegetal as almas-grupo monádicas sofrem divisão e subdivisão com uma rapidez crescente, em conseqüência da ainda maior variedade de impactos aos quais estão sujeitas, sendo a evolução das famílias, gêneros, espécies, devida a essa subdivisão invisível. Quando qualquer gênero, com sua alma-grupo monádica genérica, está sujeita a condições muito cambiantes, isto é, quando as formas ligadas a ela recebem impactos muito diferentes, uma nova tendência a subdividir-se instala-se na Mônada, e várias espécies são desenvolvidas, cada uma tendo a sua alma-grupo monádica específica. Quando a Natureza é deixada a agir por si mesma o processo é lento, embora os espíritos da Natureza trabalhem bastante para produzir a diferenciação das espécies; mas quando o homem surge, e quando ele

---

[8] Os eixos de crescimento que determinam a forma, e que se mostram nitidamente nos cristais.

A Reencarnação

inicia os seus sistemas artificiais de cultivo, estimulando a ação de um conjunto de forças, e impedindo a de outros, então essa diferenciação pode ser conseguida com rapidez considerável, e as diferenças específicas surgem prontamente. Enquanto uma divisão efetiva não tiver ocorrido na alma-grupo monádica, a sujeição das formas a influências similares pode novamente erradicar a tendência à separação, mas quando essa divisão se tenha completado, as novas espécies são definitiva e firmemente estabelecidas, e estão por sua vez prontas para enviar rebentos de si mesmas.

Em alguns dos membros mais longevos do reino vegetal o elemento de personalidade começa a manifestar-se, a estabilidade do organismo tornando possível esse prenúncio de individualidade. Numa árvore que viva dezenas de anos, a recorrência de condições similares causando impactos similares, com as estações sempre retornando ano após ano, os movimentos internos consecutivos causados por elas, a elevação da seiva, a eclosão das folhas, os contatos do vento, dos raios de Sol, da chuva – todas essas influências externas com sua progressão rítmica – estabelecem palpitações na alma-grupo monádica que são a resposta, e como a seqüência se imprime pela repetição continuada, a repetição de uma conduz a uma tênue expectativa de sua sucessora que sempre se repete. A Natureza não desenvolve nenhuma qualidade subitamente, e esses são os primeiros tênues esboços do que depois serão a memória e a antecipação.

No reino vegetal aparece também o prenúncio da sensação, evoluindo nos seus membros mais elevados para o que o psicólogo ocidental poderia denominar sensação massiva de prazer e desconforto[9]. Devemos recordar que a Mônada agrupou em torno de si materiais dos planos através dos quais ela desceu, e que pode, por conseqüência, entrar em contato com impactos oriundos desses planos, dos quais os primeiros que se fazem sentir são os mais

---

[9] A sensação massiva é a que se estende pelo organismo inteiro e não é sentida especialmente mais em um ponto do que em outros. É a antítese da sensação aguda.

A Sabedoria Antiga

fortes e os que se ligam às formas mais densas da matéria[10]. O calor do Sol e o frio que sua ausência produz, acabam por imprimir-se na consciência monádica; e seu invólucro astral, posto a vibrar de maneira tímida, dá origem ao leve tipo de sensação maciça de que já falamos. As chuvas e a seca afetando a constituição mecânica da forma, e seu poder de transmitir as vibrações à Mônada animadora, constituem um outro dos "pares de opostos", cuja atuação desperta o reconhecimento da diferença, que é ao mesmo tempo a raiz de toda a sensação e, mais tarde, de todo pensamento. Assim, por repetidas encarnações vegetais as almas-grupo monádicas no reino vegetal evoluem, até que aquelas que animam os membros mais elevados do reino estejam prontas para o próximo passo.

Esse passo as conduz ao reino animal, e aqui elas lentamente desenvolvem uma personalidade muito distinta em seus veículos físico e astral. O animal, com liberdade de movimento, submete-se a uma variedade muito maior de condições do que pode ser experienciada pelo vegetal, fixo por suas raízes em um mesmo lugar, e essa variedade, como sempre, promove a diferenciação. Entretanto, a alma-grupo monádica, que anima grande número de animais selvagens da mesma espécie ou subespécie, enquanto recebe uma grande variedade de impactos, não se diferencia senão lentamente, visto que a maioria desses impactos são repetidos continuamente e são partilhados por todos os membros do grupo.

Esses impactos auxiliam no desenvolvimento dos corpos físico e astral, e através deles a alma-grupo monádica adquire muita experiência. Quando a forma de um membro do grupo perece, a experiência adquirida através daquela forma é acumulada na alma-grupo monádica, e pode-se dizer que a colore; a vida da alma-grupo ligeiramente incrementada, derramada dentro de todas as formas que compõem o seu grupo, partilha entre todos os membros as experiências da forma que pereceu, e desse modo as experiências continuamente repetidas, armazenadas na alma-grupo monádica,

---

[10] As experiências de Cleve Backster, com um aparelho eletrônico denominado polígrafo, vêm demonstrando que as plantas, além de sentirem, amam, se angustiam, desmaiam, têm medo...(Ver a revista *Planeta*, número 51 e 59, e o livro *A Vida Secreta das Plantas*. (Nota da ed. bras.).

A Reencarnação

aparecem como instintos, "experiências hereditárias acumuladas" nas novas formas. Inumeráveis passarinhos tendo sido vítimas de gaviões, os filhotes, recém-saídos do ovo, abrigam-se rápido à aproximação de um dos inimigos hereditários, pois a vida que está encarnada neles conhece o perigo, e o instinto inato é a expressão de seu conhecimento. Desse modo são formados os maravilhosos instintos que protegem os animais contra os inumeráveis riscos habituais, ao passo que um perigo novo os encontra despreparados e apenas os desnorteia.

À medida que os animais ficam sob a influência humana, a alma-grupo monádica evolui com muito maior rapidez, e, a partir de causas semelhantes às que afetam os vegetais sob domesticação, a subdivisão da vida que se encarna é mais prontamente executada. A personalidade se desenvolve e torna-se cada vez mais fortemente acentuada; nos estágios iniciais quase se pode dizer que é um composto – todo um bando de animais selvagens agirá como se fora movido por uma única personalidade, tão completamente são as formas dominadas pela alma comum, sendo ela, por sua vez, afetada pelos impulsos do mundo externo. Os animais domésticos dos tipos superiores, o elefante, o cavalo, o gato, o cão, mostram uma personalidade mais individualizada – dois cães, por exemplo, podem agir de modos muito diferentes sob o impacto das mesmas circunstâncias. A alma-grupo monádica encarna em um número decrescente de formas à medida que gradualmente se aproxima do ponto em que a completa individualização será alcançada. O corpo de desejos ou veículo *kâmico* torna-se consideravelmente desenvolvido, e persiste durante certo tempo após a morte do corpo físico, levando uma existência independente no *Kamaloka*. Finalmente o número decrescente das formas animadas por uma alma-grupo monádica chega até a unidade, e anima uma sucessão de formas simples – uma condição que difere da reencarnação humana apenas pela ausência de *Manas*, com seus corpos mental e causal. A matéria mental trazida para baixo pela alma-grupo monádica começa a tornar-se sensível a impactos do plano mental, e o animal está então pronto para receber a terceira grande efusão da vida do

A Sabedoria Antiga

Logos – o tabernáculo está pronto para a recepção da Mônada humana.

A Mônada humana é, como vimos, tríplice em sua natureza, seus três aspectos sendo denominados, respectivamente, o Espírito, a Alma espiritual, e a Alma humana: *Atma, Buddhi, Manas*. Sem dúvida que, no curso de eons[11] de evolução, a Mônada da forma desenvolvendo-se para o alto poderia ter desenvolvido *Manas* pelo seu crescimento progressivo, mas tanto para a raça humana no passado, como para os animais do presente, não tem sido esse o curso da Natureza. Uma vez pronta a casa, ordenaram ao habitante que descesse: dos planos mais elevados do Ser, a vida *átmica* desceu, velando-se em *Buddhi*, semelhante a um fio dourado; e seu terceiro aspecto, *Manas*, mostrando-se nos níveis superiores do mundo sem forma do plano mental, *Manas* germinal foi frutificado no interior da forma, e o corpo causal embrionário foi formado dessa união. Essa é a individualização do espírito, o seu envolvimento na forma, e esse espírito envolto no corpo causal é a alma, o indivíduo, o homem real. É essa a hora do seu nascimento; ainda que sua essência seja eterna, incriada e imortal, o seu nascimento no tempo como indivíduo está determinado.

Ainda mais, esta efusão de vida atinge as formas em evolução não diretamente, mas por intermediários. Tendo a raça humana atingido o ponto de receptividade, alguns grandes Seres, chamados Filhos da Mente[12], projetam nos seres humanos a centelha monádica de *Atma-Budhi-Manas*, necessária para a formação da alma embrionária. E alguns desses grandes Seres de fato encarnaram em formas humanas, para tornarem-se os guias e instrutores da humanidade infantil. Esses Filhos da Mente tinham completado sua própria evolução intelectual em outros mundos, e vieram a este mundo mais jovem com o propósito de assim auxiliar na evolução da

---

[11] Eons: palavra derivada do grego, tem o sentido de eternidade, significando um período de tempo aparentemente interminável, mas que, apesar de tudo, tem um limite. Veja-se o Glossário Teosófico, de H.P.B. (Nota da ed. bras.)

[12] Seu nome específico em sânscrito é *Manasa-putra*, traduzido literalmente por "Filhos da Mente".

A Reencarnação

raça humana. Eles são, na verdade, os pais espirituais da massa da nossa humanidade.

Outras inteligências de uma graça muito inferior, homens que se tinham desenvolvido em ciclos precedentes, encarnaram entre os descendentes da raça que recebeu suas almas infantis da maneira como acabamos de descrever. À medida que essa raça evoluía, os tabernáculos humanos se aperfeiçoavam, e miríades de almas que esperavam a oportunidade de encarnar, de modo que pudessem continuar sua evolução, vieram a nascer entre os seus filhos. Essas almas parcialmente evoluídas são também mencionadas nos registros antigos como Filhos da Mente, porque eram dotadas de mente, embora comparativamente fossem apenas um pouco desenvolvidas – almas juvenis podemos chamá-las, para distingui-las das almas embrionárias da massa da humanidade, e das almas maduras dos grandes Instrutores. Essas almas juvenis, em razão de sua inteligência mais evoluída, formaram os tipos dirigentes do mundo antigo, as classes de mentalidade mais alta, e portanto com o poder de adquirir o conhecimento, dominaram as massas de homens menos desenvolvidos da antiguidade. E assim surgiram, em nosso mundo, as enormes diferenças em capacidade mental e moral que separam as raças mais altamente evoluídas das menos evoluídas, e que, mesmo dentro dos limites de uma mesma raça, separam o sublime pensador filosófico do tipo quase animal dos mais depravados de sua própria nação. Essas diferenças não são mais que diferenças do estágio de evolução, da idade da alma, e descobriu-se que sempre existiram através de toda a história da humanidade neste globo. Retornando até onde possamos nos registros históricos, podemos encontrar lado a lado a inteligência sublime e a ignorância crassa; e os registros ocultos, levando-nos para trás, narram uma história análoga sobre os primeiros milênios da humanidade. Nem deve isso nos afligir, como se uns tivessem sido injustamente favorecidos e outros indevidamente sobrecarregados na luta pela vida. A alma mais sublime teve a sua infância e juventude, embora em mundos anteriores, onde outras almas estavam tão acima dela como outras estão abaixo dela hoje em dia; a alma mais inferior elevar-se-á até onde as nossas mais elevadas

A Sabedoria Antiga

estão, e almas ainda por nascer ocuparão o lugar na evolução que a nossa alma ocupa. As coisas parecem injustas porque deslocamos nosso mundo do seu lugar na evolução, e o colocamos à parte isolado, sem precursores nem sucessores. É a nossa ignorância que vê a injustiça; os caminhos da Natureza são iguais, e ela trás a todos os seus filhos a infância, a juventude e a maturidade. Nem é dela a culpa se a nossa tolice exige que todas as almas ocupem, ao mesmo tempo, o mesmo estágio de evolução e grita "Injustiça!" se as exigências não são cumpridas.

Compreenderemos melhor a evolução da alma, se a tomarmos no ponto em que a havíamos deixado, quando o homem-animal estava pronto a receber, como veio a receber, a sua alma embrionária. Para evitar uma possível incompreensão, é melhor dizer que desse ponto em diante não houve duas Mônadas no homem – a que construiu o tabernáculo humano, e a que desceu para aquele tabernáculo, e cujo aspecto mais inferior era a alma humana. Mais uma vez tomando emprestado um símile de H. P. Blavatsky, em que dois raios de Sol podem passar por um orifício de um obturador, e mesclando-se formam um só raio, embora tivessem sido dois, o mesmo acontece com esses raios oriundos do Sol Supremo, o divino Senhor do nosso universo. O segundo raio, quando entrou no tabernáculo humano, fundiu-se com o primeiro, apenas acrescentando a esse energia e brilho novos, e a Mônada humana, *como uma unidade*, começou sua tarefa gigantesca de fazer desabrochar no homem os poderes superiores daquela Vida Divina, de onde ela veio.

A alma embrionária, o Pensador, tinha no início, como corpo mental embrionário, o invólucro de substância mental que a Mônada da forma trouxera consigo, mas que ainda não organizara para qualquer possibilidade de funcionamento. Era o simples germe de um corpo mental, ligado a um simples germe de um corpo causal, e durante muitas vidas a potente natureza-desejo impunha sua vontade à alma, arrastando-a ao longo da estrada de suas próprias paixões e apetites e lançando contra ela todas as furiosas ondas de sua própria animalidade descontrolada. Por mais repugnante que à primeira vista possa parecer a algumas pessoas essa vida

136

A Reencarnação

primitiva da alma, quando olhada do nível mais elevado a que agora atingimos, foi necessária para a germinação das sementes da mente. O reconhecimento da diferença, a percepção de que uma coisa é diferente de outra, é uma fase preliminar verdadeiramente essencial ao ato de pensar. E, para despertar essa percepção na alma ainda incapaz de pensar, teve de ser atingida por contrastes fortes e violentos, de modo a forçar suas diferenças sobre ela – golpe após golpe de prazeres desmedidos, golpe após golpe de dores atrozes. O mundo exterior martelou a alma através da natureza desejo, até que as percepções lentamente começaram a se formar, e, após incontáveis repetições, a serem registradas. Os diminutos ganhos conseguidos em cada vida foram armazenados pelo Pensador, como já vimos, e desse modo um lento progresso foi conseguido.

Progresso lento, deveras, pois quase nada foi *pensado*, e daí quase nada foi feito no que diz respeito à organização do corpo mental. Até que muitas percepções tivessem sido registradas nela como imagens mentais, não houve qualquer material no qual a ação mental, iniciada do interior, pudesse servir de base; isso começaria quando duas ou mais dessas imagens mentais fossem reunidas, e alguma inferência, ainda que elementar, fosse feita a partir delas. Essa inferência foi o início do raciocínio, o germe de todos os sistemas de lógica que o intelecto do homem desde então desenvolveu ou assimilou. De início todas essas inferências seriam feitas a serviço da natureza desejo, para o aumento do prazer, a diminuição da dor; mas cada uma iria aumentar a atividade do corpo mental e o estimularia a um mais pronto funcionamento.

Ver-se-á prontamente que nesse período de sua infância o homem não tinha conhecimento do bem ou do mal; o certo e o errado não tinham existência para ele. O certo é o que está de acordo com a vontade divina, o que contribui para o progresso da alma, que tende ao fortalecimento da natureza mais elevada do homem e ao treinamento e à subjugação da natureza inferior; o errado é aquilo que retarda a evolução, que retém a alma nos estágios inferiores após ter aprendido as lições que esses estágios tinham para ensinar, que leva ao domínio da natureza inferior sobre a superior,

A Sabedoria Antiga

e que assemelha o homem ao bruto a quem deveria estar deixando para trás em vez de ao Deus que ele deveria estar desenvolvendo. Antes que o homem pudesse saber o que era certo ele teria de aprender a existência da lei, e isso ele só poderia aprender seguindo tudo aquilo que o atraísse no mundo exterior, agarrando-se a todo objeto desejável, e então aprendendo pela experiência, doce ou amarga, se o seu prazer estava em harmonia ou em conflito com a Lei.

Tomemos um exemplo óbvio, o desejo de um alimento agradável, e vejamos como o homem infantil poderia aprender a partir daí sobre a presença de uma lei natural. À primeira ingestão, sua fome foi saciada, seu gosto foi gratificado, e apenas o prazer resultou da experiência, pois a sua ação estava em harmonia com a lei. Numa outra ocasião, desejando aumentar o prazer, ele comeu excessivamente e sofreu as conseqüências, pois transgrediu a lei. Uma experiência perturbadora para a inteligência em pleno alvorecer, como o agradável tornava-se doloroso pelo excesso! Vezes sem conta ele seria conduzido ao excesso pelo desejo, e a cada vez experienciaria as conseqüências dolorosas, até que finalmente aprendesse a moderação, isto é, aprendesse a ajustar seus atos corporais com respeito à lei física, pois ele descobriu que havia condições que o afetavam as quais ele não podia controlar, e que somente pela observação delas poderia ser assegurada a felicidade física. Experiências similares fluíam sobre ele através de todos os órgãos do corpo, com uma infalível regularidade; seus desejos impetuosos lhe traziam o prazer ou a dor do mesmo modo como agiam com as leis da Natureza ou contra elas, e, à medida que aumentava a experiência, essa começou a guiar seus passos, e a influir na sua escolha. Não era como se tivesse de recomeçar suas experiências a cada vida, pois em cada novo nascimento ele trazia consigo suas faculdades mentais um pouco aumentadas, um suprimento sempre crescente.

Eu disse que o crescimento nestes primeiros dias era muito lento, porque não havia senão o alvorecer da atividade mental e, quando o homem deixava seu corpo físico na morte, passava a maior parte do seu tempo no *Kamaloka*, dormindo num breve perí-

A Reencarnação

odo *devachânico* de assimilação inconsciente de quaisquer mínimas experiências mentais, ainda não suficientemente desenvolvidas para a vida celeste ativa que se colocava ante ele após muitos dias. Ainda assim, o duradouro corpo causal estava lá, para ser-lhe o receptáculo das qualidades, e para levá-las adiante para desenvolvimento posterior em sua próxima vida na Terra. O papel representado pela alma-grupo monádica nos estágios primários da evolução é representado no homem pelo corpo causal, e é essa entidade permanente que, em todos os casos, torna a evolução possível. Sem ele, o acúmulo de experiências mentais e morais, que aparecem como faculdades seria tão impossível quanto seria o acúmulo de experiências físicas, que aparecem como características de raça e família sem a continuidade do plasma físico. As almas que não têm um passado atrás de si, que surgiriam bruscamente do nada para a existência, com nítidas peculiaridades mentais e morais, são uma concepção tão monstruosa quanto seria a concepção correspondente de bebês surgindo subitamente do nada, sem estarem relacionados a um corpo, mas exibindo nítidos tipos raciais e de família. Nem o homem nem o seu veículo físico são desprovidos de causas, nem tiveram como causa o poder criador direto do *Logos*; aqui, como em muitos outros casos, as coisas invisíveis são claramente percebidas por sua analogia com as visíveis, o ser visível, na verdade, nada mais que as imagens, os reflexos, de coisas invisíveis. Sem uma continuidade no plasma físico, não haveria nenhum meio para a evolução das peculiaridades físicas; sem a continuidade da inteligência, não haveria meios para a evolução das qualidades mentais e morais. Em ambos os casos, sem continuidade, a evolução deter-se-ia no primeiro estágio, e o mundo seria um caos de começos infinitos e isolados, em vez de um Cosmo num contínuo vir a ser.

Não devemos deixar de salientar que nesses tempos primitivos o ambiente que rodeava o indivíduo contribuía para a grande variedade no tipo e na natureza do progresso individual. Enfim, a totalidade das almas tem que desenvolver todos os seus poderes, mas a ordem em que esses poderes se desenvolvem depende das circunstâncias em cujo meio a alma é colocada. O clima, a fertili-

A Sabedoria Antiga

dade ou a esterilidade da Natureza, da vida na montanha ou na planície, da floresta interior ou da beira mar – essas coisas e incontáveis outras trarão à atividade um conjunto ou outro de energias mentais no processo de despertar. Uma vida de extrema privação, de incessante luta com a Natureza, desenvolverá poderes muito diferentes daqueles surgidos em meio à exuberante riqueza de alguma ilha tropical; ambos os conjuntos de poderes são necessários, pois a alma tem que conquistar todas as regiões da Natureza, mas diferenças notáveis podem assim se desenvolver em almas da mesma idade, e uma pode parecer mais adiantada que a outra, conforme o observador faça uma maior apreciação dos poderes mais "práticos" ou os mais "contemplativos" da alma, as energias ativas voltadas para a ação exterior, ou as calmas faculdades de reflexão voltadas para o interior. A alma aperfeiçoada possui todos, mas a alma em formação deve desenvolvê-los sucessivamente, e assim surge uma outra causa da imensa variedade encontrada entre os seres humanos.

Pois novamente se deve recordar que a evolução humana é individual. Num grupo animado por uma única alma-grupo monádica, os mesmos instintos serão encontrados em todos, pois o receptáculo das experiências é aquela alma-grupo monádica, e ela difunde sua vida em todas as formas que dela dependem. Mas cada homem tem o seu próprio veículo físico e apenas um de cada vez, e o receptáculo de todas as experiências é o corpo causal, que verte sua vida no seu veículo físico único, não podendo afetar nenhum outro veículo físico, pois a nenhum outro está conectado. Daí encontrarmos as maiores diferenças separando homens do que jamais separaram animais estreitamente ligados, e daí também que a evolução das qualidades não pode ser estudada no conjunto total da humanidade, mas somente no indivíduo. A falta de poder para executar um tal estudo deixa a ciência incapaz de explicar por que alguns indivíduos pairam muito acima de seus semelhantes, gigantes intelectuais e morais, incapaz de traçar a evolução intelectual de um Shankaracharya (Sánkara) ou de um Pitágoras, a evolução moral de um Buda ou de um Cristo.

A Reencarnação

Consideremos agora os fatores na reencarnação, já que uma clara compreensão deles é necessária para a explicação de algumas das dificuldades – tal como a alegada falta de memória – que sentem aqueles que não estão familiarizados com a idéia. Vimos que o homem, durante sua passagem através da morte física, do *Kamaloka* e do *Devachan*, perde, um após outro, seus vários corpos, o físico, o astral e o mental. Todos eles se desintegram, e suas partículas recombinam-se com os materiais dos seus vários planos. A conexão do homem com seu corpo físico é inteira e definitivamente rompida; mas os corpos astral e mental transmitem ao homem propriamente dito, ao Pensador, os germes das faculdades e qualidades que resultaram das atividades da vida terrestre, e esses são armazenados no interior do corpo causal, as sementes dos seus corpos astral e mental seguintes. Nesse estágio, então, apenas o homem propriamente dito subsiste, o lavrador que trouxe a colheita para casa, e que dela se sustentou até que ela se desenvolveu nele mesmo. A alvorada de uma nova vida começa, e ele deve partir para o seu trabalho até o anoitecer.

A nova vida começa pela vivificação dos germes mentais, e eles vestem os materiais dos níveis inferiores do plano mental, até que a partir deles um corpo mental se tenha formado que represente exatamente o estágio mental do homem, expressando todas as suas faculdades mentais sob a forma de órgãos; as experiências do passado não existem como imagens mentais nesse novo corpo; pois como imagens mentais elas pereceram quando o velho corpo mental pereceu, e somente permanecem a sua essência, seus efeitos sobre as faculdades; elas foram o alimento da mente, os materiais que ela teceu e transformou em poderes; e no corpo mental elas reaparecem como poderes, determinam seus materiais e formam seus órgãos. Assim, quando o homem, o Pensador, vestiu-se com um novo corpo para sua próxima vida nos níveis mentais inferiores, ele prossegue, vivificando os germes astrais para prover-se de um novo corpo astral para sua vida no plano astral. Esse, mais uma vez, representa de maneira exata a sua natureza-desejo, reproduzindo fielmente as qualidades que ele desenvolveu no passado, do mesmo modo como a semente reproduz a árvore que lhe deu

A Sabedoria Antiga

origem. Assim se apresenta o homem, totalmente equipado para a sua próxima encarnação, a única recordação dos acontecimentos do seu passado existindo tão somente em seu corpo causal, em sua forma permanente própria, o único corpo que passa de uma vida para outra.

Enquanto isso, independentemente de sua vontade, diversas medidas estão sendo tomadas para lhe prover um corpo físico apropriado à expressão de suas qualidades. Em vidas passadas ele estabeleceu laços com outros seres humanos, contraiu dívidas com eles, e algumas dessas coisas determinarão, em parte, o lugar de seu nascimento e sua família.[13] Ele foi uma fonte de felicidade ou de sofrimento para outros; esse é um fator que determina as condições de sua próxima vida. Sua natureza-desejo está bem disciplinada, ou turbulenta e desenfreada; isso será levado em consideração na hereditariedade física do novo corpo. Ele cultivou certos poderes mentais, tais como talentos artísticos; deverá isso ser levado em conta, pois aqui novamente a hereditariedade física é um fator importante onde são necessárias a delicadeza da organização nervosa e da sensibilidade tátil. E assim sucessivamente, em infinita variedade. O homem pode, e certamente terá em si muitas características incongruentes, de modo que somente algumas podem encontrar expressão em qualquer corpo que possa ser disponibilizado, devendo ser selecionado um grupo de seus poderes passíveis de expressão simultânea. Tudo isso é executado por determinadas poderosas Inteligências Espirituais[14], geralmente chamadas os Senhores do Carma, pois é função deles superintender o desdobramento das causas constantemente postas em ação por pensamentos, desejos e ações. Eles manobram os fios do destino que cada pessoa teceu, e guiam o homem que está reencarnando para o ambiente determinado pelo seu passado, inconscientemente escolhido por ele durante sua última vida.

---

[13] Essa e outras causas que determinam as circunstâncias externas da nova vida serão completamente explicadas no Cap. 9 sobre o Carma.

[14] Segundo H.P.Blavatsky em *A Doutrina Secreta*, eles são os Lipikas, os Conservadores dos registros cármicos, e os *Maharajas* que administram a aplicação prática dos decretos dos Lipikas.

A Reencarnação

A raça, a nação, a família, sendo assim determinadas, o que pode ser chamado de molde do corpo físico – adequado à expressão das qualidades do homem, e para a elaboração das causas que ele pôs em movimento – é fornecido por esses grandes Seres, e o novo duplo etérico, uma cópia desse corpo físico, é construído no interior do útero materno pela ação de um elemental, cujo poder motriz é o pensamento dos Senhores do Carma. O corpo denso é construído no corpo etérico molécula a molécula, seguindo os contornos desse de maneira exata, e aqui a hereditariedade física tem total preponderância sobre os materiais empregados. Ademais, os pensamentos e as paixões das pessoas ao redor, especialmente das presenças constantes do pai e da mãe, influenciam o elemental construtor em sua obra, desse modo os indivíduos com quem o homem que está para encarnar formara laços no passado afetam as condições físicas que estão sendo desenvolvidas para sua nova vida na Terra. Bem no começo desse estágio o novo corpo astral comunica-se com o novo duplo etérico e exerce uma influência considerável sobre sua formação, e através dele o corpo mental tenta exercer influência sobre a organização nervosa, preparando-a para tornar-se um instrumento conveniente para sua expressão no futuro. Essa influência, iniciada na vida pré-natal – de forma que quando uma criança nasce a sua formação cerebral revela a extensão e o equilíbrio de suas qualidades mental e moral – persiste após o nascimento, e essa construção de cérebro e de nervos, e sua correlação com os corpos astral e mental, prosseguem até o sétimo ano da infância, idade em que a conexão entre o homem e o seu veículo físico está completa, e pode-se dizer que desde então ele age mais através do seu veículo físico do que sobre ele.

Até essa idade, a consciência do Pensador está mais no plano astral do que no físico, e isso é muitas vezes evidenciado pela atividade das faculdades psíquicas em crianças de pouca idade. Elas vêem companheiros invisíveis e paisagens de contos de fadas, ouvem vozes inaudíveis aos adultos e captam o encanto e as fantasias delicadas do mundo astral. Esses fenômenos geralmente desaparecem à medida que o Pensador começa a agir efetivamente através do veículo físico, e a criança sonhadora torna-se o menino

A Sabedoria Antiga

ou a menina comum, muitas vezes para a tranqüilidade dos pais confusos, ignorantes da causa das "esquisitices" de seu filho. A maioria das crianças tem pelo menos um toque dessa "esquisitice", mas aprendem depressa a esconder suas fantasias e visões de seus pais pouco compreensivos, temendo serem culpadas de "inventar histórias", ou do que a criança mais teme – o ridículo. Se os pais pudessem ver os cérebros de seus filhos, vibrando sob uma inextricável mistura de impactos físicos e astrais, que as próprias crianças são incapazes de separar, e às vezes recebendo um estremecimento – tão plásticos são eles – mesmo oriundos das regiões mais elevadas, fornecendo uma visão de beleza etérea e de realização heróica, eles seriam mais pacientes, responderiam melhor à tagarelice confusa dos pequeninos, tentando traduzir para o ambiente difícil de palavras não habituais, os clarões fugidios que atravessam suas consciências, e que elas procuram captar e reter. A reencarnação, se aceita e compreendida, aliviaria a vida da criança de seu aspecto mais patético, a luta desamparada da alma para adquirir controle sobre seus novos veículos, e para associar-se plenamente com o seu corpo mais denso sem perder o poder de impressionar os veículos mais rarefeitos de modo a lhes permitir transmitir ao mais denso suas vibrações mais sutis.

Capítulo 8

A Reencarnação – Parte 2

O s estágios ascendentes de consciência através dos quais passa o Pensador à medida que reencarna durante o seu longo ciclo de vidas nos três mundos inferiores estão claramente delimitados, e a necessidade óbvia de muitas vidas para experienciá-las, se é que ele tem mesmo que se desenvolver, pode levar às mentes mais reflexivas a mais clara convicção da verdade da reencarnação.

O primeiro dos estágios é aquele em que todas as experiências são sensoriais, consistindo a única contribuição feita pela mente no reconhecimento de que o contato com algum objeto é seguido de uma sensação de prazer, enquanto que o contato com outros é seguido de uma sensação de dor. Esses objetos formam imagens mentais, e as imagens logo começam a agir como um estímulo para a procura de objetos associados com o prazer, quando esses objetos não estão presentes, surgindo desse modo os germes da memória e da iniciativa mental. Essa primeira divisão grosseira do mundo exterior é seguida pela idéia mais complexa de suportar a quantidade de prazer ou de dor a que já nos referimos.

Nesse estágio da evolução a memória é efêmera, ou, em outras palavras, as imagens mentais são muito transitórias. A idéia de prever o futuro com base no passado, mesmo do modo mais rudimentar, ainda não despontou no Pensador infantil, e suas ações são guiadas de fora, pelos impactos que o alcançam vindos do mundo

A Sabedoria Antiga

exterior, ou quando muito pelo imediatismo de seus apetites e paixões, ansiando por satisfação. Ele descartará qualquer coisa por uma satisfação imediata, não importando quão necessária possa ser a coisa descartada para seu futuro bem-estar; a necessidade do momento se sobrepõe a qualquer outra consideração. Nos livros de viagens[1] podem ser encontrados numerosos exemplos de almas humanas nessa condição embrionária, e a necessidade de muitas vidas ficará impressa na mente de qualquer um que estude a condição mental dos selvagens menos desenvolvidos, e a compare com a condição mental de até mesmo a média da humanidade entre nós.

Desnecessário dizer que a capacidade moral não é mais evoluída que a capacidade mental; a idéia do bem e do mal não pode ainda ser concebida. Nem é possível transmitir à mente totalmente primitiva até mesmo noções elementares de bem ou mal. Bom e agradável são para o homem primitivo termos permutáveis, como no bem conhecido caso do selvagem australiano mencionado por Charles Darwin. Premido pela fome, o homem prostrou com um golpe de lança a criatura viva que se encontrava mais próxima que poderia servir de alimento, e que nesse caso era a sua própria mulher; um europeu censurou-lhe a crueldade do ato cometido, mas não conseguiu abalá-lo de modo algum; longe de imaginar que a repreensão pelo fato de comer sua mulher era algo muito ruim, ele apenas deduziu da inferência que o estranho pensava que a mulher tinha um gosto ruim ou que era indigesta, e ele o tranqüilizou sorrindo calmamente enquanto dava tapinhas na barriga após a refeição, e declarava satisfeito: "Ela estava excelente". Comparemos mentalmente a distância moral entre esse homem e São Francisco de Assis, e ver-se-á que deve haver evolução das almas como há evolução de corpos, caso contrário, no reino da alma haveria milagre constante, criações sem nexo.

Há dois caminhos que ao longo de qualquer um deles o homem pode emergir gradualmente dessa condição mental embrioná-

---

[1] Naquela época, os estudos antropológicos não estavam tão desenvolvidos, e, portanto, o acesso a informações sobre a vida de indígenas, bosquímanos, aborígenes, e outras culturas primitivas similares, dependiam dos relatos feitos por viajantes em seus livros. (N. da ed. bras.)

A Reencarnação – Parte 2

ria. Ele pode ser governado e controlado diretamente por homens muito mais evoluídos do que ele mesmo, ou pode ser abandonado a um crescimento lento e sem auxílio. Esse último caso implicaria na passagem de incontáveis milênios, pois sem exemplo e sem disciplina, abandonado aos mutáveis impactos de objetos exteriores e ao confronto com outros homens tão pouco evoluídos quanto ele mesmo, as suas energias interiores só muito lentamente poderiam ser despertadas. A verdade é que o homem tem evoluído pela estrada do preceito e do exemplo direto, e pela disciplina aplicada. Já vimos que quando a massa da média da humanidade recebeu a centelha que deu nascimento ao Pensador, havia alguns dos mais elevados Filhos da Mente que encarnaram como Instrutores, e que também houve uma longa sucessão de Filhos da Mente menores, em vários estágios de evolução, que desceram à encarnação como a crista da onda da maré humana que avançava. Esses últimos governavam os menos evoluídos sob a inspiração benfazeja dos grandes Instrutores, e a obediência imposta por meio de regras elementares do reto viver – muito elementares no início, é verdade – apressou em muito o desenvolvimento das faculdades mentais e morais nas almas embrionárias. Independentemente de todos os outros registros os restos gigantescos de civilizações que há muito desapareceram – evidenciando grande habilidade de engenharia e concepções intelectuais em muito superiores a todas as possibilidades da massa humana então em sua infância – bastam para provar que houve na Terra homens com mentes de grande capacidade de planejamento e realização.

Continuemos com o estágio primitivo da evolução da consciência. A sensação era senhora absoluta da mente e os primeiros esforços mentais eram estimulados pelo desejo. Isso levou o homem, lenta e desajeitadamente, a prever, a planejar. Ele começou a reconhecer uma associação definida de certas imagens mentais, e, quando uma aparecia, esperava o surgimento daquela outra que invariavelmente a seguia. Começou a fazer inferências, e até mesmo a tomar iniciativa com base nestas inferências – um progresso notável. Começou igualmente a hesitar, de vez em quando, antes de ceder aos veementes impulsos do desejo, quando descobriu,

147

A Sabedoria Antiga

muitas e muitas vezes, que a satisfação exigida estava associada na sua mente com surgimento de sofrimento posterior. Essa atitude foi muito acelerada pela pressão exercida sobre ele pelas leis expressas oralmente; lhe era proibido gozar certas satisfações, e lhe era dito que toda desobediência seria seguida de sofrimento. Quando ele se apossava do objeto que lhe proporcionava gozo e descobria o sofrimento que logo sucedia ao prazer, a obediência à advertência produzia em sua mente uma impressão muito mais forte do que aquela produzida por um acontecimento não previsto – e portanto para ele fortuito. Desse modo surgia um conflito incessante entre a memória e o desejo, e a mente crescia mais ativa pelo conflito, e era impulsionada à atividade mais atuante. O conflito, aliás, marcou a transição para o segundo grande estágio.

Aqui começou a surgir o germe da vontade. O desejo e a vontade guiam as ações do homem, e a vontade foi até mesmo definida como sendo o desejo que emerge triunfante do conflito dos desejos. Mas essa é uma concepção tosca e superficial, que nada explica. O desejo é a energia do Pensador se exteriorizando, sendo sua direção determinada pela atração dos objetos externos. Vontade é a energia do Pensador se exteriorizando, sendo sua direção determinada pelas conclusões tiradas pela razão a partir de suas experiências passadas, ou pela intuição direta do próprio Pensador. Em outros termos, o desejo é guiado a partir do exterior, a vontade a partir do interior. No início da evolução do homem, o desejo tem completa soberania, e o arrasta para cá e para lá; na fase média de sua evolução, o desejo e a vontade estão em contínuo conflito, e a vitória ora sorri para um lado, ora para o outro; no final de sua evolução o desejo morre, e a vontade governa com autoridade absoluta e incontestável. Até que o Pensador esteja suficientemente desenvolvido para ver diretamente, a vontade é dirigida por ele através da razão; e como a razão pode tirar conclusões apenas do seu estoque de imagens mentais – sua experiência – e aquele estoque é limitado, a vontade constantemente comanda ações equivocadas. O sofrimento que resulta dessas ações equivocadas aumenta o estoque de imagens mentais, e assim oferece à razão um estoque

A Reencarnação – Parte 2

aumentado do qual poderá tirar suas conclusões. Assim se efetua o progresso e nasce a sabedoria.

O desejo freqüentemente se mistura com a vontade, de forma que o que parece ser determinado a partir do interior é na realidade grandemente determinado pelos ardentes desejos da natureza inferior pelos objetos que lhe proporcionam satisfação. Em lugar de um conflito aberto entre os dois, o inferior se insinua sutilmente na corrente do superior, e lhe desvia o curso. Derrotados em campo aberto, os desejos da personalidade então conspiram contra aquele que o conquistou, obtendo quase sempre por astúcia o que não puderam obter pela força. Durante todo esse segundo e grande estágio, em que as faculdades da mente inferior estão em pleno curso de desenvolvimento, o conflito é a condição normal, conflito entre o império das sensações e o império da razão.

O problema a ser resolvido na humanidade é o de colocar um fim ao conflito enquanto se preserva o livre-arbítrio; orientar a vontade inevitavelmente para o melhor, permitindo ainda assim que esse 'melhor' seja uma questão de escolha. O melhor deve ser escolhido, mas por um ato de vontade espontânea, que virá com toda certeza de uma necessidade predeterminada. A convicção de uma lei imperativa deve ser obtida por meio de inumeráveis arbítrios, cada um desses deixado livre para determinar seu próprio curso. A solução desse problema é simples quando é conhecida, embora a contradição pareça irreconciliável quando apresentada pela primeira vez. Que se deixe o homem livre para escolher as suas próprias ações, mas que toda ação seja acompanhada de um resultado inevitável; que se deixe ele transitar livremente em meio a todos os objetos de desejo e pegar o que quiser, mas que receba todos os resultados de sua escolha, sejam eles deliciosos ou dolorosos. Logo ele rejeitará, de expontânea vontade, os objetos cuja posse, no final das contas, lhe causa dor; não mais os desejará quando plenamente convencido, pela experiência, de que sua posse termina em dor. Que ele lute para manter o prazer e evitar a dor, não obstante será moído entre as mós da lei, e a lição será repetida qualquer número de vezes que se fizerem necessárias; a reencarnação oferece tantas vidas quantas forem necessárias pelo aprendiz

A Sabedoria Antiga

mais preguiçoso. Aos poucos o desejo de um objeto que acarreta o sofrimento extinguir-se-á, e quando a coisa se oferece com todo o seu brilho sedutor será rejeitada, não mais por compulsão, mas por livre escolha. Não é mais desejável, perdeu seu poder. E assim com coisa após coisa; a escolha se harmoniza cada vez mais com a lei. "Há muitas estradas para o erro; a estrada da verdade é única;" quando todos os caminhos do erro tiverem sido percorridos, quando se tiver descoberto que todos terminam em sofrimento, a escolha em percorrer o caminho da verdade é incontestável, porque está baseada no conhecimento. Os reinos inferiores funcionam harmoniosamente, compelidos pela lei; o reino humano é um caos de vontades conflitantes, lutando e se rebelando contra a lei; logo se desenvolve a partir daí uma unidade mais nobre, uma escolha harmoniosa de voluntária obediência, uma obediência que, sendo voluntária, baseada no conhecimento e na memória dos resultados da desobediência, é estável e não pode ser perturbada por tentação alguma. Ignorante, inexperiente, o homem estaria sempre em risco de cair; como um Deus, conhecendo por experiência o bem e o mal, a sua escolha do bem é para sempre elevada além da possibilidade de mudança.

A vontade no domínio da moral é geralmente chamada de consciência, e está sujeita às mesmas dificuldades nesse domínio como em suas outras atividades. Enquanto estiver em discussão quais as ações que foram repetidamente praticadas, cujas conseqüências são familiares à razão ou ao próprio Pensador, a consciência fala rápida e firmemente. Mas quando surgem problemas pouco habituais, sobre cuja resolução a experiência se cala, a consciência não pode falar com certeza; obtém apenas uma resposta hesitante da razão, que consegue extrair apenas uma inferência duvidosa, e o Pensador não pode falar se sua experiência não inclui as circunstâncias que agora surgiram. Daí que a consciência muitas vezes decide erradamente; isto é, a vontade, não recebendo nenhuma indicação nítida seja da razão, seja da intuição, dirige as ações equivocadamente. Nem podemos deixar fora de consideração as influências que agem sobre a mente a partir do exterior, a partir das formas-pensamento de outras pessoas, de amigos, da

A Reencarnação – Parte 2

família, da comunidade, da nação[2]. Todas essas influências circundam e penetram a mente com sua própria atmosfera, lançando todas as coisas fora de proporção. Assim influenciada, a razão muitas vezes nem mesmo julga calmamente a partir de suas experiências, mas extrai conclusões falsas à medida que estuda os materiais através de um meio deturpado.

A evolução das faculdades morais é grandemente estimulada pelas afeições, por mais animais e egoístas que sejam durante a infância do Pensador. As leis da moralidade são formuladas pela razão iluminada, ao discernir as leis pelas quais a Natureza se move, e trazendo a conduta humana em consonância com a Vontade Divina. Mas o impulso para obedecer a essas leis, quando nenhuma força exterior pressiona, tem suas raízes no amor, naquela divindade oculta no homem e que procura derramar-se, doar-se aos outros. A moralidade começa no Pensador infantil quando pela primeira vez ele é movido pelo amor para com a esposa, o filho, o amigo, para praticar alguma ação que sirva ao ser amado sem nenhum pensamento de recompensa para si. É a primeira conquista sobre a natureza inferior, cuja completa sujeição é a conquista da perfeição moral. Daí a importância de jamais destruir, ou tentar enfraquecer as afeições, como é feito em muitos dos tipos inferiores de ocultismo. Por mais impuras ou grosseiras que possam ser as afeições, elas oferecem possibilidades de evolução moral das quais se afastaram aqueles que são frios de coração e auto-isolados. É uma tarefa mais fácil purificar que criar o amor, e é por isso que os "pecadores" foram considerados pelos grandes Instrutores como estando mais perto do reino dos céus do que os escribas e fariseus.

O terceiro grande estágio de evolução da consciência passa pelo desenvolvimento das faculdades intelectuais superiores; a mente já não se demora inteiramente nas imagens mentais obtidas das sensações, já não raciocina sobre objetos puramente concretos, nem se interessa pelos atributos que diferenciam uns dos outros. O Pensador, tendo aprendido claramente a discriminar entre os obje-

---

[2]Veja o Cap. 2 sobre o Plano Astral.

A Sabedoria Antiga

jetos demorando-se sobre suas diferenças, começa agora a agrupálos por meio de algum atributo que apareça em um certo número de objetos de outro modo dissemelhantes, e estabelece uma ligação entre eles. Ele prolonga, abstrai seus atributos comuns e separa todos os objetos que possuem essa ligação, do restante que não a possui; desse modo ele desenvolve o poder de reconhecer a identidade em meio à diversidade, um passo em direção ao ainda remoto reconhecimento do Uno subjacente aos muitos. Assim ele classifica tudo que está à sua volta, desenvolvendo a faculdade de síntese, e aprendendo tanto a construir quanto a analisar. Logo ele dá um outro passo, e concebe a propriedade comum como uma idéia, independente de todos os objetos nos quais apareça, e assim constrói um tipo mais elevado de imagem mental que a de um objeto concreto – a imagem de uma idéia que não tem existência fenomenal nos mundos da forma, mas que existe nos níveis superiores do mundo mental, e fornece material sobre o qual o próprio Pensador possa trabalhar. A mente inferior chega à idéia abstrata pela razão, e assim fazendo realiza seu vôo mais sublime, tocando o limiar do mundo sem forma, e vendo vagamente aquilo que jaz além. O Pensador vê essas idéias e vive normalmente no meio delas, e quando o poder do raciocínio abstrato é desenvolvido e exercido, o Pensador está se tornando eficaz em seu próprio mundo, e está começando sua vida de funcionamento ativo em sua própria esfera. Tais homens pouco se importam pela vida dos sentidos, pouco se importam pela observação exterior, ou da aplicação de seu poder mental às imagens dos objetos externos; seus poderes estão voltados para dentro, e já não se projetam para fora na busca por satisfação. Eles habitam tranqüilamente dentro de si mesmos, absortos com os problemas de filosofia, com os aspectos mais profundos da vida e do pensamento, procurando compreender as causas em vez de se preocuparem com os efeitos, e aproximam-se cada vez mais do reconhecimento do Uno que é o fundamento de todas as diversidades de natureza externa.

No quarto estágio da consciência o Uno é visto, e com a transcendência da barreira estabelecida pelo intelecto, a consciência se amplia para abraçar o mundo, vendo todas as coisas em si

A Reencarnação – Parte 2

mesma e como partes de si mesma, e vendo-se como um raio do *Logos*, e por conseqüência una com Ele. Onde está então o Pensador? Ele tornou-se Consciência, e, enquanto a Alma espiritual pode utilizar à vontade qualquer um dos seus veículos inferiores, ele não está mais limitado ao uso deles, nem deles necessita para esta vida plena e consciente. Então a encarnação compulsória termina, e o homem venceu a morte; ele conquistou de fato a sua vida eterna. Então ele tornou-se "uma coluna no templo do meu Deus e não mais sairá".

Para completar essa parte do nosso estudo, precisamos compreender a vivificação sucessiva dos veículos da consciência, trazê-los um a um à atividade como instrumentos harmoniosos da Alma humana.

Vimos que o Pensador, desde a origem de sua vida separada, possuiu revestimentos de matéria mental, astral, etérica e matéria física densa. Esses constituem os meios através dos quais a sua vida vibra para o exterior, a ponte de consciência, como podemos chamá-los, ao longo do qual todos os impulsos vindos do Pensador podem alcançar o corpo físico denso, e todos os impactos do mundo exterior podem alcançá-lo. Mas essa utilização geral dos sucessivos corpos como partes de um todo coordenado é algo muito diferente da vivificação de cada um deles para, por sua vez, servirem como um veículo distinto da consciência, independentemente daqueles que estão abaixo, e é essa vivificação dos veículos que temos agora de considerar.

O veículo mais inferior, o corpo físico denso, é o primeiro a ser trazido a uma ordem de funcionamento harmoniosa; o cérebro e o sistema nervoso têm de ser elaborados e preparados para responderem delicadamente a cada palpitação que esteja dentro da sua gama de poder vibratório. Nos estágios iniciais, enquanto o corpo físico denso é composto de matéria do tipo mais grosseiro, essa gama é extremamente limitada, e o órgão físico da mente pode responder somente às vibrações mais lentas enviadas para baixo. Ele responde muito mais prontamente, como é natural, aos impactos do mundo exterior causados por objetos de constituição análoga à sua. Sua vivificação como veículo de consciência con-

A Sabedoria Antiga

te em fazer com que responda às vibrações que são iniciadas no interior, e a rapidez dessa vivificação depende da cooperação da natureza inferior com a superior, da leal subordinação de si mesmo ao serviço do seu regente interno. Quando, depois de muitos, muitos períodos de vida, a natureza inferior desperta para o fato de que ele existe para as necessidades da alma, que todo seu valor depende da ajuda que possa trazer à alma, e que pode ganhar a imortalidade somente se fundindo à alma, então a sua evolução prossegue a passos de gigante. Antes disso, a evolução foi inconsciente; de início, a gratificação da natureza inferior foi o objetivo da vida, e, enquanto essa fosse uma preliminar necessária para evocar as energias do Pensador, nada fez diretamente para tornar o corpo um veículo da consciência; a ação direta sobre ele começa quando a vida do homem estabelece seu centro no corpo mental, e quando o pensamento começa a dominar a sensação. O exercício dos poderes mentais atua sobre o cérebro e o sistema nervoso, e os materiais mais grosseiros são gradualmente expulsos para dar lugar aos mais sutis, os quais podem vibrar em uníssono com as vibrações-pensamento a eles enviadas. O cérebro torna-se mais delicado em sua constituição, e aumenta, por circunvoluções cada vez mais complicadas, a quantidade de superfície disponível para o revestimento de matéria nervosa adaptada a responder às vibrações-pensamento. O sistema nervoso torna-se mais delicadamente equilibrado, mais sensitivo, mais vivo para toda palpitação de atividade mental. E quando o reconhecimento de sua função como instrumento da alma, já dito acima, chega, então se estabelece uma cooperação ativa no desempenho dessa função. A personalidade começa deliberadamente a se disciplinar, e a colocar os interesses permanentes da individualidade imortal acima de suas próprias satisfações transitórias. Ela concede o tempo que poderia ser gasto na busca de prazeres inferiores à evolução das faculdades mentais; dia após dia tempo é dispensado para o estudo sério; o cérebro é cedido alegremente para receber impactos provindos do interior e não do exterior; é treinado a responder ao pensamento consecutivo, e é ensinado a abster-se de erigir suas próprias imagens mentais inúteis, provenientes de impressões passadas. É treinada a

154

A Reencarnação – Parte 2

permanecer em repouso quando o seu dono não mais tem necessidade dela; a responder, e não a iniciar vibrações.[3] Além disso, alguma discrição e discernimento serão exercidos quanto aos alimentos que suprirão materiais físicos ao cérebro. O uso dos tipos mais grosseiros, tais como a carne animal, sangue e álcool será descontinuado, e o alimento puro construirá um corpo puro. Gradualmente as vibrações inferiores não encontrarão materiais capazes de lhes responder, e assim o corpo físico torna-se cada vez mais inteiramente um veículo da consciência, que responde delicadamente a todas as palpitações do pensamento e agudamente sensível às vibrações emitidas para o exterior pelo Pensador. O duplo etérico segue tão de perto a constituição do corpo denso que não é necessário estudar separadamente a sua purificação e vivificação; em condições normais ele não serve como um veículo separado de consciência, mas funciona em sincronismo com o seu parceiro denso, e quando separado desse por acidente ou pela morte, responde muito debilmente às vibrações que tiveram início no interior. Na verdade a sua função não é de servir como veículo da consciência mental, mas como um veículo de *Prana*, da força-vida especializada, e o seu deslocamento das partículas mais densas para as quais conduz as correntes da vida é, por isso, perturbador e prejudicial.

O corpo astral é o segundo veículo de consciência a ser vivificado, e já vimos as modificações por que ele passa à medida que se torna mais organizado para seu trabalho[4].Quando ele está completamente organizado, a consciência, que até então trabalhou dentro dele, aprisionada por ele, e que durante o sono deixa o corpo físico e vaga a esmo no mundo astral, começa não somente a receber impressões de objetos astrais através do corpo mental que formam a assim chamada consciência de sonho, mas também a perceber objetos astrais por meio dos seus sentidos – isto é, começa a

---

[3] Um dos sinais de que isso está acontecendo é a cessação da confusa mistura de imagens fragmentárias que se estabelece durante o sono em decorrência da atividade independente do cérebro físico. Quando o cérebro começa a ficar sob controle, essa espécie de sonho raramente acontece.

[4] Veja o Cap. 2 sobre o Plano Astral.

A Sabedoria Antiga

ça a relacionar as impressões recebidas aos objetos que deram origem àquelas impressões. Essas percepções são a princípio confusas, do mesmo modo como o são as percepções feitas a princípio pela mente através de um novo corpo físico de um bebê, e em um caso como no outro, têm de ser corrigidas pela experiência. O Pensador tem que gradualmente descobrir os novos poderes que pode usar através desse veículo mais sutil, e com o qual ele pode controlar os elementos astrais e defender-se contra os perigos astrais. Ele não fica abandonado, sem assistência, para enfrentar esse novo mundo, mas é ensinado e auxiliado e – até que possa defender-se – protegido por aqueles que são mais experientes que ele mesmo com respeito ao mundo astral. Gradualmente o novo veículo de consciência fica inteiramente sob seu controle, e a vida no plano astral torna-se tão natural e tão familiar para ele como a vida no plano físico.

O terceiro veículo da consciência, o corpo mental, é raramente, se é que o é alguma vez, vivificado para uso independente sem a instrução direta de um professor, e o seu funcionamento pertence à vida do discípulo no atual estágio da evolução humana[5]. Como já vimos, ele é recomposto[6] para desempenhar funções separadas no plano mental, e aqui novamente experiência e treinamento são necessários antes que ele venha a ficar sob o total controle de seu possuidor. Um fato – comum a todos esses três veículos de consciência, porém mais capaz de levar ao equívoco nos mais sutis que nos mais densos, porque é geralmente esquecido no caso desses veículos, enquanto é tão óbvio que é lembrado no caso dos mais densos – é que eles estão sujeitos à evolução, e que com sua evolução mais elevada, aumentam seus poderes de receber e de responder às vibrações. Que número muito maior de matizes de cores podem ser vistas por um olho treinado do que por um sem treinamento! Que número muito maior de tons harmônicos são ouvidos por um ouvido treinado, onde o ouvido não treinado ouve apenas a simples nota fundamental! À medida que os sentidos físi-

---

[5] Veja o Cap. 9 sobre a Ascensão Humana.
[6] Veja o Cap. 4 sobre o Plano Mental.

A Reencarnação – Parte 2

cos se tornam mais aguçados o mundo amplia-se cada vez mais, e onde o camponês está consciente apenas do sulco na terra e do seu arado, a mente culta está consciente da flor na sebe e do álamo tremedor, da deslumbrante melodia da cotovia e do zumbido das minúsculas asas no bosque adjacente, da correria dos coelhos sob a folhagem rendada das samambaias, e dos esquilos brincando entre si nos ramos das faias, de todos os movimentos graciosos das coisas silvestres, de todos os odores fragrantes dos campos e dos bosques, dos esplendores cambiantes dos céus manchados de nuvens, e de toda a sucessão de luz e sombra nas colinas. Tanto o camponês quanto o homem culto têm olhos, ambos têm cérebro, mas quanta diferença no poder de observação, quanta diferença no poder de receber impressões! Assim também em outros mundos. À medida que os corpos astral e mental começam a funcionar como veículos separados de consciência, eles estão, por assim dizer, no estágio camponês de percepção, e apenas fragmentos dos mundos astral e mental, com os seus fenômenos estranhos e enganosos, conseguem chegar à consciência; mas eles evoluem rapidamente, abarcando cada vez mais, e conduzindo à consciência um reflexo cada vez mais acurado do seu meio ambiente. Aqui, como em qualquer outra parte, temos de nos lembrar que nosso conhecimento não é o limite dos poderes da Natureza, e que nos mundos astral e mental, tanto quanto no físico, somos ainda crianças, apanhando umas poucas conchas trazidas pelas ondas, enquanto os tesouros ocultos no oceano continuam ainda inexplorados.

A vivificação do corpo causal como veículo de consciência segue no tempo devido o desenvolvimento do corpo mental, e abre para o homem um estado de consciência ainda mais maravilhoso, que se estende para trás, para um passado ilimitável, e para diante para um futuro igualmente ilimitável. Então o Pensador não somente possui a lembrança do seu próprio passado e pode traçar seu crescimento através da longa sucessão de suas vidas encarnadas e desencarnadas, mas ele pode também vaguear à vontade no vasto passado segmentado da Terra e aprender as lições acumuladas da experiência do mundo, estudando as leis ocultas que guiam a evolução e os profundos segredos da vida ocultos no seio da Natureza.

A Sabedoria Antiga

Naquele veículo sublime de consciência, ele pode chegar até a Ísis velada e levantar uma ponta do seu pendente véu; pois lá ele pode contemplá-la nos olhos sem se sentir cegado por seus olhares relampagueantes e pode ver no esplendor que dela se irradia as causas da miséria do mundo e a sua cessação, com coração piedoso e compassivo, mas não mais atormentado pela dor. A força, a calma, a sabedoria brotam daqueles que empregam o corpo causal como veículo de consciência, e que contemplam de olhos abertos a glória da Boa Lei.

Quando o corpo *búdico* é vivificado como veículo de consciência o homem entra na bem-aventurança da não-separatividade, e conhece, através de uma intensa e vívida compreensão, a sua unidade com tudo o que existe. Uma vez que o elemento predominante de consciência no corpo causal é o conhecimento, e por fim a sabedoria, então o elemento predominante de consciência no corpo *búdico* é a bem-aventurança e o amor. A serenidade da sabedoria marca distintamente um deles, enquanto a mais terna compaixão flui inesgotavelmente do outro; quando a esses se junta a força divina e inalterável que caracteriza o funcionamento de *Atma*, então a humanidade é coroada com a divindade, e o Homem-Deus é manifestado em toda a plenitude de seu poder, de sua sabedoria, de seu amor.

A transmissão aos veículos inferiores dessa parte da consciência pertencente aos veículos superiores, na medida em que sejam capazes de recebê-la, não se segue imediatamente à vivificação sucessiva dos veículos. Nessa questão os indivíduos diferem grandemente, conforme as suas circunstâncias e o seu trabalho, pois essa vivificação dos veículos acima do físico raramente ocorre antes que se atinja o discipulado probatório[7], e então os deveres a serem cumpridos dependem das necessidades do momento. O discípulo, e mesmo o aspirante ao discipulado, aprende a conservar todos os seus poderes inteiramente para o serviço do mundo, e o partilhamento da consciência inferior no conhecimento da superior é em grande parte determinado pelas necessidades dos trabalhos

---

[7] Veja o Cap. 11 sobre a Ascensão Humana.

A Reencarnação – Parte 2

nos quais o discípulos está engajado. É indispensável que o discípulo tenha o uso completo dos seus veículos de consciência nos planos superiores, já que uma grande parte de seu trabalho pode ser executada apenas neles; mas a transmissão do conhecimento desse trabalho ao veículo físico, que nada tem a ver com isso, não tem qualquer importância, e a transmissão ou não-transmissão é geralmente determinada pelo efeito que um curso ou outro teria sobre a eficiência de seu trabalho no plano físico. No atual estágio de evolução, é muito grande a tensão no corpo físico quando a consciência superior o obriga a vibrar em resposta, e a não ser que as circunstâncias externas sejam muito favoráveis, essa tensão é capaz de causar distúrbio nervoso, hipersensibilidade, com todos os males que daí decorrem. Eis por que a maior parte daqueles que estão em plena posse dos veículos superiores de consciência vivificados, e cujo trabalho mais importante é realizado fora do corpo físico, permanecem afastados dos lugares muito freqüentados pelos homens, se desejam projetar para a consciência física o conhecimento de que fazem uso nos planos superiores, preservando desse modo o veículo físico sensível do uso grosseiro e do clamor da vida comum.

Os principais preparativos a serem feitos para receber as vibrações da consciência superior no corpo físico são: purificá-lo dos materiais grosseiros por meio de uma alimentação e vida puras; a completa subjugação das paixões, e o cultivo de um temperamento e uma mente uniformes e equilibrados, que não sejam afetados pelo turbilhão e pelas vicissitudes da vida externa; o hábito da meditação tranqüila sobre temas sublimes, desviando a mente dos objetos dos sentidos, e das imagens mentais deles derivadas, fixando-a sobre coisas mais elevadas; a cessação da pressa, especialmente aquela pressa inquieta e excitável da mente, que mantém o cérebro em contínuo funcionamento, saltando de um assunto para outro; o genuíno amor pelas coisas do mundo superior, que as torna mais atraentes que as do inferior, de modo que a mente descanse satisfeita em sua companhia como na de um bem querido amigo. Aliás, esses preparativos são muito semelhantes àqueles necessá-

A Sabedoria Antiga

àqueles necessários para a separação consciente de "alma" e "corpo", e que já foram descritos em outra parte da seguinte maneira.

O estudante deve começar pela prática de uma extrema moderação em todas as coisas, cultivando um estado equânime e sereno da mente; sua vida deve ser limpa e os seus pensamentos puros, o seu corpo mantido numa estrita submissão à alma, e sua mente treinada para ocupar-se com temas nobres e elevados; a prática da compaixão, da compreensão e da presteza em ajudar os outros deve tornar-se um hábito, com indiferença aos problemas e prazeres que afetam a si mesmo, e deve cultivar a coragem, a constância e a devoção. De fato, deve viver a religião e a ética que, para a maioria das outras pessoas, é apenas conversa. Tendo aprendido, por uma aplicação perseverante, a controlar sua mente até certo ponto, de modo que seja capaz de mantê-la fixa em uma mesma linha de pensamento por um pequeno período de tempo, deve iniciar um treinamento mais rígido da mente, por uma prática diária de concentração sobre algum assunto difícil ou abstrato, ou sobre algum objeto de sublime devoção; essa concentração significa a firme fixação da mente em um ponto único, sem oscilar, sem ceder a quaisquer distrações causadas por objetos externos, pela atividade dos sentidos, ou pela própria atividade da mente. Ela deve ser manietada a uma fixidez e estabilidade inabaláveis, até que gradualmente aprenda assim a retirar sua atenção do mundo exterior e do próprio corpo a tal ponto que os sentidos permaneçam quietos e imóveis, enquanto a mente está intensamente viva com todas as suas energias concentradas no interior para serem dirigidas sobre um único ponto de pensamento, o mais elevado que consiga alcançar. Quando ela for capaz de manter-se assim com bastante facilidade, está pronta para mais um passo, e por meio de um esforço poderoso, mas calmo da vontade, ela pode lançar-se além do mais elevado pensamento que possa alcançar *enquanto funcionando no cérebro físico*, e nesse esforço irá elevar-se e unir-se com a consciência superior, achando-se livre do corpo. Quando isso é conseguido, não existe a sensação de sono ou de sonho, nem de qualquer perda de consciência; o homem encontra-se fora de seu corpo, mas como se simplesmente tivesse escorregado para fora de um pesa-

A Reencarnação – Parte 2

do estorvo, e não como se tivesse perdido qualquer parte de si mesmo; ele não está realmente 'desencorpado', apenas se elevou fora de seu corpo denso 'num corpo de luz', que obedece ao seu mais leve pensamento e serve como um instrumento belo e perfeito para a execução de sua vontade. Nesse corpo ele é livre nos mundos sutis, mas precisará treinar suas faculdades cuidadosamente e por longo tempo para executar trabalho confiável sob as novas condições. Pode-se obter a liberdade do corpo de outras maneiras: pelo êxtase intenso de devoção ou por métodos especiais que podem ser comunicados por um grande Instrutor a seu discípulo. Qualquer que seja o método, o fim é o mesmo – a libertação da alma com total consciência, capaz de examinar seus novos ambientes em regiões além de onde possa pisar o homem de carne. À vontade pode retornar ao corpo e nele entrar, e sob essas circunstâncias, pode impressionar a mente cerebral, e desse modo reter enquanto no corpo, a memória das experiências por que passou.[8]

Aqueles que captaram as idéias principais esboçadas nas páginas anteriores sentirão que essas idéias são por si mesmas a prova mais forte de que a reencarnação é um fato na Natureza. Ela é necessária a fim de que a vasta evolução implícita na frase "a evolução da alma" possa ser realizada. A única alternativa – afastando por um momento a idéia materialista de que a alma é apenas o agregado das vibrações de uma espécie particular de matéria física – é que cada alma é uma criação nova, formada quando um bebê nasce, e dotada de tendências virtuosas ou viciosas, dotada de habilidade ou estupidez, pelo capricho arbitrário do poder criador. Como diria o maometano, o seu destino está enrolado em seu pescoço ao nascer, pois o destino de um homem depende do seu caráter e do meio que o cerca, e uma alma recentemente criada e lançada no mundo deve estar fadada à felicidade ou à miséria conforme as circunstâncias que a rodeiam e o caráter que ela traz impresso. A predestinação sob a forma mais ofensiva é a alternativa da reencarnação. Em vez de considerarmos os homens como evo-

---

[8] *Conditions of Life After Death* – Séc. 19, nov. 1896.

A Sabedoria Antiga

luindo lentamente, de modo que o selvagem brutal de hoje com o tempo desenvolverá as mais nobres qualidades do santo e do herói, e assim, vendo no mundo um processo de crescimento sabiamente planejado e dirigido, seremos obrigados a ver nele um caos de seres sensitivos tratados da maneira a mais injusta, tendo como prêmio a felicidade ou a miséria, o conhecimento ou a ignorância, a virtude ou o vício, a riqueza ou a pobreza, o gênio ou a idiotia, por uma vontade arbitrária externa, que não tem por guia nem a justiça nem a compaixão – um verdadeiro pandemônio, irracional e sem nexo. E se quer admitir que um tal caos seja a parte mais elevada de um Cosmo em cujas regiões inferiores são manifestadas todas as operações admiravelmente reguladas e belas de uma lei que incessantemente evolui a forma mais elevada e mais complexa a partir da forma mais inferior e mais simples, isso obviamente "promove a retidão", a harmonia e a beleza.

Admitindo-se que a alma do selvagem está destinada a viver e a evoluir, e que ele não é condenado para toda a eternidade ao atual estado infantil, mas que a sua evolução ocorrerá após a morte e em outros mundos, então o princípio da evolução da alma é reconhecido, permanecendo apenas a questão do lugar da evolução. Se todas as almas na Terra estivessem no mesmo estágio de evolução, muito teríamos a dizer em favor da teoria que pretende que outros mundos sejam necessários para a evolução das almas que estão além do estágio infantil. Mas temos em torno de nós almas que são muito desenvolvidas, e que nasceram com sublimes qualidades mentais e morais. Por paridade de raciocínio, devemos supor que elas evoluíram em outros mundos, antes de seu nascimento neste, e não podemos senão conjeturar por que uma Terra que oferece condições diversas, que serve tanto a almas rudimentares como a almas avançadas, deveria receber apenas uma rápida visita de almas em graus diversos de desenvolvimento, ficando todo o resto da evolução por acontecer em mundos similares a esse, igualmente capazes de oferecer todas as condições necessárias para desenvolver as almas de diferentes estágios de evolução, como descobrimos quando elas nascem aqui. A Sabedoria Antiga

A Reencarnação – Parte 2

ensina, na verdade, que a alma progride através de inúmeros mundos, mas também ensina que ela nasce em cada um desses mundos muitas e muitas vezes, até que tenha completado a evolução possível naquele mundo. Os próprios mundos, de acordo com o seu ensinamento, formam uma cadeia evolutiva, cada um desempenhando a sua parte como campo para certos estágios de evolução. O nosso próprio mundo oferece um campo propício para a evolução dos reinos mineral, vegetal, animal e humano, e portanto a reencarnação coletiva ou individual ocorre nele em todos esses reinos. Verdadeiramente, graus ulteriores de evolução nos esperam em outros mundos, mas na ordem divina eles não estão abertos para nós até que tenhamos aprendido e dominado as lições que o nosso próprio mundo tem a ensinar.

Há muitas linhas de pensamento que nos levam à mesma meta da reencarnação, à medida que estudamos o mundo à nossa volta. As imensas diferenças que separam os homens já foram notadas como se referindo a um passado evolucionário por trás de cada alma; e já se prestou atenção em como elas diferenciam a reencarnação dos homens individuais – todos pertencentes a uma única espécie – da reencarnação das almas-grupo monádicas nos reinos inferiores. As diferenças comparativamente pequenas que separam os corpos físicos dos homens, todos reconhecíveis exteriormente como homens, devem ser contrastadas com as imensas diferenças que separam o homem primitivo e o tipo humano mais nobre em capacidades mentais e morais. Os homens primitivos são muitas vezes esplêndidos em seu desenvolvimento físico, com grande conteúdo craniano, mas como diferem suas mentes da mente de um filósofo ou de um santo!

Ao se considerar as altas capacidades mentais e morais como sendo os resultados acumulados da vida civilizada, defrontamo-nos, então, com o fato de que os homens atuais de mais alto valor são sobrepujados pelos gigantes intelectuais do passado, e que ninguém dos dias atuais alcança a altitude moral de alguns dos santos históricos. Ademais, temos que considerar que o gênio não tem nem pai nem filho; que surge de súbito e não como o ápice de

A Sabedoria Antiga

uma família que está se desenvolvendo gradualmente, e é geralmente estéril, ou se deixa um filho, é um filho do corpo, não da mente. Mais significativo ainda, um gênio musical nasce quase sempre em uma família de músicos, porque esse tipo de gênio precisa para sua manifestação de uma organização nervosa de um tipo peculiar, e a organização nervosa situa-se no âmbito da lei da hereditariedade. Mas quão freqüentemente numa família o seu objetivo parece ter terminado após ter provido um corpo para um gênio, e então sua luz bruxuleia e desaparece na obscuridade da média da humanidade em poucas gerações! Onde estão os descendentes de Bach, Bethoven, Mozart, Mendelssohn, a igualar seus antepassados? A verdadeira genialidade não se transmite de pai para filho, como os tipos físicos dos Stuarts e Bourbons.

Sobre que base, salvo a reencarnação, se pode explicar a "criança prodígio"? Tomemos como exemplo o caso da criança que se tornou o Dr. Young[9], o descobridor da teoria ondulatória da luz, um homem cuja grandeza não é ainda suficientemente reconhecida. Com a idade de dois anos ele conseguia ler "com fluência considerável", e antes dos quatro anos já havia lido a Bíblia duas vezes; aos sete anos ele começou a estudar aritmética, e dominava o *"Tutor's Assistant"*, de Walkingham, antes de haver chegado à metade do mesmo sob a assistência de seu tutor, e poucos anos depois o encontramos dominando, ainda na escola, o latim, o grego, o hebreu, a matemática, a contabilidade, o francês, o italiano, a tornearia, e a construção de telescópios, e encantando-se com a literatura oriental. Aos quatorze anos deveria estudar sob a direção de um preceptor particular em companhia de um menino um ano e meio mais novo do que ele, mas, como o preceptor primeiramente contratado não se apresentou, Young instruiu o outro garoto.[10] *Sir*

---

[9] Thomaz Young (1773-1829), físico inglês que pesquisou sobre a fisiologia da percepção da cor, e suas deduções, com algumas variantes, são hoje mundialmente aceitas. A elas estão ligados os nomes de Hermholtz e Maxwell, e são conhecidas sob a denominação de teoria tricromática. *Enciclopédia Mirador Internacional*, Vol. 6, p.2879. (N. da ed. bras)

[10] *Life of Dr. Thomas Young*, G. Peacock.

A Reencarnação – Parte 2

William Rowan Hamilton[11] mostrou seus poderes ainda mais precocemente. Começou aprendendo o hebraico quando mal tinha feito três anos e "com a idade de sete anos, um dos professores adjuntos do Trinity College, em Dublin, declarou que ele tinha mostrado um conhecimento mais profundo do idioma do que muitos candidatos a uma bolsa de estudos. Com a idade de treze anos já tinha adquirido conhecimento considerável de pelo menos treze línguas. Entre essas, além das clássicas e as línguas européias modernas, incluíam-se o persa, o árabe, o sânscrito, o hindustani e até mesmo o malaio. . . Ele escreveu, com a idade de quatorze anos, uma carta de cumprimentos ao embaixador Persa, que visitava Dublin; e esse declarou que jamais supusera haver no Reino Unido alguém capaz de escrever um tal documento na língua persa". Um parente seu disse: "lembro-me dele como um pequeno menino de seis anos, respondendo a uma difícil pergunta de matemática, e saía correndo alegremente para o seu carrinho. Aos doze anos concorreu com Colburn, um menino americano 'que calculava', que na época estava se exibindo como curiosidade em Dublin, e muitas vezes conseguiu vencê-lo." Quando fez dezoito anos, em 1823, o Dr. Brinkley [12], (astrônomo real da Irlanda) disse dele: "Não digo que esse jovem *será*, e sim que *é*, o primeiro matemático de seu tempo". "Na faculdade a sua carreira foi, talvez, sem par. Entre numerosos concorrentes com mérito acima do comum, foi sempre o primeiro em todos os assuntos, e em todos os exames".[13]

Deixemos o estudante pensativo comparar esses dois meninos com um semi-idiota, ou mesmo com um rapaz comum, e notará como, começando com tais vantagens, eles se tornam expoentes

---

[11] Willian Rowan Hamilton (1805 – 1865), físico e matemático irlandês. Inteligência privilegiada, aos 12 anos já lera a *Arithmetica Universalis*, de Newton, e aos 17, a *Mecânica Celeste*, de Laplace. Aos 18 anos assumiu o cargo de professor-assistente de Astronomia na Universidade de Dublin. Aos 22, sucedeu ao astrônomo John Brinkley na cadeira de astronomia do Trinity College de Dublin. *Enciclopédia Mirador Internacional*, V. 11, p.5653. (N. da ed. bras).

[12] John Brinkley, 1762-1835. (N. da ed. bras)

[13] *North British Review,* setembro, 1866.

A Sabedoria Antiga

do pensamento, e então pergunte a si mesmo se tais almas não têm passado algum atrás de si.

As semelhanças de família são geralmente explicadas como sendo devidas à "lei da hereditariedade", mas as diferenças no caráter mental e moral são continuamente encontradas no círculo familiar, e para essas coisas não se acha explicação. A reencarnação explica as semelhanças pelo fato de que uma alma que se encaminha ao nascimento é dirigida para uma família que provê por sua hereditariedade física, um corpo adequado para expressar suas características; e explica também as dessemelhanças ao anexar o caráter mental e moral ao próprio indivíduo, ao mesmo tempo que mostra que laços estabelecidos no passado levaram-no a nascer em conexão com algum outro indivíduo daquela família.[14] Um "fato significativo com relação aos gêmeos é que durante a infância muitas vezes será impossível distingui-los entre si, mesmo ao olhar agudo da mãe ou de quem cuida deles; enquanto que, mais tarde, na vida, quando *Manas* estiver atuando em seu invólucro físico, ele o modificará a tal ponto que a semelhança física diminui e as diferenças de caráter se imprimem nos semblantes móveis[15]. A semelhança física com a dissemelhança mental e moral parece insinuar o encontro de duas linhas de causalidade diferentes.

As dessemelhanças notáveis que se sabe existirem entre pessoas de poder intelectual mais ou menos igual ao assimilar tipos particulares de conhecimento é um outro "apontador" para a reencarnação. Uma verdade é reconhecida imediatamente por uma das pessoas, enquanto a outra nem chega a compreendê-la, mesmo depois de longa e cuidadosa observação. Apesar disso, exatamente o contrário pode vir a ser o caso quando uma outra verdade lhes é apresentada, e essa pode ser vista pela segunda, ao passo que escapará à primeira. "Dois estudantes são atraídos pela Teosofia e começam a estudá-la; ao final de um ano, um está familiarizado com as concepções fundamentais e em condições de aplicá-las, ao passo que o outro luta num labirinto. Para aquele, cada princípio pare-

---

[14] Veja Cap. 9 sobre o Carma.

[15] *Reincarnation*, Annie Besant, (1985), p. 76, *The Theosophical Publishing House*, Adyar, Madras.

A Reencarnação – Parte 2

cia familiar ao lhe ser apresentado; para este, tudo é novo, ininteligível, estranho. Quem crê na reencarnação compreende que o ensinamento é antigo para um e novo para o outro; um aprende rapidamente *porque se lembra*, está apenas recuperando conhecimento antigo; o outro aprende lentamente porque a sua experiência não incluía essas verdades da Natureza, e ele as está adquirindo penosamente pela primeira vez"[16]. Assim também a intuição comum é "simples reconhecimento de um fato familiar numa vida passada, embora seja encontrado pela primeira vez no presente"[17], mais um indício da estrada ao longo da qual o indivíduo viajou no passado.

A principal dificuldade com muitas pessoas ao receber a doutrina da reencarnação é a sua própria ausência da memória de seu passado. Entretanto elas diariamente familiarizam-se com o fato de que esqueceram muita coisa até mesmo de suas vidas em seus corpos atuais, que os primeiros anos de sua juventude estão obnubilados e os da infância são um branco. Elas devem também saber que os acontecimentos do passado que lhes escapuliram totalmente da consciência normal estão ainda mais ocultos nas sombrias cavernas da memória e que podem ser novamente trazidos à luz de maneira vívida em algumas formas de doenças ou sob a influência do mesmerismo. É conhecido o caso de um moribundo falar uma língua ouvida por ele somente em sua infância, e desconhecida dele na maior parte de sua vida; no delírio, fatos há muito esquecidos apresentam-se à consciência com intensa nitidez. Nada é realmente esquecido; mas muita coisa está oculta à visão limitada de nossa consciência de vigília, a forma mais limitada de nossa consciência, embora a única consciência reconhecida pela vasta maioria das pessoas. Assim como a memória da vida atual de alguns está recolhida além do alcance desta consciência de vigília, e se faz conhecida de novo somente quando o cérebro se torna hipersensível e assim capaz de responder a vibrações que geralmente o fustigam e que passam desapercebidas, o mesmo ocorre com a memória das vidas passadas armazenada fora do alcance da cons-

---

[16] *Reincarnation,* Annie Besant, p. 79.
[17] *Ibid.*

A Sabedoria Antiga

ciência física. Tudo está com o Pensador, o único que persiste vida após vida; ele possui todo o livro da memória ao seu alcance, pois ele é o único "Eu" que passou por todas as experiências ali registradas. Além disso, ele pode transmitir suas próprias memórias no seu veículo físico, logo que esse se tenha purificado suficientemente para responder às suas vibrações rápidas e sutis, e então o homem encarnado pode partilhar de seu conhecimento do passado acumulado. A dificuldade da memória não está no esquecimento, pois que o veículo inferior, o corpo físico, jamais atravessou as vidas prévias do seu possuidor; a dificuldade está na absorção do corpo atual em seu atual ambiente, em sua grosseira incapacidade de responder às palpitações sutis, única linguagem pela qual a alma pode se exprimir. Aqueles que quiserem lembrar o passado não devem ter seus interesses centrados no presente, e devem purificar e refinar o corpo até que ele seja capaz de receber impressões das esferas mais sutis.

A memória de suas próprias vidas passadas, porém, é apanágio de um considerável número de pessoas que alcançaram a necessária sensibilidade do organismo físico, e para essas, certamente, a reencarnação não é mais uma teoria, mas uma matéria de conhecimento pessoal. Elas aprenderam quão mais rica a vida se torna quando a memória de vidas passadas jorra sobre elas, quando os amigos deste breve dia são reconhecidos como amigos de um passado distante, e antigas recordações reforçam os laços de um presente fugidio. A vida ganha segurança e dignidade quando contemplada em meio a um longo panorama atrás de si, e quando as afeições de ontem reaparecem nas afeições de hoje. A morte recolhe-se ao seu lugar apropriado como um mero incidente na vida, a mudança de uma cena para outra, como uma viagem que afasta os corpos mas que não pode separar amigo de amigo. As ligações do presente são reconhecidas como fazendo parte de uma cadeia dourada que se estende para trás, e o futuro pode ser encarado com uma alegre segurança no pensamento de que essas alianças perdurarão através dos dias que virão e formarão parte daquela corrente inquebrantável. De vez em quando encontramos crianças que trouxeram as recordações do seu passado imediato, principal-

A Reencarnação – Parte 2

mente quando morreram ainda pequenos e renascem quase imediatamente. No Ocidente tais casos são mais raros que no Oriente, porque no Ocidente as primeiras palavras de tal criança seriam encaradas com incredulidade, e ela não tardaria em perder a confiança em suas próprias memórias. No Oriente, onde a crença na reencarnação é quase universal, as lembranças da criança são ouvidas com atenção, e onde a oportunidade se apresenta, são verificadas.

Há um outro ponto importante relativo à memória que valerá a pena considerarmos. A lembrança de *eventos* passados subsiste, como vimos, com o Pensador somente, mas os resultados daqueles eventos incorporados como *faculdades* estão disponíveis ao homem encarnado. Se o conjunto total desses eventos passados fosse despejado no cérebro físico, uma vasta massa de experiências sem ordem de classificação, desarrumada, o homem não poderia ser guiado pelo resultado do passado, nem utilizá-lo como auxílio no presente. Compelido a fazer uma escolha entre duas linhas de ação, ele teria que selecionar, dentre os fatos desordenados do seu passado, os eventos similares em caráter, fazer um acompanhamento de seus resultados, e após um estudo longo e penoso chegar à mesma conclusão – uma conclusão que muito provavelmente estaria viciada pela não observação de algum fator importante, e à qual ele chegou muito tempo após ter passado a necessidade de decisão. Todos os eventos, triviais e importantes, de algumas centenas de vidas, formariam um acúmulo informe e caótico, impossível de ser consultado em uma emergência que demandasse uma rápida decisão.

O plano muito mais efetivo da Natureza deixa ao Pensador a memória dos eventos, provê um longo período de existência desencarnada para o corpo mental, durante o qual todos os eventos são tabulados e comparados e seus resultados, classificados; então esses são incorporados sob a forma de faculdades, e essas faculdades formam o próximo corpo mental do Pensador. Dessa maneira, as faculdades ampliadas e aperfeiçoadas estão disponíveis para uso imediato, e, estando nelas os resultados do passado, pode-se chegar a uma decisão de acordo com esses resultados e sem demora. O

A Sabedoria Antiga

insight claro e rápido e o pronto julgamento são nada mais que os resultados de experiências passadas, modelados para uso numa forma eficaz; certamente que são instrumentos mais úteis do que o seria um amontoado de experiências não assimiladas, das quais as experiências relevantes teriam de ser selecionadas e comparadas, a partir das quais inferências teriam de ser feitas, em cada ocasião separada em que surja uma escolha. De todas essas linhas de pensamento, porém, a mente volta-se para a necessidade fundamental da reencarnação se quisermos tornar a vida inteligível, e que a injustiça e a crueldade não façam troça do homem impotente. Com a reencarnação o homem é um ser dignificado, imortal, evoluindo para um fim divinamente glorioso; sem ela, ele é apenas palha arrastada pela corrente das circunstâncias fortuitas, não-responsável pelo seu caráter, por suas ações, por seu destino. Com ela, pode encarar o futuro com destemida esperança, por mais baixo que ele possa estar hoje na escala da evolução, pois ele está na escada que conduz à divindade, e a subida até o ápice é apenas uma questão de tempo; sem ela, ele não tem qualquer base razoável de garantia quanto ao progresso no futuro, nem deveras qualquer base razoável de segurança quanto a qualquer futuro. Por que uma criatura sem passado poderia voltar-se com esperança para um futuro? Ele pode ser uma simples gota d'água no oceano do tempo. Lançado do nada ao mundo, com qualidades, boas ou más, presas a ele sem razão ou mérito, por que deveria ele esforçar-se para tirar o melhor partido delas? Não será o seu futuro, se ele tiver algum, tão isolado, tão sem causa, tão sem conexão quanto o seu presente? Excluindo a reencarnação de suas crenças, o mundo moderno arrebatou de Deus a Sua justiça, e do homem a sua segurança; ele pode ser "feliz" ou "infeliz", mas a força e a dignidade conferida pela confiança em uma Lei imutável lhe são arrancadas, e ele é deixado impotente, sendo jogado de cá para lá em um oceano de vida inavegável.

Capítulo 9

O Carma

Tendo traçado a evolução da alma por meio da reencarnação, estamos agora em condições de estudar a grande lei da causalidade sob a qual os renascimentos ocorrem, chamada a lei do Carma. Carma é uma palavra sânscrita, significando literalmente "ação"; como todas as ações são efeitos resultantes de causas anteriores, e como cada efeito torna-se uma causa de efeitos futuros, essa idéia de causa e efeito é uma parte essencial da idéia de ação, e a palavra ação, ou carma, é por isso mesmo usada para causação, ou para a série ininterrupta e encadeada de causas e efeitos que constitui toda a atividade humana. Daí a frase que muitas vezes é empregada ao se falar de uma acontecimento: "Isto é meu carma", isto é, "Esse acontecimento é efeito de uma causa posta em movimento por mim no passado". Nenhuma vida está isolada; é o filho de todas as vidas anteriores a ela, o pai de todas as vidas que se seguirão, no agregado total das vidas de que se compõe a existência contínua do indivíduo. Não existe tal coisa como o "acaso" nem o "acidente"; cada acontecimento está ligado a uma causa, a um efeito subseqüente; todos os pensamentos, todas as ações e circunstâncias têm uma relação de causa com o passado, e de

A Sabedoria Antiga

modo causal influenciarão o futuro; como a nossa ignorância esconde de nossa visão igualmente o passado e o futuro, os acontecimentos nos parecem sair de repente do nada e ser "acidentais", mas essa aparência é ilusória, e é devida inteiramente à nossa falta de conhecimento. Assim como o selvagem, ignorante das leis do universo físico, considera os acontecimentos físicos como destituídos de causas, e os resultados de leis físicas desconhecidas como "milagres", do mesmo modo muitas pessoas, ignorantes das leis mentais e morais, consideram como desvinculados de causas os acontecimentos mentais e morais, e os resultados de leis mentais e morais como boa ou má "sorte".

Quando pela primeira vez essa idéia de uma lei inviolável, imutável, em um domínio até então vagamente atribuído ao acaso, desponta na mente, é capaz de resultar em um sentimento de impotência, de quase paralisia mental e moral. O homem parece preso pela mão de ferro de um destino implacável e o *kismet* (destino) resignado do muçulmano parece ser a única elocução filosófica. Exatamente assim deveria sentir-se o homem primitivo quando a idéia de lei física surge pela primeira vez em sua inteligência, e ele aprende que cada movimento de seu corpo, todos os movimentos na Natureza exterior, são levados a cabo sob a ação de leis imutáveis. Gradualmente ele aprende que as leis naturais apenas estabelecem condições sob as quais todas as ações devem ser executadas, mas não determinam as ações; de modo que o homem permanece sempre livre no centro, embora limitado em suas atividades exteriores pelas condições do plano no qual essas atividades se desenvolvem. Ele aprende ainda que enquanto as condições o dominam, frustrando constantemente seus vigorosos esforços, enquanto ele permanecer ignorante da existência delas, ou, conhecendo-as, lutar contra elas, que ele as domina e elas se tornam suas servas e auxi-

O Carma

liares quando ele as compreende, conhece seu rumo e lhes calcula a força.

Na verdade a ciência só é possível no plano físico porque as leis desse plano *são* invioláveis, imutáveis. Se não existissem tais coisas como as leis naturais, ciência nenhuma poderia existir. Um pesquisador faz certo número de experiências, e pelos seus resultados ele aprende como a Natureza opera; sabendo isso, ele pode calcular como alcançar determinado resultado que deseja, e se falha em conseguir aquele resultado, ele sabe que omitiu alguma condição necessária – ou o seu conhecimento é imperfeito, ou calculou de maneira errada. Ele revê seus conhecimentos, revisa seus métodos, retoma seus cálculos, com a certeza serena e completa de que se ele apresenta corretamente a sua questão, a Natureza responderá com precisão invariável. O hidrogênio e o oxigênio não lhe dão hoje água e ácido prússico amanhã; o fogo não o queimará hoje e o congelará amanhã. Se a água for um líquido hoje e um sólido amanhã, é porque as condições do meio foram alteradas, e o restabelecimento das condições originais trará o resultado original.

Cada nova informação sobre as leis da Natureza constitui, não uma restrição nova, mas um novo poder, pois todas as energias da Natureza tornam-se forças que ele pode utilizar na proporção do seu entendimento sobre elas. Daí o provérbio: "saber é poder", pois exatamente na proporção do seu conhecimento é que ele pode utilizar essas forças; selecionando aquelas com as quais irá trabalhar, contrapondo uma a outra, neutralizando as energias contrárias que poderiam interferir com o seu objetivo, ele pode calcular o resultado de antemão, realizando aquilo que determinou. Compreendendo e manipulando as causas, ele pode predizer os efeitos, e assim a própria rigidez da Natureza que à primeira vista parecia paralisar a ação humana, pode ser empregada para produzir uma variedade infinita de resultados. Perfeita rigidez em cada força torna possível a perfeita flexibilidade em suas combinações. Pois sendo as forças de toda espécie, movendo-se em todas as direções, e podendo cada uma delas ser calculada, uma seleção pode ser feita, e as forças selecionadas serem combinadas de tal modo a produzirem qualquer resultado desejado. Uma vez determinado o

A Sabedoria Antiga

objetivo a ser atingido, ele pode ser infalivelmente alcançado mediante um cuidadoso equilíbrio de forças na combinação atuante como causa. Mas, deve-se lembrar, que o conhecimento é um requisito para guiar os eventos, para que se atinja os resultados desejados. O ignorante caminha tropeçando, impotente, chocando-se contra as leis imutáveis e vendo os seus esforços falharem, enquanto o homem de saber caminha firmemente para a frente, prevendo, criando causas, evitando, ajustando, e levando a cabo aquilo que almeja, não porque tenha sorte, mas porque compreende. Um é o joguete, escravo da Natureza, arrastado por suas forças; o outro é senhor dela, utilizando as suas energias para conduzi-lo na direção escolhida por sua vontade.

Aquele que é verdadeiro sobre o domínio físico da lei, é igualmente verdadeiro sobre os mundos moral e mental, igualmente domínios da lei. Aqui também o ignorante é um escravo, e o sábio é um monarca; aqui também a inviolabilidade, a imutabilidade que eram consideradas como paralisantes, são reconhecidas como condições necessárias do progresso certo e da direção claramente divisada do futuro. O homem pode tornar-se o senhor do seu destino unicamente porque esse destino se situa em um reino de leis, onde o conhecimento pode edificar a ciência da alma e colocar nas mãos do homem o poder de controlar seu futuro – de determinar igualmente seu futuro caráter e suas futuras circunstâncias. O conhecimento do carma, que ameaçava paralisar, torna-se uma força inspiradora, que sustenta e eleva.

O carma é, portanto, a lei da causação, a lei de causa e efeito. Ela foi claramente enunciada pelo iniciado cristão São Paulo: "Não vos iludais, de Deus não se zomba: pois o que quer que o homem semeie isso mesmo ele colherá"[1] O homem está continuamente projetando forças em todos os planos em que atua; essas forças – em si mesmas os efeitos de suas atividades passadas, quantitativa e qualitativamente – são causas que ele põe em ação em cada mundo que habita; elas produzem certos efeitos determinados, tanto sobre ele mesmo quanto sobre outros, e à medida que

---

[1] *Epístola aos Gálatas*, VI, 7. Bíblia de Jerusalém. (Nota da ed. bras.)

O Carma

essas causas se irradiam dele, como centro de todo o seu campo de atividade, ele é responsável pelos resultados que originam. Assim como um imã possui o seu "campo magnético", uma área dentro da qual todas as suas forças atuam, grandes ou pequenas de acordo com a sua força, assim também todo homem possui um campo de influência dentro do qual agem as forças que ele emite, e essas forças agem em curvas que retornam para aquele que as emite, que retornam ao centro de onde emergiram.

Como o assunto é muito complicado, nós o subdividiremos, para depois estudarmos as subdivisões uma a uma.

Três classes de energias são emitidas pelo homem em sua vida comum, pertencentes respectivamente aos três mundos em que ele habita; as energias mentais no plano mental, dando origem às causas a que chamamos pensamentos; energias de desejo no plano astral, dando origem àquilo que chamamos desejos; energias físicas despertadas por essas, e atuando no plano físico, dando origem às causas que chamamos ações. Temos que estudar cada uma dessas em suas operações, e compreender a classe de efeitos a que cada uma delas dá origem, se desejamos traçar de modo inteligente o papel que cada uma desempenha nas combinações confusas e complexas que estabelecemos, chamadas em sua totalidade de "nosso carma". Quando um homem, avançando mais rapidamente que seus semelhantes, ganha a habilidade de funcionar em planos mais elevados, ele então se torna o centro de forças superiores, mas por enquanto podemos deixar esses de lado e nos limitarmos à humanidade comum, que trilha o seu ciclo de reencarnação nos três mundos.

Estudando essas três espécies de energias teremos que distinguir entre o efeito delas no homem que as gera e seu efeito sobre outros que entram no seu campo de influência; pois uma falta de entendimento sobre esse ponto geralmente deixa o estudante em meio a uma perplexidade desconcertante.

Devemos então nos lembrar de que toda força age em seu próprio plano e reage nos planos abaixo de si proporcionalmente à sua intensidade, e o plano no qual é gerada lhe confere suas características especiais, e em suas reações sobre os planos inferio-

A Sabedoria Antiga

res, estabelece vibrações na matéria mais grosseira ou mais sutil desses planos de acordo com a sua natureza original própria. O motivo que gera a atividade determina o plano ao qual a força pertence.

Em seguida, será necessário distinguir entre o carma maduro, pronto para manifestar-se na vida presente sob a forma de acontecimentos inevitáveis; o carma do caráter, que se manifesta pelas tendências que são resultantes de experiências acumuladas, e que são capazes de serem modificadas na vida presente pelo mesmo poder (o Ego) que as criou no passado; e o carma que está sendo formado agora, e que dará origem a acontecimentos futuros e ao caráter futuro[2].

Além disso, devemos levar em conta que enquanto um homem cria o seu próprio carma individual ele também se liga por esse meio a outras pessoas, tornando-se assim um membro de vários grupos – familiar, nacional, racial – e como membro ele participa do carma coletivo de cada um desses grupos.

Ver-se-á que o estudo do carma é de muita complexidade; contudo, pela compreensão dos princípios fundamentais de sua ação como expostos acima, pode-se obter uma idéia coerente de sua situação geral sem muita dificuldade, e os detalhes podem ser estudados mais demoradamente sempre que a oportunidade se apresentar. Acima de tudo, jamais seja esquecido, sejam os detalhes compreendidos ou não, que cada homem cria o seu próprio carma, criando igualmente suas próprias capacidades e suas próprias limitações; e que trabalhando a qualquer tempo com essas capacidades autocriadas, e dentro dessas limitações autocriadas, ele ainda é ele mesmo, a alma vivente, com o poder de aumentar as suas capacidades ou diminuí-las, aumentar ou contrair suas limitações.

As cadeias que o prendem foram por ele mesmo forjadas, e ele pode enfraquecê-las ou apertá-las mais firmemente; a casa em que habita é de sua própria construção, e ele pode melhorá-la, de-

---

[2] O estudante conhece essas divisões sob o nome de *Prarabdha* (começado e devendo ser pago na vida atual); *Sanchita* (acumulado), manifestando-se em parte nas tendências do indivíduo; *Kriyamana*, em formação.

O Carma

teriorá-la, ou reconstruí-la à vontade. Nós incessantemente trabalhamos na argila plástica e podemos modelá-la conforme nossa imaginação, mas a argila endurece e torna-se rija como o ferro, retendo a forma que lhe havíamos dado. Diz um provérbio do *Hitopadesha*, que *Sir* Edwin Arnold assim traduziu:

> Vede! A argila seca como se fora ferro, mas o oleiro modela a argila;
> O destino hoje é senhor – Ontem o senhor foi o homem.

Assim somos todos senhores do nosso futuro, por mais que sejamos obstaculizados pelos resultados de nosso passado.

Vamos agora ordenar as divisões já estabelecidas e sob as quais o carma pode ser estudado.

Três classes de causas, com seus efeitos sobre o seu criador e sobre aqueles a quem ele influencia. A primeira dessas classes é composta de nossos pensamentos. O pensamento é o mais potente fator na criação do carma humano, pois no pensamento as energias do Ser estão atuando na matéria mental, a matéria que, nos seus tipos mais refinados, forma o veículo individual, e mesmo nos seus tipos mais densos responde rapidamente a toda vibração de autoconsciência. As vibrações que chamamos de pensamento, a atividade imediata do Pensador, dão origem a formas de substância mental, ou imagens mentais, que dão forma e modelam o seu corpo mental, como já vimos; todo pensamento modifica esse corpo mental, e as faculdades mentais em cada vida sucessiva são elaboradas pelos pensamentos das vidas prévias. O homem não pode possuir qualquer poder mental, qualquer habilidade mental, que ele próprio não tenha criado através de um pensar paciente e repetido; por outro lado, nenhuma imagem mental que ele tenha assim criado é perdida, mas permanece como material para a faculdade, e o agregado de qualquer grupo de imagens mentais é transformado numa faculdade que se fortalece com cada pensamento adicional, ou pela criação de uma imagem mental, do mesmo tipo. Conhecendo essa lei, o homem pode gradualmente construir para si o caráter mental que deseja possuir e pode fazê-lo com tanta precisão e certeza como um pedreiro pode levantar uma parede. A

A Sabedoria Antiga

nido a que chamamos uma faculdade, e ele a traz de volta consigo em seu próximo nascimento no plano físico, sendo moldada uma parte do cérebro do novo corpo para servir como órgão dessa faculdade, em um processo que será explicado em breve. Todas essas faculdades juntas constituem o corpo mental com o qual ele começa a sua nova vida na Terra, e seu cérebro e seu sistema nervoso são talhados para, no plano físico, fornecer expressão a esse corpo mental. Assim as imagens mentais criadas em uma vida aparecem como características mentais e tendências em outras, e por essa razão está escrito em um dos *Upanixades*: "O homem é uma criatura de reflexão; naquilo em que ele reflete nesta vida, ele se torna na seguinte".[3] Tal é a lei, e ela coloca a construção do nosso caráter mental inteiramente em nossas próprias mãos; se nós construirmos bem, nossos serão a vantagem e o crédito; se construirmos mal, nossas serão a perda e a culpa. O caráter mental, então, é um caso de carma individual em sua ação sobre o indivíduo que o gera.

Esse mesmo homem que estamos considerando, no entanto, afeta outros pelos seus pensamentos. Pois essas imagens mentais que formam seu próprio corpo mental estabelecem vibrações, desse modo reproduzindo-se em formas secundárias. Essas geralmente, estando mescladas com desejo, revestem-se de alguma matéria astral, e por isso em outra parte eu chamei a essas formas-pensamento secundárias de imagens astromentais. Essas formas partem do seu criador e levam uma vida quase independente – ainda mantendo um laço magnético com seu progenitor. Elas entram em contato com outros indivíduos e os afetam, desse modo estabelecendo laços cármicos entre esses outros e ele mesmo; assim elas influenciam grandemente o seu ambiente futuro. Desse modo são forjados os laços que unem as pessoas para o bem ou para o mal em vidas posteriores; que colocam ao nosso lado parentes, amigos e inimigos; que fazem cruzar nosso caminho os que vêm ajudar e os que vêm atrapalhar, pessoas que nos beneficiam e pessoas que

---

[3] *Upanixade Chandogya*. Esse e os outros *Upanixades* mencionados neste livro estão comentados em *O Chamado dos Upanixades*, Rohit Mehta, Ed. Teosófica, 2003. (N. da ed. bras).

O Carma

nos injuriam, pessoas que nos amam sem que nada tenhamos feito para isso nesta vida, e pessoas que nos odeiam embora nesta vida nada tenhamos feito para merecer o seu ódio. Estudando esses resultados, visualizamos um grande princípio – que enquanto nossos pensamentos, agindo sobre nós, produzem nosso caráter mental e moral, eles ajudam a determinar nossas associações humanas no futuro por seus efeitos sobre os outros.

A segunda grande classe de energias é composta de nossos desejos – nossas buscas por objetos que nos atraem no mundo exterior; como no homem um elemento mental sempre se introduz nessas energias, podemos estender o termo "imagens mentais" de modo a incluí-los, embora eles se expressem principalmente na matéria astral. Os desejos agindo sobre seu progenitor moldam e formam o seu corpo de desejos, ou corpo astral, modelam o seu destino quando ele passa para o *Kamaloka* após a morte, e determinam a natureza do seu corpo astral em seu próximo renascimento. Quando os desejos são bestiais, de ébrio, cruéis, imundos, tornam-se a causa fecunda de doenças congênitas, de cérebros fracos e doentios, dando origem à epilepsia, à catalepsia e a doenças nervosas de toda espécie, de malformações e deformidades físicas, e, em casos extremos, de monstruosidades. Os apetites bestiais de um tipo ou intensidade anormal podem estabelecer laços no mundo astral que por algum tempo acorrentam os Egos, vestidos em corpos astrais moldados por esses apetites, aos corpos astrais de animais aos quais esses apetites apropriadamente pertencem, retardando, desse modo, a encarnação desses Egos; onde se escapa a esse fado, o corpo astral de aspecto bestial às vezes deixará suas características impressas no corpo físico em formação da criança durante a vida pré-natal, e produzirão os horrores semi-humanos que nascem ocasionalmente.

Os desejos – porque são energias que emanam e se prendem aos objetos – sempre atraem o homem para um meio no qual eles possam ser satisfeitos. Os desejo por coisas terrestres, ligando a alma ao mundo exterior, atraem-na para o lugar onde os objetos do desejo sejam mais facilmente obteníveis, e por isso se diz que um

A Sabedoria Antiga

desejo sejam mais facilmente obteníveis, e por isso se diz que um homem nasce de acordo com os seus desejos.[4] São eles uma das causas que determinam o lugar do renascimento.

As imagens astromentais causadas pelos desejos afetam outras pessoas como o fazem aquelas geradas pelos pensamentos. Elas, por isso, também nos ligam a outras almas, e muitas vezes por laços poderosos de amor e de ódio, pois no atual estágio da evolução humana, os desejos de um homem comum são geralmente mais fortes e mais firmes do que os seus pensamentos. Desse modo eles desempenham um papel muito importante na determinação do seu ambiente humano em vidas futuras e podem trazer para essas vidas pessoas e influências de cuja conexão consigo mesmo ele esteja totalmente inconsciente. Suponhamos que um homem ao emitir um pensamento de ódio profundo e de vingança tenha contribuído para formar em outro homem o impulso que resulta num assassinato; o criador daquele pensamento está ligado por seu carma ao autor do crime, embora eles jamais se tenham encontrado no plano físico, e o mal que ele causou ao outro, ajudando a impeli-lo ao crime, retornará sob a forma de algum dano, em cuja aflição o criminoso de outrora desempenhará seu papel. Muitas vezes "um acontecimento inesperado" que é considerado totalmente imerecido, é o efeito de uma causa dessa natureza, e a partir daí a alma aprende e registra uma lição enquanto a consciência inferior contorce-se sob um sentimento de injustiça. Nada pode atingir um homem que não seja seu merecimento, mas a sua ausência de memória não invalida a ação da lei. Assim aprendemos que nossos desejos agindo sobre nós mesmos produzem a nossa natureza-desejo, e através da mesma afetam grandemente nossos corpos físicos no nosso próximo nascimento; que eles representam um papel muito importante na determinação do local de renascimento; e pelo seu efeito sobre os outros concorrem para atrair em torno de nós nossos companheiros humanos em vidas futuras.

A terceira grande classe de energias, que aparece no plano físico como ações, geram muito carma por seus efeitos sobre os

---

[4] *Upanixade Brihadaranyaka.*

O Carma

outros, afetando diretamente o Homem Interior apenas um pouco. Elas são efeitos dos seus pensamentos e desejos passados, e o carma que representam é na maior parte esgotado à medida que acontecem. Indiretamente elas o afetam na proporção em que ele é movido por elas para pensamentos, desejos e emoções novos, mas a força geradora jaz nessas energias e não nas ações em si mesmas. Novamente, se as ações são muitas vezes repetidas, elas estabelecem um hábito no corpo físico que age como uma limitação à expressão do Ego no mundo exterior; esse, porém, perece com o corpo, limitando assim o carma da ação a uma simples vida no que diz respeito a seus efeitos sobre a alma. Mas tudo isso é muito diferente quando chegamos a estudar o efeito de nossas ações sobre os outros, a felicidade e a infelicidade causadas por elas, e a influência exercida por elas como exemplos. Elas nos ligam aos outros devido a essa influência e são, por conseqüência, um terceiro fator na determinação de nossos futuros companheiros humanos, enquanto são o fator principal na determinação do que pode ser chamado nosso ambiente não humano. Falando de maneira geral, a natureza favorável ou desfavorável do ambiente físico no qual nascemos depende do efeito de nossas ações prévias em espalhar felicidade ou infelicidade entre as outras pessoas. Os efeitos físicos produzidos sobre os outros por atos no plano físico resultam carmicamente na devolução ao agente físico de ambientes bons ou ruins numa vida futura. Se ele tornou as pessoas fisicamente felizes com o sacrifício de riqueza, tempo ou esforços, essa ação lhe traz circunstâncias físicas carmicamente favoráveis, conducentes à felicidade física. Se ele causou às pessoas miséria física em quantidade, ele colherá carmicamente de sua ação, circunstâncias físicas infortunadas conducentes ao sofrimento físico. E assim é, qualquer que tenha sido o seu motivo em qualquer um dos casos – um fato que nos leva a considerar a lei de que:

Toda força opera em seu próprio plano. Se um homem semeia felicidade para os outros no plano físico, colherá condições favoráveis à felicidade para si mesmo nesse plano, e o motivo para a semeadura não afeta o resultado. Um homem poderia semear trigo com fins especulativos para levar à ruína o seu vizinho, mas o

A Sabedoria Antiga

motivo é uma força mental ou astral, conforme surja da vontade ou do desejo, e reage violentamente sobre o caráter mental e moral, ou sobre a natureza-desejo. Causar a felicidade física por meio de uma ação é uma força física e opera sobre o plano físico. "Por suas ações o homem afeta seus vizinhos no plano físico; dissemina felicidade em torno de si ou causa aflição, aumentando ou diminuindo a soma do bem-estar humano. Esse acréscimo ou diminuição de felicidade pode ser devido a motivos muito diferentes – bons, maus, ou mistos. Um homem pode realizar uma ação que dá ampla satisfação por simples benevolência, por um anseio de causar felicidade aos seus semelhantes. Digamos que a partir de um motivo como esse, ele dá um parque de presente a uma cidade para livre uso dos seus habitantes; um outro pode fazer um ato semelhante por mera ostentação, pelo desejo de atrair a atenção daqueles que podem conceder distinções sociais (digamos, ele poderia doar o parque como moeda para ser trocada por um título de nobreza); um terceiro pode doar um parque por motivos mistos, em parte altruísta, em parte egoísta. Os motivos afetarão violentamente o caráter desses três homens em suas futuras encarnações, para o progresso, para a degradação, para pequenos resultados. Mas o efeito da ação em levar felicidade a um grande número de pessoas não depende do motivo do doador; o povo desfruta igualmente do parque, não importa qual tenha sido a causa da doação, e esse divertimento, devido à ação do doador, lhe dá direito a uma reivindicação cármica junto à Natureza, um débito que lhe é devido e que lhe será escrupulosamente pago. Ele receberá um ambiente fisicamente confortável ou luxuoso, já que proporcionou ampla alegria física, e o seu sacrifício da riqueza física trar-lhe-á a recompensa devida, o fruto cármico de sua ação. Esse é o seu direito. Mas o uso que faz de sua posição, a felicidade que tira de sua riqueza e do meio que o cerca, dependerão principalmente do seu caráter, e aqui mais uma vez a devida recompensa virá a ele, *cada* semente proporcionando a colheita apropriada". Na verdade, os caminhos do carma são justos. O carma não recusa ao homem mau o justo resultado que segue uma ação que dissemina felicidade, e lhe dá também o caráter aviltado que merece por seus motivos perversos, para que no

O Carma

meio de suas riquezas ele permaneça descontente e infeliz. Muito menos pode o homem bom livrar-se do sofrimento físico se ele causa miséria física por ações errôneas praticadas a partir de um motivo bom; a miséria que ele causou trar-lhe-á miséria em seu ambiente, mas o seu bom motivo, melhorando o seu caráter, irá dar-lhe uma fonte perene de felicidade interior, e ele será paciente e satisfeito em meio aos seus problemas. Inúmeros enigmas podem ser respondidos aplicando-se esses princípios aos fatos que vemos à nossa volta.

Esses respectivos efeitos de motivo e dos resultados (ou frutos) de ações são devidos ao fato de que cada força possui as características do plano no qual foi gerada, e quanto mais elevado for o plano, tanto mais potente e mais persistente será a força. Daí ser o motivo muito mais importante que a ação, e uma ação errada, praticada com um bom motivo, promove mais bem ao agente do que uma ação bem escolhida praticada com um mau motivo. O motivo, reagindo sobre o caráter, dá origem a uma longa série de efeitos, pois as ações futuras guiadas por esse caráter serão todas influenciadas por seu progresso ou por sua deterioração; ao passo que a ação, trazendo ao seu autor a felicidade física ou a infelicidade, de acordo com os seus resultados sobre os outros, não possui em si qualquer força geradora, e esgota-se em seus resultados. Se, confuso quanto ao caminho da reta ação por um conflito de deveres aparentes, o conhecedor do carma diligentemente tenta escolher o melhor caminho, fazendo o melhor uso possível de seu julgamento, ele é escrupulosamente cuidadoso quanto ao seu motivo, eliminando as considerações egoístas e purificando seu coração; então ele age destemidamente, mas se a sua ação se mostrar equivocada, aceitará pacientemente o sofrimento que resulta de seu engano como lição que lhe irá ser útil no futuro. Entrementes, o seu motivo elevado enobreceu para sempre o seu caráter.

Esse princípio geral de que a força pertence ao plano no qual é gerada, tem um alcance imenso. Se a força for liberada com o motivo de obter objetos físicos, ela atua no plano físico e prende o agente àquele plano. Se visa objetos *devachânicos*, ela opera no plano *devachânico* e liga o agente aí. Se não tem outro motivo a

A Sabedoria Antiga

plano *devachânico* e liga o agente aí. Se não tem outro motivo a não ser o serviço divino, fica liberada no plano espiritual e, portanto, não pode prender o indivíduo, já que o *indivíduo* nada está pedindo.

Os três tipos de carma[5]: O *Carma maduro* é o que está pronto para ser colhido e que é portanto inevitável. De todo o carma do passado há uma certa quantidade que pode ser esgotada no decorrer de uma única vida; há certos tipos de carma que são tão incongruentes que não poderiam ser resolvidos em um único corpo físico, mas que necessitariam, para seu esgotamento, de vários tipos de corpos diferentes; há dívidas contraídas para com outras almas, e todas essas almas não estarão simultaneamente encarnadas na mesma época; há carma que deve ser resolvido em alguma nação particular ou em uma determinada posição social, enquanto que o mesmo homem tem outro carma que precisa de um ambiente inteiramente diferente. Apenas parte, portanto, do seu carma total, pode ser resolvido numa determinada vida, e essa parte é selecionada pelos grandes Senhores do Carma – de quem a seguir será dito alguma coisa – e a alma é levada a encarnar numa família, nação, lugar e corpo apropriados ao esgotamento daquele agregado de causas que podem ser resolvidos em conjunto. Esse agregado de causas fixa a duração daquela vida particular; dá ao corpo suas características, seus poderes e suas limitações; coloca em contato com o homem as almas encarnadas naquele período com as quais contraiu obrigações, rodeando-o de parentes, amigos e inimigos; determina as condições sociais nas quais o indivíduo nasce, com as correspondentes vantagens e desvantagens; seleciona as energias mentais que poderá manifestar, moldando a organização do cérebro e do sistema nervoso com os quais ele tem que operar; junta as causas que resultam em dificuldades e alegrias em sua vida profissional, e que podem ser trazidas para uma única vida. Tudo isso é o "carma maduro", e pode ser esboçado num horóscopo feito por um astrólogo competente. O homem não tem, nesse tipo de carma,

---

[5] Refere-se aos três tipos de carmas individual na filosofia hindu, a saber: maduro, acumulado e em formação. (N. da ed. bras.)

O Carma

nenhum poder de escolha, tudo está fixado pelas escolhas que ele fez no passado, e nada mais lhe resta senão pagar as suas dívidas até o último centavo.

Os corpos físicos, astral e mental que a alma assume para um novo período de vida são, como vimos, o resultado direto do seu passado, e formam uma parte muito importante desse carma maduro. Eles limitam a alma por todos os lados, e o seu passado levanta-se contra ele em julgamento, delineando as limitações que ele criou para si mesmo. Aceitar essas coisas alegremente, e diligentemente trabalhar para melhorá-las, é o papel do sábio, que sabe que não lhes pode escapar.

Há um outro tipo de carma maduro que é de importância muito séria – o das ações inevitáveis. Toda ação é a expressão final de uma série de pensamentos; pedindo emprestada à química uma ilustração, obtemos um solução saturada de pensamento juntando pensamento após pensamento do mesmo tipo, até que um outro pensamento – ou mesmo um impulso, uma vibração, do exterior – produza a solidificação de tudo, a ação que expressa os pensamentos. Se persistentemente reiterarmos pensamentos do mesmo tipo, digamos de vingança, atingimos finalmente o ponto de saturação, e qualquer impulso solidificará esses pensamentos em ação, daí resultando um crime. Ou podemos ter persistentemente reiterado pensamentos de auxílio a uma outra pessoa até o ponto de saturação, e quando somos tocados pelo estímulo da oportunidade eles se cristalizam como um ato de heroísmo. Um homem pode trazer consigo algum carma maduro desse tipo, e a primeira vibração que entrar em contato com tal massa de pensamentos prestes a transformarem-se em ação bastará para precipitá-lo inconscientemente, sem a sua renovada volição, para a perpetração do ato. Ele não pode parar para pensar; ele está na condição em que a primeira vibração da mente causa ação; postado exatamente sobre o ponto de equilíbrio, o menor impulso o derruba. Sob essas circunstâncias o homem irá admirar-se de ter cometido algum crime, ou de seu próprio desempenho em algum ato sublime de devoção. Ele diz: "Fiz sem pensar", ignorando que pensara tantas vezes no ato que esse se tornou inevitável. Quando um ho-

A Sabedoria Antiga

sua vontade de maneira irrevogável, e é apenas uma questão de oportunidade até que ele cometa o ato. Enquanto lhe sobra tempo para pensar, sua liberdade de escolha permanece, pois ele pode ajustar o novo pensamento contra o velho e gradualmente desgastá-lo pela reiteração de pensamentos opostos; mas quando o próximo estremecimento da alma em resposta a um estímulo significa ação, então o poder de escolha não mais existe.

Aqui reside a solução do antigo problema da necessidade e do livre-arbítrio: o homem pelo exercício do livre-arbítrio gradualmente cria necessidades para si mesmo, e entre os dois extremos jazem todas as combinações de livre-arbítrio e de necessidade que criam as lutas em nosso interior das quais temos consciência. Estamos continuamente criando hábitos pela repetição de ações deliberadas, movidos pela vontade; depois o hábito torna-se uma limitação, e executamos a ação automaticamente. Talvez sejamos então levados à conclusão de que o hábito é mau, e começamos laboriosamente a destruí-lo por pensamentos de natureza oposta, e, depois de muitos escorregões inevitáveis, a nova corrente de pensamentos domina, e ganhamos de volta a nossa inteira liberdade, para de novo e gradualmente forjarmos um outro grilhão. Assim, as formas-pensamento antigas persistem e limitam nossa capacidade de pensar, mostrando-se como preconceitos individuais e nacionais. As pessoas em sua maioria não sabem que são assim limitadas e continuam serenamente em suas correntes, ignorantes de sua escravidão; aqueles que aprendem a verdade sobre suas próprias naturezas libertam-se. A constituição de nosso cérebro e sistema nervoso é uma das mais notáveis necessidades na vida; nós os tornamos inevitáveis por nossos pensamentos passados, e eles agora nos limitam, e nós com freqüência nos irritamos com eles. Eles podem ser melhorados lenta e gradualmente; os limites podem ser expandidos, mas não podem ser subitamente transcendidos.

Outra forma desse carma maduro apresenta-se quando os maus pensamentos do passado formaram uma couraça de hábitos maus em volta de um homem, a qual o aprisiona e torna sua vida um inferno; as ações são as conseqüências inevitáveis de seu pas-

186

O Carma

sado, como acabou de ser explicado, e permaneceram como que suspensas, mesmo durante várias vidas, em conseqüência daquelas vidas que não ofereceram oportunidades para sua manifestação. Enquanto isso a alma tem estado a crescer e a desenvolver nobres qualidades. Em uma determinada vida essa couraça de malignidade do passado é descartada pela oportunidade que surgiu, e por causa disso a alma não consegue mostrar seu desenvolvimento posterior; como um pinto, pronto para sair do ovo, ela está escondida no interior da casca, e somente a casca é visível ao olho externo. Após certo tempo aquele carma é esgotado, e algum evento aparentemente fortuito – a palavra de um grande Instrutor, um livro, uma palestra – rompe a casca e a alma liberta-se. Essas são as "conversões" raras, súbitas, mas permanentes, os "milagres da graça divina", de que ouvimos falar; todos perfeitamente inteligíveis ao conhecedor do carma, e situando-se dentro do reino da lei.

O Carma Acumulado que se mostra como caráter, diferentemente do carma maduro, está sempre sujeito a modificações. Pode-se dizer que consiste de tendências, fortes ou fracas, de acordo com a força-pensamento que contribuiu para a sua formação, e essas podem ser ainda mais reforçadas ou atenuadas por novas correntes de força-pensamento enviadas para atuar a favor ou contra elas. Se descobrimos em nós tendências que desaprovamos, podemos pôr-nos a trabalhar para eliminá-las; muitas vezes falhamos em resistir a uma tentação, arrastados pela corrente impetuosa do desejo, mas quanto mais tempo conseguirmos resistir-lhe, mesmo que falhemos ao final, mais próximos estaremos de superá-la. Cada revés dessa natureza é um passo em direção ao sucesso, pois a resistência consome parte da energia, e há menos dessa energia disponível para o futuro.

O Carma em Formação já foi estudado.

Carma coletivo. Quando um grupo de pessoas é considerado carmicamente, o papel das forças cármicas sobre cada membro do grupo introduz um fator novo no carma do indivíduo. Sabemos que quando um número de forças atua sobre um ponto, o movimento do ponto não é na direção de qualquer uma dessas forças, mas na direção que é a resultante de sua combinação. Assim, o

A Sabedoria Antiga

mas na direção que é a resultante de sua combinação. Assim, o carma de um grupo é a resultante das forças interativas dos indivíduos que o compõem, e todos os indivíduos são levados adiante na direção dessa resultante. Um Ego é atraído por seu carma individual a uma família, por ter em vidas passadas estabelecido laços que o ligam estreitamente com alguns dos outros Egos que a compõem; a família herdou propriedades de um avô e é rica; um herdeiro apresenta-se, descendente de um irmão mais velho do avô, que se supunha morrera sem deixar filhos, e a fortuna passa para ele, ficando o pai da família sobrecarregado de dívidas; é bem possível que o Ego de que estamos tratando não teve qualquer conexão no passado com esse herdeiro, com quem o pai da família contraiu no passado certas obrigações que resultaram nessa catástrofe, e ainda assim ele está ameaçado ao sofrimento devido à ação do pai, pois está envolvido no carma familiar. Se, em seu próprio passado individual, houve alguma falta que possa ser eliminada pelo sofrimento causado pelo carma familiar, ele permanece envolvido; se não, ele é afastado por alguma "circunstância imprevista", talvez por uma pessoa estranha e benevolente que se sente impelida a adotá-lo e a educá-lo, sendo o estranho alguém que no passado contraíra dívidas com ele.

Essas coisas podem ser vistas ainda mais claramente, na operação de coisas tais como acidentes em estrada de ferro, naufrágios, inundações, ciclones, etc. Um trem sofre um acidente, sendo a causa imediata da catástrofe a ação dos maquinistas, dos guardas, dos diretores, dos peões ou dos empregados daquela linha, que, julgando-se prejudicados, enviam pensamentos de descontentamento e ódio contra a companhia como um todo. Aqueles que têm em seu carma acumulado – mas não necessariamente em seu carma maduro – a dívida de uma vida bruscamente ceifada, podem obter permissão de se envolverem nesse acidente e pagarem seu débito; um outro, pretendendo seguir de trem, mas sem ter esse tipo de débito em seu passado, é "providencialmente" salvo por ter-se atrasado para a viagem.

O carma coletivo pode lançar um homem de encontro aos problemas conseqüentes ao fato de a sua nação estar entrando em

O Carma

guerra, e aqui também ele pode saldar dívidas de seu passado que necessariamente não estejam dentro do carma maduro de sua vida de então. Em caso algum o homem pode sofrer sem que mereça, mas, se aparece uma oportunidade imprevista de se livrar de uma obrigação passada, é bom que o faça e livre-se dela para sempre.

Os "Senhores do Carma" são as grandes Inteligências espirituais que conservam os registros cármicos e ajustam as complicadas operações da lei cármica. Eles são descritos por H.P. Blavatsky em *A Doutrina Secreta* como os Lipikas, os Registradores do Carma, e os *Maharajas*[6] e suas hostes, que são os agentes do carma na Terra.

Os Lipikas são Aqueles que conhecem o registro cármico de cada homem, e que com sabedoria onisciente selecionam e combinam porções daquele registro para formar o plano de uma simples vida. Eles dão a "idéia" do corpo físico que deverá ser a vestimenta da alma reencarnante, expressando suas capacidades e suas limitações; essa idéia é tomada pelos *Maharajas* e elaborada na forma de um modelo detalhado, que é entregue a um dos seus agentes inferiores para ser copiado; essa cópia é o duplo etérico, a matriz do corpo denso, sendo os materiais para esse corpo retirados da mãe e sujeitos à hereditariedade física. A raça, o país, os pais são escolhidos pela sua capacidade de prover materiais adequados ao corpo físico do Ego que está chegando, e um meio adequado para o seu início de vida. A hereditariedade física da família proporciona certos tipos e desenvolveu certas peculiaridades de combinações materiais; doenças hereditárias, organização nervosa com excelência hereditária, implicam em combinações definidas de matéria física, capazes de transmissão. Um Ego que desenvolveu peculiaridades nos seus corpos mental e astral, necessitando de peculiaridades físicas especiais para sua expressão, é dirigido para pais cuja hereditariedade física corresponda às condições requeridas. Assim um Ego com altas faculdades artísticas devotado à musica seria levado a assumir seu corpo físico numa família de músicos, na qual os materiais disponíveis para a constru-

---

[6] Os *Mahadevas*, ou *Chaturdevas* dos hindus.

A Sabedoria Antiga

para adaptar-se às suas necessidades, e o tipo hereditário de sistema nervoso forneceria o mecanismo delicado necessário à expressão de suas faculdades. Um Ego de um tipo muito perverso seria conduzido a uma família grosseira e iníqua, cujos corpos seriam construídos de combinações as mais grosseiras, do tipo que tornariam um corpo apto a responder aos impulsos dos seus corpos mental e astral. Um Ego que tivesse permitido seu corpo astral e sua mente inferior arrastá-lo a excessos, e que tenha cedido à embriaguez, por exemplo, seria levado a encarnar-se numa família cujo sistema nervoso fosse enfraquecido pelos excessos, e nasceria de pais alcoólatras, que forneceriam materiais doentes para o seu invólucro físico. É assim que a orientação dos Senhores do Carma ajusta os meios aos fins, e assegura a execução da justiça; o Ego traz consigo suas posses cármicas de faculdades e desejos, e recebe um corpo físico apropriado para lhe servir de veículo.

Como a alma deve voltar à Terra até que tenha se libertado de todas as suas dívidas, esgotando assim todo o seu carma individual, e como em cada vida seus pensamentos e desejos geram novo carma, pode surgir na mente a pergunta: "Como pode esse laço que se renova constantemente ser extinto? Como pode a alma atingir a sua libertação?" Assim chegamos ao "fim do carma", e temos que investigar como pode ser isso.

No carma, o elemento que prende, é a primeira coisa a ser claramente entendida. A energia projetada da alma prende-se a algum objeto, e a alma, por esse laço, é atraída de volta ao local onde esse apego possa fruir pela união com o objeto do desejo; desde que a alma se prenda a qualquer objeto, ela deve ser atraída ao local onde aquele objeto pode ser usufruído. O bom carma liga a alma tanto quanto o mau, pois qualquer desejo, seja por objetos daqui ou no *Devachan*, deve atrair a alma ao local de sua gratificação.

A ação é incitada pelo desejo, um ato é executado não pelo ato em si mesmo, mas com o fim de obter, por meio dele, algo que é desejado, de adquirir seus resultados, ou, como é chamado tecnicamente, de gozar os seus frutos. Os homens trabalham, não porque queiram cavar, ou construir, ou tecer, mas porque aspiram

O Carma

aos frutos da escavação, da construção e da tecelagem, sob a forma de dinheiro ou de mercadorias. Um advogado pleiteia, não porque procure expor os detalhes áridos de uma questão, mas porque deseja riquezas, fama e distinções. Os homens ao nosso redor por todos os lados estão trabalhando por alguma coisa, e o incentivo para suas atividades jaz no fruto que elas lhes trazem, e não no trabalho. O desejo pelo fruto da ação os leva à atividade, e o gozo desse fruto recompensa os seus esforços.

O desejo é, então, o elemento que o prende no carma, e quando a alma não mais deseja qualquer objeto na Terra ou no Céu, a sua ligação com a roda da reencarnação que gira nos três mundo é rompida. A ação em si não tem poder para reter a alma, pois com o término da ação esta torna-se passado. Mas o desejo sempre renovado pelos frutos, incita constantemente a alma para novas atividades, e assim novas correntes estão sendo continuamente forjadas.

Também não deveríamos lamentar quando vemos os homens constantemente impelidos à ação pelo chicote do desejo, pois o desejo se sobrepõe à negligência, à preguiça, à inércia, e incita os homens à atividade que lhes traz experiências[7]. Observe o selvagem, preguiçosamente dormitando na relva; ele é movido à atividade pela fome, pelo desejo de alimento, e é levado a exercer a paciência, a habilidade e a persistência para satisfazer o seu desejo. Assim ele desenvolve qualidades mentais, mas quando sua fome é aplacada, ele volta a ser um animal a dormitar. Quão inteiramente as qualidades mentais têm sido desenvolvidas pela instigação do desejo, e quão úteis provaram ser os desejos de fama e de glória póstumas! Até que o homem se esteja aproximando da divindade ele precisa do impulso dos desejos, e os desejos simplesmente tornam-se mais puros e menos egoístas à medida que ele se eleva. Mas apesar disso os desejos o prendem ao renascimento, e se ele aspira a libertar-se deve destruí-los.

---

[7] O estudante deve recordar-se de que os vícios indicam o predomínio do *guna tamásico* e que, enquanto esse *guna* predominar, os homens não podem sair do mais inferior dos três estágios de sua evolução.

A Sabedoria Antiga

Quando um homem começa a aspirar à libertação, lhe é ensinado a praticar a "renúncia aos frutos da ação", isto é, ele gradualmente erradica de si mesmo o desejo de possuir qualquer objeto; a princípio de forma voluntária e depois deliberadamente ele recusa o objeto para si, e assim se habitua a passar contente sem ele; depois de certo tempo, ele já não sente falta do objeto, e também percebe que o desejo pelo objeto vai desaparecendo de sua mente. Nesse estágio ele é muito cuidadoso de modo a não negligenciar qualquer trabalho que seja seu dever porque ele se tornou indiferente ao resultado que o mesmo lhe traz, e ele se exercita em desincumbir-se de cada tarefa com firme atenção, enquanto permanece inteiramente indiferente aos frutos que ela proporciona. Quando ele atinge a perfeição neste particular, e nem deseja nem desgosta de qualquer objeto, ele deixa de gerar carma; deixando de pedir qualquer coisa da Terra ou do *Devachan*, ele não é atraído para nenhum dos dois; nada deseja que qualquer um desses dois mundos lhe possa dar, e todos os laços entre ele mesmo e esses mundos estão rompidos. Essa é a cessação do carma individual, pelo menos no que se refere à produção de carma novo.

Mas a alma tem que se livrar de velhos grilhões e também cessar de forjar novos, e esses velhos grilhões deve-se deixar que sejam gradualmente gastos ou devem ser deliberadamente rompidos. Para esse rompimento, é necessário o conhecimento, um conhecimento capaz de contemplar o passado, e ver as causas que aí foram postas em ação, causas que estão produzindo seus efeitos no momento atual. Suponhamos que uma pessoa, tendo essa contemplação de suas vidas passadas, descubra certas causas que darão origem a um evento que ainda está no futuro; suponhamos ainda que essas causas sejam pensamentos de ódio por uma injúria assacada contra si, e que causarão sofrimentos daí a um ano ao injuriador; essa pessoa pode introduzir uma nova causa para mesclar-se com as causas do passado, e poderá neutralizá-las com fortes pensamentos de amor e boa vontade, que as irão exaurir, impedindo assim que desencadeiem aquele evento, inevitável de outro modo, o qual, por sua vez, geraria novo problema cármico. Assim ele pode neutralizar forças procedentes do passado, enviando contra

O Carma

elas forças iguais e contrárias, e pode, desse modo, "queimar seu carma pelo conhecimento". De maneira análoga ele pode extinguir o carma gerado em sua vida atual, e que normalmente produziria efeitos em vidas futuras.

Novamente, ele pode ser impedido por dívidas contraídas com outras almas no passado, males que tenha causado às mesmas, ou obrigações que lhes deve. Pelo uso desse conhecimento ele pode encontrar essas almas, estejam neste mundo ou em qualquer um dos outros dois, e buscar oportunidades de lhes servir. Pode haver uma alma encarnada no mesmo período de vida que o dele, com quem ele tem algum débito cármico; ele deve procurar essa alma e pagar o seu débito, libertando-se assim de um laço que, abandonado ao curso dos acontecimentos, teria exigido a sua própria reencarnação, ou o dificultaria em uma vida futura. Linhas de ação estranhas e enigmáticas adotadas pelos ocultistas têm às vezes esta explicação – o homem de conhecimento liga-se estreitamente a alguma pessoa considerada pelas pessoas ignorantes e críticas como sendo de todo indigna de sua companhia; mas aquele ocultista está calmamente se desincumbindo de uma dívida cármica que, de outro modo, dificultaria e retardaria seu progresso.

Aqueles que não possuem conhecimento suficiente para passar em revista suas vidas passadas podem ainda assim extinguir muitas causas que puseram em atividade na sua atual existência; podem examinar cuidadosamente tudo de que se possam lembrar, e observar onde erraram com alguém ou onde alguém errou com eles, exaurindo os primeiros casos pela emissão de pensamentos de amor e serviço, e pela execução de atos de serviço à pessoa prejudicada, onde for possível também no plano físico; e no segundo caso pelo envio de pensamentos de perdão e boa-vontade. Desse modo eles diminuem suas dívidas cármicas e aproximam o dia da liberação.

Inconscientemente, pessoas piedosas que obedecem aos preceitos de todos os grandes Instrutores das religiões para pagar o mal com o bem estão esgotando o carma gerado no presente e que, de outra maneira, produziria seus efeitos no futuro. Ninguém jamais conseguirá tecer para elas um laço de ódio, se elas se recusam

A Sabedoria Antiga

a contribuir com quaisquer fios de ódio para a tecedura, e persistentemente neutralizam toda força de ódio com a força do amor. Que uma alma irradie amor e compaixão em todas as direções, e os pensamentos de ódio nada podem encontrar a que se possam prender. "O Príncipe deste mundo vem e nada seu encontra comigo". Todos os grandes Instrutores conheciam a Lei e sobre ela basearam Seus preceitos, e aqueles que por reverência e devoção a Eles obedecem às Suas instruções, beneficiam-se sob a lei, embora nada conheçam dos detalhes de suas operações. Um homem ignorante que segue fielmente as instruções que lhe são dadas por um cientista, pode obter resultados ao trabalhar com as leis da Natureza, apesar de sua ignorância a respeito delas, e o mesmo princípio aplica-se aos mundos além do físico. Muitas pessoas que não têm tempo para estudar, e que se vêem obrigadas a seguir regras que devem guiar sua conduta na vida prescritas pela autoridade de peritos, podem desse modo estar inconscientemente se livrando de suas dívidas cármicas.

Nos países em que a reencarnação e o carma são aceitos por todo camponês e operário, a crença difunde uma certa aceitação calma dos males inevitáveis, que contribui muito para a tranqüilidade e o contentamento da vida comum. Um homem oprimido pelos infortúnios não se enfurece nem contra Deus nem contra seus vizinhos, mas considera seus problemas como resultado dos seus próprios erros e ações maléficas. Ele as aceita com resignação e delas tira o melhor proveito possível, e assim escapa a muitas das preocupações e ansiedades com as quais aqueles que não conhecem a lei agravam os problemas já suficientemente pesados. Ele compreende que suas vidas futuras dependem de seus próprios esforços, e que a lei que lhe traz o sofrimento, trar-lhe-á com igual certeza a felicidade se ele plantar a semente do bem. Daí decorrem uma grande paciência e uma visão filosófica da vida, que tendem diretamente a assegurar a estabilidade social e o contentamento geral. O pobre e o ignorante não estudam a metafísica profunda e detalhada, mas compreendem plenamente esses princípios simples – que cada homem renasce na Terra muitas e muitas vezes, e que cada vida sucessiva é modelada por aquelas que a precederam. Pa-

O Carma

ra eles o renascimento é tão certo e tão inevitável quanto o nascer e o pôr do Sol; faz parte do curso da Natureza, contra a qual é tolice queixar-se ou revoltar-se. Quando a Teosofia houver restaurado essas antigas verdades a seu devido lugar no pensamento ocidental, elas gradualmente abrirão caminho entre todas as classes da sociedade no Cristianismo, difundindo a compreensão da natureza da vida e a aceitação do resultado do passado. Então também desaparecerá o descontentamento incansável que provém principalmente do sentimento impaciente e desesperançado de que a vida é ininteligível, injusta e incontrolável, e o descontentamento será substituído pela força calma e pela paciência que vêm de um intelecto iluminado e de um conhecimento da lei, e que caracteriza a atividade ponderada e equilibrada daqueles que sentem que estão construindo para a eternidade.

Capítulo 10

A Lei do Sacrifício

O estudo da Lei do Sacrifício segue-se naturalmente ao estudo da Lei do Carma; e a compreensão da primeira, como foi salientado por um Mestre, é tão necessária para o mundo quanto a compreensão da última. Por um ato de Auto-Sacrifício o *Logos* tornou-se manifesto para a emanação do universo, pelo sacrifício esse universo é mantido e é pelo sacrifício que o homem atinge a perfeição[1]. Daí que toda a religião que surge da Antiga Sabedoria tem o sacrifício como ensinamento central, e algumas das verdades mais profundas do ocultismo estão enraizadas na lei do sacrifício.

Uma tentativa de entender, embora debilmente, a natureza do *sacrifício* do *Logos*, pode evitar que caiamos no equívoco muito generalizado de que o sacrifício é uma coisa essencialmente dolorosa; enquanto que a própria essência do sacrifício é uma efusão espontânea e jubilosa da vida para que outros possam compartilhá-la; e a dor só aparece quando há discórdia na natureza do sacrifício, entre o superior cuja alegria está em dar, e o inferior cuja satisfação está em tomar e em reter. É somente essa discórdia que introduz o elemento de dor, e na Perfeição suprema, no *Logos*, discórdia alguma poderia surgir; o Uno é o acorde perfeito do Ser, de

---

[1] Os hindus recordar-se-ão das primeiras palavras do *Upanixade Brihada-ranyaka*,, proclamando a alvorada universal que surge pelo sacrifício; o discípulo de Zoroastro deve lembrar-se que Ahura-Mazda procede também de um ato de sacrifício; o cristão pensará no cordeiro – o símbolo do *Logos*, imolado na origem do mundo.

A Sabedoria Antiga

infinitas e melodiosas harmonias, todas voltadas a uma única nota, na qual a Vida, a Sabedoria e a Bem-aventurança se fundem em uma tônica de Existência.

O sacrifício do *Logos* está em Ele voluntariamente circunscrever Sua vida infinita para que Ele pudesse se manifestar. Simbolicamente, no infinito oceano de luz, cujo centro está em toda a parte e com sua circunferência em nenhum lugar, surge uma esfera com um imenso círculo de luz viva, um *Logos*, e a superfície da esfera é a Sua vontade de limitar-se para que Ele possa tornar-se manifesto, o Seu véu no qual Ele se envolve para que no seu interior um universo possa tomar forma[2]. Aquilo para o qual o sacrifício é feito não está ainda existido; o seu futuro jaz no "pensamento" do *Logos* apenas; a Ele o universo deve sua concepção e deverá sua vida múltipla. A diversidade não poderia surgir no "indivisível Brahman, a não ser por esse sacrifício voluntário da Deidade impondo a si mesma uma forma para emanar miríades de formas, cada uma dotada de uma centelha de Sua vida, e portanto, com o poder de evoluir até a Sua imagem.

"É dito que o sacrifício primevo que causa o nascimento dos seres é chamado ação (carma)"[3], e essa vinda à atividade a partir da bem-aventurança do perfeito repouso da auto-existência sempre foi reconhecida como o sacrifício do *Logos*.[4] Esse sacrifício continua durante todo o período de duração do universo, pois a vida do *Logos* é o único sustentáculo de cada "vida" separada, e Ele limita Sua vida em cada uma das miríades de formas às quais dá nascimento, suportando todas as restrições e limitações implicadas em cada forma. De qualquer uma dessas Ele poderia irromper a qualquer momento, o Senhor infinito, enchendo o universo com Sua glória; mas somente por uma sublime paciência e uma expansão

---

[2] É esse o poder autolimitador do *Logos*, Seu *Maya*, princípio da limitação, pelo qual todas as formas são geradas. Sua Vida aparece como "Espírito" e Seu *Maya* como "matéria"; e os dois são inseparáveis enquanto durar a manifestação.

[3] *Bhagavad Gita*, VIII, 3.

[4] Sugerimos ao leitor que consulte o *Glossário Teosófico*, de H.P.B., nos verbetes *Sat* e *Seidade* para ampliar a compreensão dessas questões metafísicas.(Nota da ed. bras).

A Lei do Sacrifício

lenta e gradual pode cada forma ser levada a ascender até que se torne um centro autossuficiente de poder ilimitado como Ele mesmo. Por isso Ele se encerra nas formas, suportando todas as imperfeições até que a perfeição seja alcançada, e a Sua criatura se torne semelhante a Ele e una com Ele, mas com o seu próprio fio de memória. Assim essa efusão de Sua vida nas formas é parte do sacrifício original, e tem em si a bem-aventurança do Eterno Pai enviando Sua prole como vidas separadas, de modo que cada uma possa desenvolver uma identidade que jamais perecerá, e contribuir com a sua nota individual combinada com todas as outras, para avolumar a eterna canção da bem-aventurança, inteligência e vida. Isso caracteriza a natureza essencial do sacrifício, não importa que outros elementos venham a misturar-se com a idéia central; é a efusão voluntária de vida para que outros possam dela participar, trazer outros à vida e sustentá-los nela até que se tornem autodependentes, e essa é tão somente uma expressão da divina alegria. Há sempre alegria no exercício da atividade que é a expressão do poder daquele que age; o pássaro vibra de alegria com o canto que emite e estremece com o simples enlevo do cantar; o pintor se regozija na criação de seu gênio, na corporificação de sua idéia; a atividade essencial da vida divina deve estar em doar-se, pois não há nada mais elevado que ela da qual se possa receber; se ela tiver que de algum modo estar ativa – e a vida manifestada *é* movimento ativo – ela deve difundir-se. Daí que a marca do espírito é dar, porque o espírito é a vida divina ativa em todas as formas.

Mas a atividade essencial da matéria, por outro lado, consiste em receber; é recebendo os impulsos vitais que ela se organiza em formas; recebendo-os essas são mantidas; ao serem retirados elas se fragmentam. Toda a sua atividade tem esse caráter receptivo, e somente recebendo é que ela pode manter-se como uma forma. Portanto ela está sempre agarrando, se prendendo, procurando apoderar-se; a persistência da forma depende do seu poder de agarrar e de reter, procurando atrair para si tudo que puder, cedendo contrariada cada fragmento do qual compartilha. A sua alegria estará em tomar e manter; para ela, dar é como cortejar a morte.

A Sabedoria Antiga

É muito fácil, deste ponto de vista, compreender como surgiu a noção de que o sacrifício era sofrimento. Enquanto a vida divina encontrava seu deleite no exercício da sua atividade de dar, e mesmo quando incorporada em uma forma não se importava se a forma perecesse por doar, sabendo ser a forma somente sua expressão passageira e o meio de seu crescimento separado; a forma que sentia suas forças vitais lhe escapando clamava em angústia, e procurava exercer a sua atividade de reter, resistindo assim ao fluxo exterior. O sacrifício diminuía as energias vitais que a forma reclamava como suas; ou até mesmo as drenava completamente, levando a forma a perecer. No mundo inferior da forma era esse o único aspecto reconhecível de sacrifício, e a forma via-se conduzida à morte, e gritava de medo e de agonia.

Não é de admirar que os homens, cegos pela forma, identificassem o sacrifício com a forma agonizante em vez de com a vida livre que se doava, gritando alegremente: "Senhor; venho cumprir a Tua vontade, Ó Deus; estou satisfeito em fazê-lo." Não é de admirar que os homens – conscientes de uma natureza superior e de uma natureza inferior, e com freqüência identificando sua autoconsciência mais com a inferior do que com a superior – sentissem a luta da natureza inferior, a forma, como as suas próprias lutas, e sentissem que estavam aceitando o sofrimento em resignação a uma vontade superior, considerando o sacrifício como aquela resignada e devotada aceitação da dor. Enquanto o homem não se identificar mais com a vida do que com a forma, não poderá livrar-se do elemento da dor em sacrifício. Em uma entidade perfeitamente harmonizada, a dor não pode estar presente, pois a forma é então o veículo perfeito da vida, recebendo ou entregando com pronto consentimento. Com a cessação da luta vem a cessação da dor. Pois o sofrimento surge das disputas, das contrariedades, dos movimentos antagônicos, e onde a Natureza inteira trabalha em perfeita harmonia as condições que dão origem ao sofrimento não estão presentes.

Considerando que a lei do sacrifício é desse modo a lei da evolução da vida no universo, descobrimos que cada degrau da escada é alcançado pelo sacrifício – a vida irradiando-se para renascer em uma forma mais elevada, enquanto que a forma que a

A Lei do Sacrifício

continha perece. Aqueles que olham somente para as formas perecíveis vêem a Natureza como um imenso ossuário; enquanto que aqueles que vêem a alma imortal escapando para assumir formas novas e mais elevadas, ouvem sempre a alegre canção de nascimento da vida que se projeta para o alto.

A Mônada no reino mineral evolui pela ruptura de suas formas para a produção e sustentação dos vegetais. Os minerais são desagregados a fim de que as formas vegetais possam ser construídas a partir de seus materiais; o vegetal retira do solo seus constituintes nutritivos, dissocia-os e os incorpora em sua própria substância. As formas minerais perecem para que as formas vegetais possam crescer, e essa lei do sacrifício impressa no reino mineral é a lei da evolução da vida e da forma. A vida avança e a Mônada evolui para produzir o reino vegetal, sendo o perecimento da forma inferior a condição para o surgimento e a sustentação da superior.

A história é repetida no reino vegetal, pois as suas formas por sua vez são sacrificadas para que as formas animais possam ser produzidas e possam crescer; de todos os lados ervas, grãos, árvores perecem para a manutenção dos corpos animais; os seus tecidos são desagregados para que os materiais que os compõem possam ser assimilados pelo animal e para a formação de seu corpo. Ainda mais uma vez se mostra no mundo a lei do sacrifício, desta vez no reino vegetal; sua vida evolui enquanto as formas perecem; a Mônada evolui para produzir o reino animal, e o vegetal é oferecido para que as formas animais possam ser geradas e mantidas.

Até aqui a idéia de dor mal associou-se à idéia de sacrifício, pois como vimos no decurso de nossos estudos, os corpos astrais dos vegetais não estão suficientemente organizados para dar nascimento a quaisquer sensações agudas de prazer ou de dor[5]. Mas à medida que consideramos a lei do sacrifício em sua ação no reino

---

[5] A autora não está aqui negando a existência de uma sensibilidade no reino vegetal, fato demonstrado na pesquisa de Cleve Backster em seu livro *A Vida Secreta das Plantas,* mas apenas ressalta que a sensibilidade dos vegetais não pode ser tão aguda quanto a dos animais que já têm sistema nervoso organizado, bem como corpos astrais igualmente organizados, e esse é um dos motivos pelos quais, por compaixão com os animais, muitos seres humanos são vegetarianos. (Nota da ed. bras.).

A Sabedoria Antiga

animal, não podemos deixar de reconhecer a dor aí envolvida na ruptura das formas. É verdade que a quantidade de dor causada quando um animal devora outro no "estado da natureza" é completamente trivial em cada caso, mas ainda assim alguma dor ocorre. É também verdadeiro que o homem, na sua atuação em ajudar a evoluir os animais, agravou muito a quantidade de dor, e aumentou em vez de diminuir os instintos predatórios dos animais carnívoros; ainda assim, ele não implantou esses instintos, embora tenha tirado proveito deles para seus propósitos particulares, e inumeráveis variedades de animais, com cuja evolução o homem nada teve a ver diretamente, devoram-se mutuamente, as formas sendo sacrificadas para a sustentação de outras formas, tal como nos reinos mineral e vegetal. A luta pela existência já ocorria muito antes que o homem aparecesse em cena, e acelerasse a evolução tanto da vida quanto das formas, enquanto que a dor que acompanhava a destruição das formas começava sua longa tarefa de imprimir na Mônada em evolução a natureza transitória de todas as formas, e a diferença entre as que pereciam e a vida que persistia.

A natureza inferior do homem foi desenvolvida sob a mesma lei do sacrifício que impera nos reinos inferiores. Mas com a efusão de Vida divina que formou a Mônada humana, surgiu uma mudança no modo como a lei do sacrifício operava como lei da vida. No homem deveria ser desenvolvida a vontade, a energia automotora e auto-iniciada, e a compulsão que forçava os reinos inferiores ao longo do caminho da evolução não poderia portanto ser empregada no seu caso, sem paralisar o crescimento desse poder novo e essencial. Não se pediu a qualquer mineral, a qualquer vegetal, a qualquer animal, para aceitar a lei do sacrifício como a lei da vida, voluntariamente escolhida. Essa lhes foi imposta do exterior, e forçou o seu crescimento por uma necessidade da qual não podiam escapar. O homem deveria ter a liberdade de escolha necessária para o crescimento de uma inteligência discriminativa e autoconsciente e surgiu a questão: "Como se pode deixar essa criatura livre para escolher, e ainda assim aprender a escolher seguir a lei do sacrifício, enquanto ela ainda é um organismo sensitivo, que foge da dor, sendo a dor inevitável na ruptura da forma senciente?"

A Lei do Sacrifício

Sem dúvida, éons de experiência, estudados por uma criatura que se está tornando cada vez mais inteligente, poderia finalmente ter levado o homem a descobrir que a lei de sacrifício é a lei fundamental da vida; mas nisso, como em muitas outras coisas, ele não foi abandonado, sem auxílio em seus esforços. Instrutores Divinos estavam lá ao lado do homem na sua infância, e eles proclamaram com autoridade a lei do sacrifício e a incorporaram sob uma forma bastante rudimentar nas religiões pelas quais Eles treinaram a inteligência do homem em seu alvorecer. Teria sido inútil ter subitamente exigido dessas almas infantis que desistissem sem retorno àquilo que lhes parecia ser os objetos mais desejáveis, objetos de cuja posse dependia suas vidas na forma. Eles deveriam ser guiados ao longo de uma senda que conduziria gradualmente às alturas do auto-sacrifício voluntário. Com esse fim, primeiramente se lhes ensinou que não eram unidades isoladas, mas que eram parte de um todo maior; e que as suas vidas estavam ligadas a outras vidas, tanto acima quanto abaixo deles. As suas vidas físicas eram mantidas por vidas inferiores, pela terra, pelos vegetais, as quais ele consumia, e assim fazendo, contraíam uma dívida que deveriam saldar. Vivendo da vida sacrificada de outros seres, eles deveriam sacrificar por sua vez alguma coisa que pudesse manter outras vidas, deveriam alimentar do mesmo modo como eram alimentados; pegando os frutos produzidos pela atividade das entidades astrais que orientam a natureza física, eles devem restabelecer as forças gastas mediante oferendas convenientes. Daí haverem surgido todos os sacrifícios a essas forças – como as chama a ciência – a essas inteligências que guiam a ordem física, como as religiões têm sempre ensinado. Como o fogo desintegrava rapidamente o físico denso, ele rapidamente restituía aos éteres as partículas etéricas das oferendas queimadas; assim as partículas astrais eram facilmente liberadas para serem assimiladas pelas entidades astrais relacionadas com a fertilidade da terra e com o crescimento dos vegetais. Assim era mantido o giro da roda da produção, e o homem aprendia que estava constantemente sujeito a débitos com a Natureza os quais deveria saldar com a mesma constância. Assim o sentimento de obrigação foi implantado e nutrido em sua mente, e

A Sabedoria Antiga

e a obrigação de que devia ao todo, à nutridora mãe Natureza, ficou impresso em seu pensamento. É verdade que esse senso de obrigação estava estreitamente ligado à idéia de que a execução do sacrifício era necessária ao seu próprio bem-estar, e que o desejo de continuar a prosperar o impelia ao pagamento de sua dívida. Ele não era mais que uma alma infantil, aprendendo as suas primeiras lições, e essa lição da interdependência das vidas, a vida de cada um dependendo do sacrifício de outros, era de importância vital para o seu crescimento. Ele não podia ainda experimentar a divina alegria de dar; a relutância da forma em abandonar algo que a nutria tinha antes de tudo de ser superada, e o sacrifício identificava-se com essa entrega de algo valioso, uma entrega feita a partir de um senso de obrigação e do desejo de continuar próspero.

A lição seguinte deslocou a recompensa do sacrifício para uma região além do mundo físico. Primeiramente, por um sacrifício de bens materiais o bem-estar material deveria ser assegurado. Em seguida o sacrifício de bens materiais deveria trazer gozo no céu, do outro lado da morte. A recompensa do sacrificador era de um tipo mais elevado, e ele aprendia que o relativamente permanente podia ser assegurado pelo sacrifício do relativamente transitório – uma lição que era importante por conduzir ao conhecimento discriminativo. O fato da forma agarrar-se aos objetos físicos foi substituído pelo agarrar-se às alegrias celestiais. Em todas as religiões exotéricas encontramos esse processo educativo a que recorriam os Sábios – sábios demais para esperarem de almas infantis a virtude do heroísmo sem recompensas, e contentes, com uma paciência sublime, em persuadir lentamente seus desobedientes protegidos ao longo de um caminho que era espinhoso e pedregoso para a natureza inferior. Gradualmente os homens eram induzidos a subjugar o corpo, a vencer a sua inércia pela execução diária regular de rituais religiosos, às vezes penosos em sua natureza, e a regular suas atividades dirigindo-as para canais úteis; eles eram treinados para conquistar a forma e a mantê-la submissa à vida, e a acostumar o corpo a entregar-se a obras de bondade e caridade, em obediência às exigências da mente, mesmo enquanto aquela mente era estimulada principalmente pelo desejo de des-

204

A Lei do Sacrifício

frutar uma recompensa nos céus. Podemos ver entre os hindus, os persas, os chineses, como os homens foram ensinados a reconhecer as suas múltiplas obrigações; a fazer o corpo prestar sacrifícios devidos de obediência e de reverência aos antepassados, aos pais, aos velhos; a ser caridoso com cortesia; e a demonstrar gentileza para com todos. Lentamente os homens foram ajudados a desenvolver tanto o heroísmo quanto o auto-sacrifício a um alto grau, como testemunham os mártires que alegremente preferiam lançar seus corpos à tortura e à morte a negar a sua fé ou falsear ou serem falsos no seu credo. Em verdade procuravam uma "coroa de glória" nos céus como recompensa pelo sacrifício da forma física, mas já era uma superação ter vencido o apego àquela forma física, e de ter tornado o mundo invisível tão real que ele passou a prevalecer sobre o visível.

O passo seguinte foi alcançado quando o senso do dever foi definitivamente estabelecido; quando o sacrifício do inferior ao superior foi considerado como sendo o "correto", independentemente de qualquer preocupação de recompensa a ser recebida em um outro mundo; quando a obrigação devida pela parte ao todo foi reconhecida, e a entrega ao serviço pela forma, que existia pelo serviço de outros, foi considerada justamente devida, sem qualquer reclamo de pagamento a ser estabelecido a partir daí. Então o homem começou a perceber a lei do sacrifício como a lei da vida, e a voluntariamente associar-se com ela; e ele passou a aprender a separar-se em pensamento da forma em que habitava e a identificar-se com a vida em evolução. Isso gradualmente o levou a sentir uma certa indiferença para com todas as atividades da forma, salvo aquelas que consistiam em "deveres a cumprir", e a considerá-las todas como simples canais para as atividades da vida que eram devidas ao mundo, e não como atividades realizadas por ele com qualquer desejo pelos seus resultados. Assim ele alcançou o ponto já referido, quando o carma que o atraía para os três mundos cessou de ser gerado, e ele girou a roda da existência porque ela tinha de ser girada, e não porque o seu giro lhe trazia qualquer objeto desejável.

A Sabedoria Antiga

O pleno reconhecimento da lei da sacrifício, entretanto, eleva o homem além do plano mental – onde o dever é considerado como dever, como "o que deveria ser feito porque é devido" – para aquele plano mais elevado de *Buddhi* onde todos os eus são sentidos como um só, e onde todas as atividades são difundidas para o uso de todos, e não para o proveito de um eu separado. Somente nesse plano é a lei do sacrifício *sentida* como um alegre privilégio, em vez de ser reconhecida apenas intelectualmente como verdadeira e justa. No plano *búdico* o homem vê claramente que a vida é una, que verte perpetuamente como a livre efusão do amor do *Logos*, que a vida que se mantém separada é na melhor das hipóteses algo pobre e mesquinha, e ainda por cima ingrata. Lá todo o coração lança-se para cima em direção ao *Logos* em um poderoso transporte de amor e adoração, e entrega-se em alegre renúncia para ser um canal de Sua vida e amor para o mundo. Ser um portador de Sua luz, um mensageiro de Sua compaixão, um trabalhador no Seu reino – parece a única vida digna de ser vivida; acelerar a evolução humana, servir à Boa Lei, aliviar parte do pesado fardo do mundo – parece ser a verdadeira alegria do Próprio Senhor.

Somente desse plano pode o homem agir como um dos Salvadores do mundo, porque aí ele é uno com os eus de todos os outros. Identificado com a humanidade onde ela é una, sua força, seu amor, sua vida podem fluir para baixo sobre qualquer eu ou sobre todos os eus separados. Tornou-se uma força espiritual, e a energia espiritual disponível do sistema do mundo é aumentada ao receber em si a sua vida. As forças que ele costumava gastar nos planos físico, astral e mental, buscando coisas para o seu eu separado, são agora reunidas em um ato de sacrifício e transmudadas desse modo em energia espiritual, difundem-se pelo mundo como vida espiritual. Essa transmutação é forçada pelo motivo que determina o plano no qual a energia é liberada. Se a motivação de um homem for a obtenção de objetos físicos, a energia liberada opera somente sobre o plano físico; se deseja objetos astrais, ele libera energia no plano astral; se ele busca alegrias mentais, a sua energia funciona no plano mental; mas se ele se sacrifica para ser um canal do *Logos*, libera energia no plano espiritual, e ela opera em toda parte

A Lei do Sacrifício

com a potência e a sutileza de uma força espiritual. Para um homem assim ação e inação são a mesma coisa; pois ele faz tudo enquanto nada faz, e nada faz enquanto tudo faz. Para ele, alto e baixo, grande e pequeno são a mesma coisa; ele preenche qualquer lugar que necessite de preenchimento, e é semelhante ao *Logos* em todo lugar e em toda ação. Pode derramar-se em qualquer forma, pode agir ao longo de qualquer linha, e já não conhece escolha ou diferença; pelo sacrifício sua vida fez-se una com a vida do *Logos* – ele vê Deus em todas as coisas e todas as coisas em Deus. Como pode, então, lugar ou forma fazer qualquer diferença para ele? Ele não mais se identifica com a forma, mas é Vida autoconsciente. "Nada possuindo, ele possui todas as coisas"; nada pedindo, tudo flui para ele. Sua vida é bem-aventurança, pois ele é uno com o seu Senhor, que é Bem-aventurança; e, utilizando a forma para o serviço sem apegar-se a ela, "ele põe fim à dor."

Aqueles que compreendem alguma coisa das possibilidades maravilhosas que se abrem ante nós, quando voluntariamente nos associamos com a lei do sacrifício, desejarão começar essa associação voluntária muito antes de poderem elevar-se às alturas que acabam de ser vagamente esboçadas. Como outras verdades espirituais profundas, ela é eminentemente prática em sua aplicação à vida diária, e ninguém que tenha sentido sua beleza precisa hesitar para começar a trabalhar com ela. Quando um homem resolve começar a prática do sacrifício, ele exercitar-se-á em começar cada dia com um ato de sacrifício, a oferenda de si mesmo, antes de começar o trabalho diário, para Aquele a quem ele consagra sua vida; o seu primeiro pensamento ao levantar-se será essa dedicação de todo o seu poder ao seu Senhor. Então, cada pensamento, cada palavra, cada ação na vida diária será praticada como um sacrifício – não pelo seu fruto, nem mesmo como um dever, mas como o meio pelo qual, naquele momento, o seu Senhor pode ser servido. Tudo o que possa acontecer será aceito como a expressão de Sua Vontade; alegrias, problemas, ansiedades, vitórias, derrotas, tudo ser-lhe-á bem-vindo, como a delinear sua senda de serviço; alegremente aceitará cada coisa do jeito que vier e a oferecerá como sacrifício; e alegremente deixará ir cada coisa do jeito que for,

A Sabedoria Antiga

desde que sua ida demonstre que o Senhor dela não mais precisa. Quaisquer poderes que possua ele os usa alegremente para o serviço; quando lhe faltam, aceita a sua privação com uma feliz equanimidade; uma vez que não mais estejam disponíveis ele não lhes pode ceder. Mesmo o sofrimento que surge de causas passadas, ainda não esgotadas, pode ser transformado em um sacrifício voluntário ao aceitá-lo com boa vontade; aceitando-o porque o deseja, um homem pode oferecê-lo como uma dádiva, transformando-o por esse motivo em uma força espiritual. Cada vida humana oferece incontáveis oportunidades para essa prática da lei do sacrifício, e cada vida humana torna-se um poder à medida que essas oportunidades são aproveitadas e utilizadas. Sem nenhuma expansão de sua consciência de vigília, o homem pode tornar-se assim um trabalhador nos planos espirituais, lá liberando energia que se difundem nos mundos inferiores.

Sua auto-entrega aqui na consciência inferior, aprisionada como está no corpo, evoca vibrações de resposta do aspecto *búdico* da Mônada, que é seu verdadeiro Ser, e apressa o momento em que esta Mônada tornar-se-á o Ego Espiritual, agindo por sua própria iniciativa e senhor de todos os seus veículos, empregando cada um deles à vontade conforme o trabalho a ser executado. De nenhum outro modo se pode progredir rápido, e tão rapidamente ocorrer a manifestação de todos os poderes latentes na Mônada, como pela compreensão e prática da Lei do sacrifício. Por isso ela foi chamada por um Mestre: "A Lei de evolução para o homem". Ela possui na verdade aspectos mais profundos e mais místicos do que qualquer um dos aqui apresentados, mas esses revelar-se-ão sem palavras ao coração paciente e amoroso cuja vida é toda uma oferta sacrificial. Há coisas que são ouvidas somente na quietude; há ensinamentos que só podem ser proferidos pela "Voz do Silêncio". Entre esses estão as verdades profundas radicadas na Lei do sacrifício.

Capítulo 11

A Ascensão do Homem

Tão estupenda é a ascensão que alguns já alcançaram, e alguns ainda se estão elevando, que enquanto cuidadosamente a examinamos por um esforço de imaginação, tendemos a retroceder, esgotados em pensamento pela simples idéia daquela longa viagem. Da alma embrionária do homem primitivo à alma espiritual e perfeita do homem divino, liberada e triunfante – mal dá para se crer que uma contém em si tudo o que é expressado na outra, e que a diferença não seja mais que uma diferença de evolução, que uma está apenas no início e a outra no final da ascensão do homem. Abaixo de uma delas estendem-se as longas filas de sub-humanos – os animais, vegetais, minerais, a essência elemental; e acima da outra estendem-se as gradações infinitas dos super-humanos – os Chohans, Manus, Budas, Construtores, Lipikas; quem pode nomear ou quantificar as hostes dos poderosos Seres? Vistos assim, como um estágio em uma vida ainda mais vasta, os muitos degraus dentro do reino humano reduzem-se a um âmbito mais estreito, e a ascensão humana é vista como contendo não mais que um grau na evolução das vidas encadeadas que se estendem da essência elemental ao Deus manifestado.

A Sabedoria Antiga

Acompanhamos a ascensão do homem desde o aparecimento da alma embrionária ao estado de espiritualidade avançada, através dos estágios de desenvolvimento da consciência, desde a vida de sensação à vida de pensamento. Nós o vimos percorrer repetidamente o ciclo de nascimentos e mortes nos três mundos, cada mundo lhe cedendo sua colheita e lhe oferecendo oportunidades de progresso. Estamos agora em condições de segui-lo nos estágios finais de sua evolução humana, estágios que estão no futuro para a grande massa de nossa humanidade, mas que já foram trilhados pelos mais velhos dos seus filhos, e que estão sendo trilhados por um número restrito de homens e mulheres em nossos dias.

Esses estágios foram classificados sob dois títulos – os primeiros diz-se constituir "a Senda probatória", enquanto que os últimos estão incluídos no "Caminho propriamente dito" ou o "Caminho do discipulado". Nós os estudaremos em sua ordem natural.

À medida que a natureza intelectual, moral e espiritual do homem se desenvolve, ele se torna cada vez mais consciente do propósito da vida humana, e cada vez mais ansioso de realizar esse propósito em sua própria pessoa. O repetido desejo de prazeres terrenos, seguido pela plena posse e pela conseqüente lassidão, ensinaram-lhe gradualmente a natureza transitória e insatisfatória das melhores dádivas da Terra; tantas vezes ele se esforçou para conseguir, ganhou, desfrutou, satisfez-se e, finalmente, se enjoou, que ele se afasta descontente com tudo o que a Terra possa oferecer. "Que vantagem traz isso?", suspira a alma cansada. "Tudo é vaidade e aborrecimento. Centenas, na verdade, milhares de vezes possuí, e finalmente encontrei desapontamento mesmo na posse. Essas alegrias são ilusões, como bolhas ao sabor da corrente, com os matizes do arco-íris, mas que se rompem ao menor contato. Estou sequioso das realidades; estou farto de sombras; eu anseio pelo eterno e verdadeiro, por liberdade das limitações que me enclausuram, que me conservam prisioneiro em meio a essas exibições mutáveis".

Esse primeiro grito da alma pela liberação é o resultado da constatação de que, fosse esta Terra tudo o que os poetas sonharam

A Ascensão do Homem

ser, fosse todo mal eliminado, terminasse toda tristeza, e fosse toda alegria intensificada, toda beleza acentuada, tudo fosse elevado a seu ponto de perfeição, ainda assim ela estaria fatigada dessa Terra, virar-lhe-ia as costas sem qualquer desejo. Ela se lhe tornou uma prisão, e, por mais embelezada que possa ser, ela anseia pela atmosfera livre e ilimitada, além de suas muralhas confinantes. Nem o Céu é mais atrativo para ela que a Terra; e mesmo daquele também está cansada; suas alegrias perderam todo atrativo, e mesmo seus deleites intelectuais e emocionais não mais satisfazem. Eles também "vêm e se vão, impermanentes", como os contatos dos sentidos; eles são limitados, transitórios, insatisfatórios. Ela está cansada da mudança; em meio à exaustão, clama por liberdade.

Algumas vezes essa percepção da inutilidade da Terra e do Céu é a princípio não mais que um *flash* na consciência, e os mundos exteriores reafirmam o seu império, e o *glamour* de suas alegrias ilusórias novamente envolvem a alma no contentamento. Podem transcorrer até mesmo algumas vidas, cheias de nobres trabalhos e realizações altruísticas, de pensamentos puros e ações sublimes, antes que essa compreensão da vacuidade de tudo que é fenomênico se torne a atitude permanente da alma. Porém, mais cedo ou mais tarde, a alma rompe com o Céu e a Terra de uma vez por todas, por julgá-los incompetentes para satisfazerem suas necessidades, e esse afastamento definitivo em relação ao transitório, essa vontade definida de atingir o eterno, é o portal para o Caminho probatório. A alma afasta-se da estrada da evolução normal, para abraçar a escalada mais íngreme da encosta da montanha, resolvida a escapar da escravidão das vidas terrestres e celestes, e atingir a liberdade da atmosfera mais elevada.

O trabalho que tem de ser executado pelo homem que entra na Senda probatória é inteiramente mental e moral; ele tem de elevar-se até o ponto no qual estará apto a "encontrar seu Mestre face a face", mas as palavras "seu Mestre" precisam de explicação. Existem certos grandes Seres pertencentes à nossa raça que completaram a sua evolução humana, e aos quais já foram feitas alusão como constituindo uma Fraternidade, que guiam e promovem o

211

A Sabedoria Antiga

desenvolvimento da raça. Esses grandes Seres, os Mestres, encarnam voluntariamente em corpos humanos para formar o elo de conexão entre os seres humanos e os super-humanos, e permitem àqueles que preenchem certas condições tornar-se seus discípulos, com o objetivo de lhes apressar a evolução e assim qualificá-los para entrar para a grande Fraternidade, e para auxiliar em Seu glorioso e benéfico trabalho pelo homem.

Os Mestres sempre observam a raça e notam qualquer um que pela prática da virtude, pelo trabalho altruísta, pelo esforço intelectual consagrado ao serviço do homem, pela devoção sincera, piedade e pureza destacam-se do conjunto de seus semelhantes, e se tornam capazes de receber assistência espiritual além daquela vertida sobre a humanidade como um todo. Se um indivíduo tiver de receber ajuda especial ele deve mostrar especial receptividade. Pois os Mestres são os distribuidores das energias espirituais que auxiliam na evolução humana, e a utilização dessas para o crescimento mais rápido de uma única alma só é permitida quando essa alma demonstra capacidade para um progresso rápido e pode assim ser rapidamente preparada para tornar-se um auxiliar da raça, devolvendo à raça o auxílio que lhe fora prestado. Quando um homem, por seus próprios esforços, utilizando ao máximo todo o auxílio geral que vem a ele através da religião e da filosofia, tenha lutado para colocar-se à frente da onda humana que avança e quando exibe uma natureza amorosa, altruísta, prestativa, então ele se torna objeto de atenção especial para os Guardiães da raça, sempre vigilantes, e em seu caminho são colocadas oportunidades para testar sua força e fazer surgir sua intuição. Na proporção em que ele faça o melhor uso delas, ele é ainda mais ajudado, e lhe são permitidos vislumbres da verdadeira vida, até que a natureza insatisfatória e irreal da existência mundana pressione cada vez mais a alma, com o resultado já mencionado – o esgotamento, que lhe faz sentir saudades da liberdade e o traz para o portal da senda probatória.

Sua entrada nessa Senda coloca-o na posição de um discípulo ou chela, em provação, e um dos Mestres o toma sob seus cuidados, reconhecendo-o como um homem que abandonou a estrada

A Ascensão do Homem

da evolução[1], para procurar o Instrutor que guiará seus passos ao longo do caminho íngreme e estreito que leva à liberação. Esse Instrutor o está esperando na própria entrada da Senda, e embora o neófito não conheça o seu Instrutor, o seu Instrutor o conhece, observa seu esforços, guia seus passos, guia-o para as condições que melhor auxiliam seu progresso, velando sobre ele com a terna solicitude de uma mãe, e com a sabedoria nascida do discernimento perfeito. A estrada pode parecer deserta e sombria, e o jovem discípulo pode imaginar-se abandonado, mas "um amigo mais íntimo que um irmão" está sempre à mão, e o auxílio recusado pelos sentidos é dado à alma.

Há quatro "qualificações" definidas que o chela em provação deve esforçar-se em adquirir, que são estabelecidas pela sabedoria da Grande Fraternidade como as condições do pleno discipulado. Não se lhes exige em perfeição, mas o esforço por alcançá-las deve ser feito e devem ser parcialmente possuídas antes que a Iniciação seja permitida. O primeiro desses é o discernimento entre o real e o irreal que já está despontando na mente do aluno, e que o atraiu à Senda na qual ele agora entrou; a distinção torna-se clara e nitidamente definida em sua mente, e gradualmente o liberta em grande parte dos grilhões que o prendem, pois a segunda qualificação, indiferença às coisas externas, vem naturalmente com o despertar do discernimento, da clara percepção da inutilidade delas. Ele aprende que o esgotamento que lhe tirou todo o sabor da vida era devido às decepções que constantemente surgiam de sua busca pela satisfação no irreal, quando somente o real pode contentar a alma; que todas as formas são irreais e sem estabilidade, em constante mutação sob os impulsos da vida, e que nada é real senão a Vida Una que buscamos e amamos inconscientemente sob os seus muitos véus. Esse discernimento é muito estimulado pelas rápidas

---

[1] A autora compara, por analogia, a evolução do homem comum com uma estrada quase plana de fácil trânsito, que só chegará ao topo da montanha depois de muitas voltas. Em contraposição, ela menciona a opção de uma Senda Espiritual acelerada como um atalho que vai direto ao topo da montanha, porém muito mais íngreme e perigoso, que não corresponde à lei da evolução comum. (N. da ed. bras.)

A Sabedoria Antiga

mudanças nas circunstâncias nas quais um discípulo é geralmente lançado, com o intuito de pressioná-lo com a instabilidade de todas as coisas externas. As vidas de um discípulo são geralmente tempestuosas e estressantes, para que as qualidades que são normalmente desenvolvidas numa longa sucessão de vidas nos três mundos possam nele ser forçadas a um rápido crescimento e possam rapidamente chegar à perfeição. À medida que ele rapidamente alterna da alegria à tristeza, da paz à tormenta, do repouso ao trabalho, ele aprende a ver nas mudanças as formas irreais, e a sentir através de tudo uma vida firme e imutável. Torna-se indiferente à presença ou à ausência de coisas que desse modo vêm e se vão, e cada vez mais fixa seu olhar sobre a realidade imutável que está sempre presente.

Enquanto ainda está tendo *insights* e adquirindo estabilidade, ele trabalha também no desenvolvimento da terceira qualificação – os seis atributos mentais que lhe são exigidos antes que possa entrar no Caminho propriamente dito. Ele não precisa possuí-las todas com perfeição, mas deve ter todas elas parcialmente presentes pelo menos antes que lhe seja permitido seguir adiante. Primeiramente ele deve adquirir controle sobre seus pensamentos, a progênie da mente inquieta, incontrolável, "tão difícil de refrear como o vento"[2]. A prática resoluta, diária na meditação, da concentração, começara a trazer essa mente rebelde sob domínio antes que ele entrasse na Senda probatória, e o discípulo trabalha agora com energia concentrada para completar a tarefa, sabendo que o grande aumento em poder mental que acompanhará seu rápido crescimento, provará ser um perigo tanto para seus semelhantes quanto para si mesmo, a não ser que a força em desenvolvimento esteja inteiramente sob o seu controle. Melhor dar a um bebê dinamite para brincar, do que colocar os poderes criativos do pensamento nas mãos do homem egoísta e do ambicioso. Em segundo lugar, o jovem chela deve juntar autocontrole exterior ao interior, e deve governar suas palavras e ações tão rigidamente quanto domina seus pensamentos. Assim como a mente obedece à alma, também a

---

[2] *Bhagavad-Gita*, vi, 34.

A Ascensão do Homem

natureza inferior deve obedecer à mente. A utilidade do discípulo no mundo exterior depende tanto do exemplo puro e nobre estabelecido por sua vida visível, quanto a sua utilidade no mundo interior depende da firmeza e da força dos seus pensamentos. Com freqüência um bom trabalho é prejudicado pelo descuido nessa parte inferior da atividade humana, e o aspirante deve esforçar-se por ter um ideal, perfeito sob todos os aspectos, para que mais tarde, ao trilhar o Caminho, não tropece em seus próprios passos e faça com que o inimigo blasfeme.

Como já foi dito, a perfeição não é exigida em coisa alguma nesse estágio, mas o estudante prudente se esforça em conseguir a perfeição, sabendo que, por mais que se esforce, está ainda muito distante do seu ideal. Em terceiro lugar, o candidato ao discipulado pleno procura construir dentro de si a sublime e abrangente virtude da tolerância – a tranqüila aceitação de cada homem, cada forma de existência, tais como são, sem exigir que fossem diferentes, modelados conforme o seu gosto particular. Ao começar a compreender que a Vida Una[3] reveste-se de incontáveis limitações, sendo cada uma correta em seu lugar e época, ele aceita cada expressão limitada da Vida sem desejar transformá-la em outra coisa qualquer; aprende a reverenciar a Sabedoria que planejou este mundo e que o dirige, e a fitar com clara serenidade as partes imperfeitas à medida que exercitam as suas vidas parciais. O bêbado, aprendendo o alfabeto do sofrimento causado pela dominação da natureza inferior, está tirando proveito em seu estágio, tanto quanto o santo do seu, ao completar sua última lição na escola da Terra, e não seria justo exigir de qualquer um dos dois mais do que fossem capazes de realizar. Um está no estágio de jardim de infância, aprendendo por meio de lições objetivas, enquanto o outro está se formando, prestes a deixar a universidade; ambos estão corretos para suas idades e suas posições, e deveriam receber auxílio e sim-

---

[3] Aqui a autora, obviamente, refere-se à Vida Una manifestada na multiplicidade das formas, uma vez que a Vida Una imanifestada, ou o Absoluto, não tem limitações. (N. da ed. bras.)

A Sabedoria Antiga

patia *em suas posições*. Essa é uma das lições do que é conhecido em ocultismo como "tolerância".

Em quarto lugar deve ser desenvolvida a paciência, que alegremente tudo suporta sem ressentir-se de coisa alguma, seguindo diretamente em frente, responsavelmente para o objetivo. Nada pode lhe acontecer senão em virtude da Lei, e ele sabe que a Lei é boa. Compreende que o caminho pedregoso que conduz montanha acima diretamente ao topo não pode ser tão agradável aos seus pés como a estrada sinuosa e bem batida. Ele compreende que está pagando em algumas poucas e curtas vidas todas as obrigações cármicas acumuladas durante seu passado, e que os pagamentos devem ser correspondentemente pesados. As próprias lutas nas quais mergulhou desenvolvem nele o quinto atributo – a fé em seu Mestre e em si mesmo, uma confiança serena e forte que é inabalável. Aprende a confiar na sabedoria, no amor, no poder do seu Mestre, e está começando a compreender – e não apenas a dizer que acredita – na Divindade dentro do seu próprio coração, capaz de submeter todas as coisas a Si mesma.

O último requisito mental, feito para o equilíbrio, cresce de algum modo sem esforço consciente durante o esforço feito para alcançar os cinco anteriores. A própria determinação da vontade para trilhar o caminho é um sinal de que a natureza superior está se abrindo, e o mundo exterior está definitivamente relegado a um lugar inferior. Os contínuos esforços para seguir a vida do discipulado desembaraçam a alma de quaisquer laços remanescentes que possam prendê-la ao mundo dos sentidos, pois a retirada da atenção da alma dos objetos inferiores gradualmente exaure o poder de atração desses objetos. Eles "se afastam do morador abstêmio do corpo"[4], e logo perdem todo o poder de perturbar esse equilíbrio. E assim ele aprende a mover-se em meio a eles sem ser perturbado, nem procurando nem rejeitando qualquer um deles. Ele também aprende a manter o equilíbrio em meio às preocupações mentais de todo tipo, entre as alternâncias de alegrias e dores mentais, sendo esse equilíbrio depois ensinado pelas rápidas mudanças de que já

---

[4] *Bhagavad-Gita*, ii, 59.

A Ascensão do Homem

se falou, através das quais sua vida é guiada pelo cuidado sempre vigilante do seu Mestre.

Tendo o chela em provação uma vez adquirido esses seis atributos mentais em certa medida, precisa intensificar apenas a quarta qualificação, o anseio profundo e intenso de libertação, aquele anelo da alma pela união com a Deidade que é a promessa de sua própria realização. Isso se junta ao último toque que deixa o aspirante pronto para entrar no discipulado pleno, pois uma vez se tenha esse anseio definitivamente afirmado, jamais poderá ser erradicado, e a alma que o sentiu jamais poderá novamente aplacar sua sede nos mananciais terrestres; suas águas sempre lhe parecerão insípidas ao bebê-las, de modo que ele sempre lhe voltará as costas com um desejo cada vez mais profundo pela verdadeira água da vida. Nessa fase ele é o "homem pronto para a Iniciação", pronto para definitivamente "entrar na corrente" que o isola para sempre dos interesses da vida terrestre, a não ser naquilo que possa servir ao seu Mestre e ajudar a promover a evolução da raça. Daí por diante sua vida não deve ser a vida da separatividade; ela deve ser oferecida no altar da humanidade, em um alegre sacrifício de tudo que ele é, para ser utilizado para o bem comum.

Durante os anos gastos na evolução das quatro qualificações, o chela em provação terá avançado em muitos outros aspectos. Terá recebido muitos ensinamentos de seu Mestre, ensinamento geralmente concedido durante o sono profundo do corpo; a alma, vestida em seu bem organizado corpo astral, ter-se-á acostumado a ele como um veículo da consciência e terá sido atraída para o seu Mestre para receber instrução e iluminação espiritual[5].

Certamente o estudante apreciará conhecer os nomes técnicos destas qualidades em sânscrito e páli, de modo que possa acompanhá-los em livros mais avançados:

---

[5] Para maior desenvolvimento do assunto sugerimos o estudo do livro *Aos Pés do Mestre*, de J.Krishnamurti, editado pela Editora Teosófica. (N. da ed. bras)

A Sabedoria Antiga

Sânscrito (usado pelos hindus)		**Páli (usado pelos budistas)**	
1.*Viveka*:	discernimento entre o real e o irreal	*1. Manodvara-Vajjana:*	a abertura das portas da mente, a convicção da impermanência do que é mundano.
2. *Vairagya:*	indiferença ao que é irreal, o transitório.	2. *Parikamma*:	preparação para a ação, indiferença aos frutos da ação.
3. *Shat-sampatti*:	*Shama*: controle do pensamento. *Dama*: controle da conduta. *Uparati*: tolerância. *Titiksha*: capacidade de suportar. *Sraddha*: fé *Samadhana*: equilíbrio.	3. *Upacharo*:	atenção ou conduta; as designações são as mesmas dos hindus.
4. *Mumuk-shatwa:*	Desejo de libertar-se	4. *Anuloma*:	ordem direta ou sucessão, o seu atingimento depois das outras três.

O homem é, então, o *Adhikari*, [que está preparado para a iniciação].

O homem é, então, o *Gotrabhu*, [que está preparado para a iniciação.]

Além disso ele terá sido treinado na meditação, e essa prática efetiva fora do corpo físico terá apressado e trazido ao exercício efetivo muitos dos poderes superiores; durante tais meditações ele terá alcançado regiões mais elevadas do ser, aprendendo mais sobre a vida do plano mental. Ter-lhe-á sido ensinado a usar seus poderes crescentes no serviço à humanidade, e durante muitas das horas do sono do corpo ele terá estado a trabalhar diligentemente no plano astral, auxiliando as almas que passaram a esse plano com a morte, confortando as vítimas de acidentes, ensinando a

A Ascensão do Homem

qualquer um menos instruído que ele, e de incontáveis maneiras ajudando aqueles que precisam, e assim de um modo humilde ajudando o trabalho beneficente dos Mestres, estando associado com a sublime Fraternidade Deles como colaborador num grau que é no entanto modesto e humilde.

Na Senda probatória ou após ela, é oferecido ao chela o privilégio de executar um daqueles atos de renúncia que assinalam a ascensão mais rápida do homem. É a ele permitido "renunciar ao *Devachan*", isto é, renunciar à vida gloriosa nos locais celestes que esperam-no quando da liberação do mundo físico, a vida que no seu caso seria a maior parte passada no mundo *arupa* mediano em companhia dos Mestres, e em meio às sublimes alegrias da mais pura sabedoria e amor. Se ele renunciar a esse fruto de sua vida nobre e devotada, as forças espirituais que teriam sido despendidas no seu *Devachan* são liberadas para o serviço geral do mundo, e ele mesmo permanece na região astral para esperar por um rápido renascimento na Terra. O seu Mestre nesse caso seleciona e superintende a sua reencarnação, guiando-o para nascer em meio às condições que contribuam à sua utilidade no mundo, adequadas ao seu progresso futuro e ao trabalho que lhe caberá fazer. Ele atingiu o estágio no qual todo interesse individual é subordinado à obra divina, e no qual a sua vontade está voltada a servir qualquer que possa ser o modo que lhe é exigido. Desse modo ele alegremente entrega-se nas mãos em que confia, aceitando de boa vontade e alegremente o lugar no mundo onde melhor possa servir, e executar a sua parte na gloriosa obra de auxiliar a evolução da humanidade. Feliz é a família na qual nasce uma criança que tem uma tal alma como habitante, uma alma que traz consigo a benção do Mestre e que é sempre velada e orientada, lhe sendo dada toda assistência possível para trazer seus veículos inferiores rapidamente sob controle. Ocasionalmente, embora raramente, um chela pode reencarnar em um corpo que já atravessou a infância e grande parte da adolescência como tabernáculo de um Ego menos desenvolvido; quando um Ego vem à Terra para um período de vida

A Sabedoria Antiga

digamos quinze ou vinte anos, ele estará deixando seu corpo na aurora da idade adulta, quando o corpo atravessou o período inicial de treinamento e está rapidamente se tornando um veículo eficiente para a alma. Se um tal corpo for muito bom, e algum chela estiver esperando uma reencarnação conveniente, o mesmo irá observá-lo constantemente durante sua ocupação pelo Ego para quem foi originalmente construído, com a perspectiva de utilizá-lo uma vez abandonado pelo morador original; quando o período de vida daquele Ego é completado, e ele deixa o corpo e passa ao *Kamaloka* em sua jornada para o *Devachan*, o chela que estava esperando apoderar-se-á daquele corpo abandonado, um novo inquilino entrará na casa abandonada, e o corpo aparentemente morto reviverá. Tais casos são raros, mas não são desconhecidos dos ocultistas, e algumas referências a eles podem ser encontradas em livros de ocultismo.

Seja a encarnação normal ou anormal, o progresso da alma, do próprio chela, continua, e o período de que já se falou é alcançado quando ele está "pronto para a Iniciação"; e ele entra na Senda através daquele portal de Iniciação, como um chela definitivamente aceito. Essa Senda consiste de quatro estágios distintos, e a entrada em cada um é vigiada por uma Iniciação. Cada Iniciação é acompanhada de uma expansão de consciência, que confere o que é chamado "a chave do conhecimento" pertencente ao estágio ao qual se é admitido por essa iniciação, e essa chave do conhecimento é também uma chave de poder, pois verdadeiramente o conhecimento é poder em todos os reinos da Natureza. Tendo o chela entrado na Senda, ele torna-se o que tem sido chamado "o homem sem casa"[6], pois ele não mais considera a Terra como o seu lar, não tem mais moradia aqui, para ele todos os lugares são bem-vindos no qual possa servir ao seu Mestre. Enquanto ele estiver

---

[6] O hindu chama a esse grau *Parivrajaka*, o andarilho; o budista o chama *Srotapatti*, o que já entrou na corrente. Esses nomes designam o discípulo entre a primeira e segunda Iniciação.

A Ascensão do Homem

nesse estágio da Senda há três obstáculos ao seu progresso, tecnicamente chamados "grilhões", dos quais ele tem que se livrar, e agora – como ele tem que se aperfeiçoar rapidamente – lhe é exigido que erradique inteiramente os defeitos do caráter, e que realize completamente a tarefa que lhe cabe em sua condição. Os três grilhões que ele deve soltar antes que possa passar à segunda Iniciação são: a ilusão do eu pessoal, a dúvida e a superstição. O eu pessoal deve ser sentido em consciência como uma ilusão, e deve perder para sempre o poder de impor-se à alma como uma realidade. Ele deve sentir-se uno com tudo, tudo deve viver e respirar nele e ele em tudo. A dúvida deve ser destruída, mas pelo conhecimento, e não apenas pela subjugação; ele deve conhecer a reencarnação, o carma e a existência dos Mestres como fatos; não os aceitando como intelectualmente necessários, mas conhecendo-os como fatos da Natureza por ele mesmo verificados, de modo que dúvida alguma sobre essas questões possa jamais surgir de novo em sua mente. É possível escapar da superstição à medida que o homem se eleva no conhecimento das realidades, e no conhecimento do local apropriado dos ritos e das cerimônias na economia da Natureza; ele aprende a utilizar todos os meios e a não ser preso por nenhum deles. Tendo o chela se libertado desses três grilhões – às vezes a tarefa ocupa várias vidas, às vezes é alcançada em apenas parte de uma vida – ele descobre que a segunda Iniciação está aberta a ele, com a sua nova "chave de conhecimento" e seu horizonte mais vasto. O chela agora vê diante de si um período de vidas compulsórias sobre a Terra que rapidamente diminui, pois tendo chegado a esse estágio ele deve passar pelas terceira e quarta Iniciações em sua vida atual ou na próxima[7].

Nesse estágio ele deve pôr em pleno funcionamento as faculdades internas, aquelas que pertencem aos corpos sutis, pois ele

---

[7] O chela no segundo estágio da Senda é para o hindu o *Kutichaka*, aquele que constrói um abrigo, ele atingiu um lugar de paz. O budista o chama *Sakridagamin*, aquele que renascerá apenas mais uma vez.

A Sabedoria Antiga

necessita delas para o seu serviço nos reinos mais elevados do ser. Se ele as desenvolveu previamente, esse estágio pode ser muito breve, mas ele deve passar pelo portal da morte mais uma vez antes que esteja pronto para receber a sua terceira Iniciação, para tornar-se "o Cisne", o indivíduo que se eleva ao empíreo, aquele maravilhoso Pássaro da Vida, ao qual estão associadas tantas lendas[8]. Nesse terceiro estágio da Senda o chela livra-se do quarto e do quinto grilhões, os grilhões do desejo e da aversão; ele vê o Eu Uno em tudo, e o véu exterior não pode mais cegá-lo, seja agradável ou repelente. Ele considera igualmente a todos os seres; aquele belo botão de tolerância que ele acalentou na Senda probatória floresce agora em um amor oniabarcante que a tudo envolve em um terno abraço. Ele é "o amigo de toda criatura", o "amante de todas aquelas vidas" num mundo onde todas as coisas são vivas. Como uma corporificação viva de amor divino, ele segue rapidamente para a quarta Iniciação, que o admite ao último estágio da Senda, onde ele se situa "além do indivíduo", como o digno, o venerável[9]. Aqui ele permanece o tempo que desejar, desvencilhando-se dos cinco últimos grilhões que ainda o prendem com fios, embora frágeis, e que impedem a sua libertação. Livra-se de todo o apego à vida na forma, e em seguida de todo apego à vida sem forma; estas coisas são grilhões e ele precisa estar sem grilhões; ele pode transitar pelos três mundos, mas nenhum fragmento desses deve ter o poder de retê-lo; os esplendores do "mundo sem forma" não devem encantá-lo mais que as glórias concretas dos mundos da forma[10]. Depois – a mais poderosa de todas as realizações – ele abandona o último grilhão da separatividade, a faculda-

---

[8] Em termos hindus, *Hamsa* é aquele que percebe como realidade a frase *Eu sou Aquilo*. Para os budistas, é o *Anagamin*, o que não renasce mais.

[9] O hindu denomina *Paramahamsa* aquele que está além do eu; o budista lhe dá o nome de *Arhat*, o venerável.

[10] Veja o Cap. 4 sobre o *Plano Mental*.

A Ascensão do Homem

de "geradora do eu"[11] que se imagina separada dos outros, pois ele reside para sempre no plano da Unidade em sua consciência de vigília, no plano *búdico* onde o Eu de todos é conhecido e compreendido como uno. Essa faculdade nasceu com a alma, é a essência da individualidade, e persiste até que tudo de valioso nela seja assimilado na Mônada, e ela possa ser abandonada no limiar da libertação, deixando para a Mônada o seu inestimável resultado, aquele senso de identidade individual que é tão puro e refinado que não obscurece a consciência da unidade. Então, com facilidade, ele desvencilha-se de tudo que poderia responder a contatos perturbadores, e o chela se acha envolto naquela vestimenta gloriosa de uma paz imutável que nada pode estragar. E o abandono daquela mesma "faculdade geradora do eu" removeu da visão espiritual as últimas nuvens que poderiam obscurecer o seu penetrante *insight,* e na percepção da unidade, a ignorância[12] – a limitação que dá nascimento a toda separatividade – desaparece, e o homem se torna perfeito, é livre.

É chegado o fim do caminho, e o fim do caminho é o limiar do Nirvana. O chela acostumou-se a sair do corpo e entrar naquele maravilhoso estado de consciência enquanto atravessa o estágio final da Senda; agora, quando ele cruza o limiar, a consciência nirvânica torna-se a sua consciência normal, pois o Nirvana é o lar do Eu liberto[13]. Ele concluiu a ascensão do homem, ele toca o limite da humanidade; acima dele se estendem hostes de Seres poderosos, mas eles são Super-humanos; a crucificação na carne terminou, a hora da libertação soou, e o grito de triunfo "Tudo está consumado!" sai dos lábios do vencedor. Veja! Ele cruzou o limiar, desapareceu na Luz nirvânica, outro filho da Terra conquistou a

---

[11] *Ahamkara*, geralmente sob o nome de *Mana*, o orgulho, porque o orgulho é a manifestação mais sutil do eu em sua separatividade.

[12] *Avidya*, a primeira e a última das ilusões, que vê os mundos separadamente, o primeiro dos *Nidanas,* e que se desfaz quando a libertação é atingida.

[13] *Jivanmukta*, a vida liberta, dos hindus; o *Asekha*, aquele que não tem mais nada que aprender, dos budistas.

A Sabedoria Antiga

morte. Que mistérios estão velados por aquela luz sobrenatural nós não sabemos; vagamente sentimos que a Alma Suprema é encontrada, que o amante e o amado são um. A longa busca terminou, a sede do coração é satisfeita para sempre, ele entrou na alegria do seu Senhor.

Mas perdeu a Terra seu filho, fica a humanidade privada de seu filho triunfante? Não! Ele surgiu do seio da luz, e posta-se novamente no limiar do Nirvana, como se fora ele mesmo a corporificação daquela luz, glorioso de uma maneira inaudita, um Filho de Deus manifestado. Mas agora Seu rosto está voltado para a Terra, Seus olhos brilham com uma compaixão infinita sobre os filhos errantes dos homens, Seus irmãos na carne; Ele não lhes pode deixar sem assistência, dispersos como ovelhas sem pastor. Revestido da majestade de uma poderosa renúncia, glorioso com a força da sabedoria perfeita e "o poder da vida eterna", Ele retorna à Terra para abençoar e guiar a humanidade, Mestre da Sabedoria, régio Instrutor, Homem Divino.

Assim, retornando à Terra, o Mestre dedica-se ao serviço da humanidade com forças mais poderosas sob Seu comando do que as que empregou enquanto trilhava a Senda do discipulado. Ele dedicou-se ao auxílio do homem, Ele dirige todos os sublimes poderes que detém para a aceleração da evolução do mundo. Ele paga àqueles que estão se aproximando da Senda a dívida que contraiu nos dias de seu próprio discipulado, guiando, ajudando, ensinando-lhes da mesma maneira como foi guiado, ajudado, e ensinado anteriormente.

Tais são os estágios da ascensão do homem, da mais baixa selvageria à divina idade adulta. Para tal objetivo está a humanidade se elevando, tal glória a raça atingirá.

Capítulo 12

Construindo um Cosmo

Não é possível, no nosso atual estágio de evolução, fazer mais do que indicar vagamente uns poucos pontos no vasto contorno do esquema cósmico no qual o nosso globo representa seu pequeno papel. Por um Cosmo quer-se aqui dizer um sistema que parece, do nosso ponto de vista, ser completo em si mesmo, surgindo de um único *Logos*, e sustentado por Sua vida. Tal sistema é o nosso sistema solar, e o físico pode ser considerado como a mais inferior manifestação do *Logos* quando agindo como o centro do Seu Cosmo; cada forma é deveras uma de Suas manifestações concretas, mas o Sol é a Sua manifestação mais inferior como poder central doador de vida, que avigora, que a tudo permeia, a tudo controla, regulador e coordenador.

Diz um comentário oculto:

> *Surya* (o Sol), em seu reflexo visível, exibe o primeiro ou o mais inferior estado dos sete, o mais elevado estado da PRESENÇA Universal, o puro do puro; o primeiro Alento manifestado do eternamente imanifesto *Sat* (Seidade). Todos os Sóis centrais físicos ou objetivos são em sua substância o estado mais inferior do primeiro Princípio do

A *Sabedoria Antiga*

ALENTO[1], são, em resumo, o estado mais inferior do "Corpo Físico" do *Logos*.

Todas as forças e energias físicas não são mais que transmutações da vida emanada pelo Sol, o Senhor e Doador de vida para o Seu sistema. Daí em muitas religiões antigas o Sol postava-se como o símbolo do Deus Supremo – o símbolo, em verdade, menos passível de ser mal-interpretado pelos ignorantes.

O Sr. Sinnett diz muito bem:

> O sistema solar é deveras uma área da Natureza que inclui mais que qualquer outra, mas a qual somente os seres mais elevados que nossa humanidade é capaz de desenvolver estão em condições de investigar. Teoricamente, podemos estar convencidos – quando contemplamos o céu à noite – de que todo o sistema solar não é mais que uma gota no oceano do Cosmo, mas essa gota é, por sua vez, um oceano do ponto de vista da consciência de seres parcialmente desenvolvidos no interior do mesmo, como nós, e no momento apenas podemos esperar adquirir concepções vagas e obscuras de sua origem e constituição. Porém, por mais obscura que essas possam ser, nos permitem designar a série planetária subordinada, na qual a nossa evolução está sendo levada adiante, ao seu lugar devido no sistema do qual ela é uma parte, ou em todo caso adquirir uma idéia abrangente da magnitude relativa de todo o sistema, de nossa cadeia planetária, do mundo no qual estamos funcionando atualmente, e dos respectivos períodos de evolução nos quais estamos interessados como seres humanos[2].

Pois na verdade não podemos conceber intelectualmente a nossa própria posição sem alguma idéia – por mais vaga que possa ser – de nossa relação com o todo; e enquanto alguns estudantes estão contentes em trabalhar dentro de sua própria esfera pessoal do dever, e deixam de lado os horizontes mais amplos da vida até que sejam chamados a funcionar neles, outros sentem a necessidade de um esquema de maior alcance no qual eles tenham o seu lu-

---

[1] *A Doutrina Secreta*, Vol. 1, Ed. Pensamento, SP.
[2] *The System to Which We Belong*, p. 4.

Construindo um Cosmo

gar, e sintam uma satisfação intelectual em se elevarem o mais que puderem para obter uma visão de conjunto de todo o campo da evolução. Essa necessidade foi reconhecida e enfrentada pelos Guardiães espirituais da humanidade no magnífico delineamento do Cosmo a partir do ponto de vista do ocultismo traçado por Sua aluna e mensageira, H.P. Blavatsky, em *A Doutrina Secreta*, uma obra que tornar-se-á cada vez mais esclarecedora à medida que os estudantes da Sabedoria Antiga por si mesmos explorarem e dominarem os níveis inferiores de nosso mundo em evolução.

O aparecimento do *Logos*, assim nos dizem, é o arauto do nascimento do nosso Cosmo.

> Quando Ele está manifesto, tudo o mais é manifestado após Ele; pela sua manifestação, este Todo torna-se manifesto[3].

Ele traz consigo os resultados de um Cosmo passado – as poderosas Inteligências espirituais que deverão ser colaboradores e agentes no universo que deverá agora ser construído. Os mais elevados dentre eles são "os Sete", aos quais se dá geralmente o nome de *Logoi*, desde que cada um em Seu lugar é o centro de um departamento distinto no Cosmo, assim como o *Logos* é o centro do todo. O comentário anteriormente citado diz:

> Os sete Seres no Sol são os Sete Seres Sagrados, Autogerados do poder inerente à matriz da substância-Mater . . . A energia da qual eles surgiram para a existência consciente em cada Sol, é o que algumas pessoas chamam Vishnu, que é o Alento da Incondicionalidade. Nós a chamamos a Vida Una manifestada – em si mesma um reflexo do Absoluto.[4]

Essa "Vida una manifestada" é o *Logos*, o Deus manifestado.

É a partir dessa divisão primária que nosso Cosmo assume o seu caráter sétuplo, e todas as subdivisões subseqüentes em sua ordem decrescente reproduzem esta escala de sete tonalidades.

---

[3] *Upanixade Mundaka*, II, ii, 10.
[4] *A Doutrina Secreta*, Vol. I.

A Sabedoria Antiga

Subordinadas a cada um desses sete *Logoi* secundários vêm as hierarquias de Inteligências em ordem decrescente que formam o corpo governante de Seu reino; entre esses ouvimos falar dos Lipika, que são os Registradores do carma daquele reino e de todas as suas entidades; dos *Maharajas* ou *Devarajas*, que superintendem a execução da lei cármica; e das vastas hostes dos Construtores, que modelam e adaptam todas as formas, de acordo com as Idéias que residem no tesouro do *Logos*, na Mente Universal, e que passam Dele para os Sete, cada um dos quais planeja Seu próprio reino sob aquela suprema direção e daquela vida de todo inspirada, fornecendo-lhe, ao mesmo tempo, o Seu próprio colorido individual. H.P. Blavatsky chama esses sete reinos, que compõem o sistema solar, os sete centros *Laya*; diz ela:

> Os sete centros *Laya* são os sete pontos Zero, empregando o termo zero no mesmo sentido que o fazem os químicos, para indicar um ponto em que, no Esoterismo, começa a escala de reconhecimento da diferenciação. A partir desses Centros – além dos quais a filosofia Esotérica nos permite perceber os vagos contornos metafísicos dos "Sete Filhos" de Vida e Luz, os sete *Logoi* da filosofia Hermética e de todas as outras filosofias – começa a diferenciação dos elementos que entram na constituição do nosso sistema solar.[5]

Esse reino é uma evolução planetária de um caráter estupendo, o campo onde se desenrolam os estágios de uma vida, da qual um planeta físico, tal como Vênus, é uma corporificação transitória. Podemos falar do Governante que faz evoluir esse reino como um *Logos* planetário, de modo a evitar confusão. Ele retira da matéria do sistema solar, derramada do próprio *Logos* central, os materiais brutos de que necessita, e os elabora por meio de Suas energias vitais, cada *Logos* planetário especializando a matéria do Seu reino a partir de um estoque comum.[6]. Sendo o estado atômico em cada um dos sete planos de Seu reino, idêntico à matéria de um

---

[5] *A Doutrina Secreta*, Vol. I.
[6] Veja-se no Cap. 1, "O Plano Físico", a explicação sobre a evolução da matéria.

Construindo um Cosmo

subplano de todo o sistema solar, a continuidade fica assim estabelecida através do todo. Como observa H.P. Blavatsky, os átomos mudam "seus equivalentes de combinação em cada planeta", sendo os átomos em si mesmos idênticos, mas diferindo em suas combinações. Ela continua:

> Não somente os elementos do nosso planeta, mas até mesmo os de todos os seus irmãos no sistema solar, diferem em tal proporção uns dos outros em suas combinações, quanto dos elementos cósmicos além dos limites do nosso sistema solar . . . Cada átomo tem sete planos de ser, ou de existência, nos ensinam, – os subplanos, como os temos chamado, de cada grande plano.

Nos três planos inferiores do Seu reino evolutivo, o *Logos* planetário estabelece sete globos ou mundos que, por conveniência, seguindo a nomenclatura recebida, chamaremos de globos A, B, C, D, E, F e G. Essas são as Sete pequenas rodas girando, uma dando nascimento à outra, como diz a Estância VI do *Livro de Dzyan*:

> Ele as cria à semelhança de rodas mais antigas, fixando-as sobre os centros imperecíveis[7].

Imperecíveis, já que cada roda não somente dá nascimento à sua sucessora, mas é também ela própria reencarnada no mesmo centro, como veremos.

Pode-se imaginar esses três globos como estando dispostos em três pares sobre o arco de uma elipse, com o globo mediano no ponto mais inferior e bem no meio; geralmente, os globos A e G – o primeiro e o sétimo – estão nos níveis *arupa* do plano mental; os globos B e F – o segundo e o sexto – estão nos níveis *rupa*; os globos C e E – o terceiro e o quinto – estão no plano astral; o globo D – o quarto – está no plano físico. H. P. Blavatsky refere-se a esses globos como "formando uma gradação nos quatro planos inferiores

---

[7] A Doutrina Secreta, Vol. I.

A Sabedoria Antiga

do Mundo da Formação",[8] isto é, os planos físico e astral, e as duas subdivisões do mental (*rupa* e *arupa*). Eles podem ser representados:

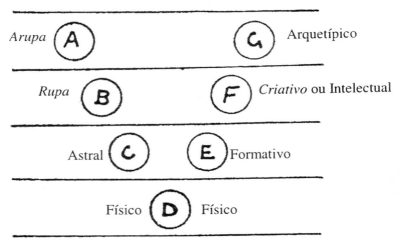

Essa é a disposição típica, porém modificada em certos estágios da evolução. Esses sete globos formam um anel ou cadeia planetária, e – se por um momento considerarmos a cadeia planetária como um todo, como, digamos, uma entidade, uma vida planetária ou individual – essa cadeia passa através de sete estágios distintos em sua evolução; os sete globos como *um todo* formam o seu corpo planetário, e esse corpo planetário desintegra-se e é recomposto sete vezes durante a vida planetária. A cadeia planetária tem sete encarnações, e os resultados obtidos em uma são transferidos para a seguinte.

Cada uma dessas cadeias de mundos é a progênie e criação de uma outra cadeia inferior e já morta – sua reencarnação, digamos.[9].

Essas sete encarnações[10] constituem "a evolução planetária", o reino de um *Logos* planetário. Como há sete *Logoi* planetários,

---

[8] *Ibid.*
[9] *A Doutrina Secreta*, Vol. I.

Construindo um Cosmo

ver-se-á que sete dessas evoluções planetárias, distintas entre si, constituem o sistema solar[11]. Num comentário oculto esta emanação dos sete *Logoi* a partir do Uno, e das sete cadeias sucessivas de sete globos cada, está descrito:

De uma Luz, sete luzes; de cada uma das sete, sete vezes sete[12].

Considerando as encarnações da cadeia, os *manvantaras*, aprendemos que esses são também divisíveis em sete estágios; uma onda de vida do *Logos* planetário é emitida ao redor da cadeia, e sete dessas grandes ondas de vida, cada uma delas denominada "ronda", constituem um *manvantara* simples. Cada globo tem assim sete períodos de atividade durante um *manvantara*, cada um, por sua vez, tornando-se o campo de evolução da vida.

Considerando um só globo, descobrimos que durante o período de sua atividade sete raças-raízes de uma humanidade evoluem nele, juntamente com seis outros reinos não-humanos interdependentes entre si. Como esses sete reinos contêm formas em todos os estágios de evolução, como todas têm distâncias mais elevadas estendendo-se ante elas, as formas em evolução de um globo passam para um outro para prosseguir em seu crescimento quando o período de atividade do globo anterior cessa, e continuam de globo para globo até o fim daquela ronda; depois prosseguem em seu curso ronda após ronda, até o término de sete rondas ou *manvantaras*; elas mais uma vez continuam a subir, de *manvantara* em *manvantara*, até que seja alcançado o final das reencarnações de sua cadeia planetária, quando os resultados daquela evolução planetária são reunidos pelo *Logos* planetário. Não é preciso dizer que quase nada dessa evolução é conhecido por nós; unicamente os pontos salientes na estupenda totalidade foram indicados pelos Instrutores.

---

[10] Recebem o nome de *manvantaras*.
[11] O Sr. Sinnett chama estas de "sete esquemas de evolução".
[12] *A Doutrina Secreta*, Vol. I.

A Sabedoria Antiga

Mesmo quando chegamos à evolução planetária na qual o nosso mundo é um estágio, nada sabemos dos processos pelos quais os seus sete globos evoluíram durante os seus dois primeiros *manvantaras*; e do seu terceiro *manvantara* sabemos apenas que o globo que atualmente é a nossa lua foi o globo D daquela cadeia planetária. Esse fato, contudo, nos pode ajudar a compreender melhor o que se quer dizer por essas reencarnações sucessivas de uma cadeia planetária. Os sete globos que formavam a cadeia lunar passaram no seu devido tempo por sua evolução sétupla; sete vezes a onda de vida, o Alento do *Logos* planetário, faz a volta à cadeia, acelerando por sua vez cada globo à vida. É como se aquele *Logos* guiando ao Seu reino voltasse sua atenção primeiramente ao globo A, e a partir daí trouxesse à existência sucessiva as formas inumeráveis que em sua totalidade constitui um mundo; quando a evolução tivesse chegado a um certo ponto, Ele voltaria sua atenção para o globo B, e o globo A cairia lentamente em um sono tranqüilo. Assim a onda de vida foi levada de globo em globo, até que uma ronda do círculo tivesse sido completada pelo globo G, terminando sua evolução. Depois ocorre um período de repouso[13], durante o qual a evolução externa cessou. No fecho desse período a atividade exterior recomeçou, iniciando em sua segunda ronda e começando como antes no globo A. O processo é repetido seis vezes, mas quando o sétimo, a última ronda, é alcançado, há uma mudança. O globo A, tendo terminado seu sétimo período de vida, se desintegra gradualmente, e o imperecível estado de centro *laya*[14] intervém; a partir daí, na aurora do *manvantara* seguinte um novo globo A é desenvolvido – como um novo corpo – no qual "os princípios" do planeta A precedente voltam a habitar. Essa frase teve a única intenção de dar uma idéia da relação entre o globo A do primeiro *manvantara* e o globo A do segundo, permanecendo oculta a natureza daquela conexão.

Da conexão entre o globo D do *manvantara* lunar – a nossa Lua – e o globo D do *manvantara* terrestre – a nossa Terra – sa-

---

[13] Esse período recebe o nome de *pralaya*.

[14] Veja-se o *Glossário Teosófico*, de H.P.B., no verbete *laya*. Ed. Ground, São Paulo. (Nota da ed. bras.)

Construindo um Cosmo

bemos muito pouco, e o Sr. Sinnett ofereceu um resumo conveniente do escasso conhecimento que possuímos no *The System To Which We Belong* (O Sistema ao Qual Pertencemos). Diz ele:

> A nova nebulosa terrestre foi desenvolvida em torno de um centro que tinha em grande parte a mesma relação com o planeta morto que os centros da Terra e da Lua têm entre si atualmente. Mas na condição nebulosa esse agregado de matéria ocupava um volume enormemente maior do que agora ocupa a matéria sólida da Terra. Estendia-se em todas as direções até envolver o antigo planeta em seu abraço impetuoso. A temperatura de uma nebulosa nova parece ser consideravelmente mais elevada do que quaisquer temperaturas que conheçamos e deste modo o antigo planeta foi novamente aquecido superficialmente, a tal ponto que toda atmosfera, água e matéria volatizável sobre ele foram transformadas em gases, e assim tornou-se mais fácil para o novo centro de atração estabelecer-se no centro da nova nebulosa. Desse modo o ar e os mares do velho planeta foram atraídos para a constituição do novo planeta, e é por essa razão que a Lua, no seu estado atual, é uma massa árida, seca, luzidia, sem nuvens e não mais habitável, não sendo mais utilizada para a habitação de quaisquer seres vivos. Quando o presente *manvantara* estiver quase acabando, durante a sétima ronda, a desintegração será completada, e a matéria que ainda se mantém coesa, irá transformar-se em poeira meteórica.

No terceiro volume de *A Doutrina Secreta*, no qual estão impressas algumas das técnicas orais dadas por H. P. Blavatsky aos seus alunos mais adiantados, lê-se o seguinte:

> No início da evolução do nosso globo, a Lua estava muito mais próxima da Terra, e era maior do que é agora. Ela se afastou de nós, e encolheu muito em tamanho. (A Lua doou todos seus princípios à Terra) . . . Uma nova Lua surgirá durante a sétima ronda, e a nossa Lua finalmente desintegrar-se-á e desaparecerá.[15]

---

[15] *A Doutrina Secreta*, Vol. V, "Os Escritos Esotéricos de H.P. Blavatsky".

A Sabedoria Antiga

A evolução durante o *manvantara* lunar produziu sete classes de seres, tecnicamente chamados de Pais, ou Pitris, já que foram eles que geraram os seres do *manvantara* terrestre. São esses os Pitris Lunares de *A Doutrina Secreta*. Mais desenvolvidos que esses eram duas outras classes – denominados diferentemente de Pitris Solares, Homens, Dhyanis inferiores – avançados demais para entrarem na evolução terrestre em seus estágios iniciais, mas que precisavam do auxílio das condições físicas posteriores para o seu crescimento futuro. A mais elevada dessas duas classes consistia de seres individualizados semelhantes a animais, criaturas com almas embrionárias, isto é, já tinham o corpo causal desenvolvido; a segunda estava se aproximando de sua formação. Os Pitris lunares, a primeira classe, estavam começando a mostrar o surgimento da mentalidade, enquanto a segunda e a terceira tinham desenvolvido apenas o princípio *kamico*. Essas sete classes de Pitris lunares eram o produto da cadeia lunar e que foram passados adiante para desenvolvimento posterior na cadeia terrestre, a quarta reencarnação da cadeia planetária. Como Mônadas – com o princípio mental presente na primeira, o princípio *kamico* desenvolvido na segunda e na terceira classes, este germe na quarta, apenas se aproximando do estágio germinal na ainda menos desenvolvida quinta, e imperceptível na sexta e sétima – essas entidades entraram na cadeia terrestre para provirem de alma a essência elemental e as formas modeladas pelos Construtores[16].

A nomenclatura adotada por mim é a de *A Doutrina Secreta*. No valioso texto de autoria dos Srs. Sinnett e Scott-Elliot sobre os *Pitris Lunares*, os "Dhyanis Inferiores" de H. P. B., que encarnaram na terceira e quarta rondas, são considerados como a primeira e segunda classes de Pitris Lunares; para esses autores, a terceira classe é, portanto, a primeira a que se refere H.P.B., a quarta deles é a segunda dela, e assim por diante. Não há diferença na exposição dos fatos, apenas na nomenclatura, mas essa diferen-

---

[16] H.P. Blavatsky, em *A Doutrina Secreta*, Vol. I, não inclui aqueles que o Sr. Sinnett chama os Pitris de primeira e segunda categorias nas Mônadas que provêm da cadeia lunar. Considera-os à parte, como "Homens", como Dhyan Chohans.

Construindo um Cosmo

ça de nomenclatura pode confundir o estudante se isso não for explicado. Como estou usando a nomenclatura de H.P.B., os meus amigos estudantes da Loja de Londres e os leitores das atas da Loja precisarão lembrar-se de que a minha primeira classe de Pitris é a terceira deles, e assim seqüencialmente.

Os "Construtores" é um nome que inclui Inteligências inumeráveis, hierarquias de seres de consciência e poder graduados, que em cada plano levam adiante a construção efetiva das formas. Os mais elevados dirigem e controlam, enquanto os inferiores preparam os materiais segundo os modelos fornecidos. E agora surge o uso dos globos sucessivos da cadeia planetária. O globo A é o mundo arquetípico, no qual são construídos os modelos das formas que deverão ser elaboradas durante a ronda; da mente do *Logos* Planetário os Construtores mais elevados assumem os Ideais arquetípicos, e guiam os construtores nos níveis *arupa* à medida que eles modelam as formas arquetípicas para a ronda. No globo B essas formas são reproduzidas em figuras variadas na matéria mental por uma ordem inferior de Construtores, e são lentamente desenvolvidas ao longo de diferentes linhas, até que estejam prontas para receber uma infiltração de matéria mais densa; então os Construtores em matéria astral assumem a tarefa, e no globo C, modelam as formas astrais, com detalhes mais trabalhados; quando as formas tiverem se desenvolvido tanto quanto permitam as condições astrais, os Construtores do globo D assumem a tarefa da moldagem das formas no plano físico, e os tipos mais inferiores de matéria são assim modeladas em tipos apropriados, e as formas atingem sua condição mais densa e mais completa.

Desse ponto mediano em diante a natureza da evolução muda de um certo modo; até aqui a máxima atenção fora dirigida para a construção da forma; no arco ascendente a atenção principal é dirigida essencialmente para a utilização da forma como veículo da vida evolutiva e na segunda metade da evolução no globo D, e nos globos E e F a consciência se expressa, a princípio, no plano físico, e em seguida nos planos astral e mental inferior, através dos equivalentes das formas elaboradas no arco descendente. No arco

A Sabedoria Antiga

descendente a Mônada influencia da melhor maneira possível as formas em evolução, e essas influências aparecem vagamente como impressões, intuições, etc; no arco ascendente a Mônada se expressa através das formas como seu regente interno. No globo G é alcançada a perfeição da segunda ronda, a Mônada habitando e usando como seus veículos as formas arquetípicas do globo A.

Durante todos esses estágios os Pitris lunares atuaram como as almas das formas, pairando sobre elas, para em seguida habitá-las. É sobre os Pitris de primeira classe que recaem os fardos mais pesados durante as três primeiras rondas. Os Pitris da segunda e terceira classes introduzem-se nas formas elaboradas pelos primeiros; os primeiros preparam essas formas servindo-lhes de alma por algum tempo, e depois passam adiante, deixando-as para moradias dos Pitris da segunda e terceira classes. Lá pelo fim da primeira ronda as formas arquetípicas do mineral teriam sido baixadas, para serem elaboradas através das rondas sucessivas, até que atinjam o seu estado mais denso no meio da quarta ronda. O "Fogo" é o "elemento" dessa primeira ronda.

Na segunda ronda os Pitris de primeira classe continuam sua evolução humana, apenas tocando os estados inferiores como o feto humano ainda os toca hoje, enquanto os da segunda classe, no encerramento da ronda, alcançaram o incipiente estágio humano. O grande trabalho da ronda é baixar as formas arquetípicas da vida vegetal que atingirão sua perfeição na quinta ronda. O "Ar" é o "elemento" da segunda ronda.

Na terceira ronda os Pitris de primeira classe tornam-se definitivamente humanos na forma; embora o corpo seja gelatinoso e gigantesco, ainda é, no globo D, compacto o suficiente para começar a ficar ereto; ele tem forma simiesca e é coberto de pêlos ásperos. Os Pitris de terceira classe alcançam o incipiente estágio humano. Os Pitris solares de segunda classe fazem sua primeira aparição no globo D nesta ronda, e assumem a dianteira na evolução humana. As formas arquetípicas dos animais são baixadas para serem elaboradas à perfeição lá pelo final da sexta ronda e a "Água" é o "elemento" característico.

236

Construindo um Cosmo

A quarta ronda, a ronda mediana das sete que constituem o *manvantara* terrestre, distingue-se por trazer para o globo A as formas arquetípicas da humanidade, sendo essa ronda tão distintivamente humana como as suas predecessoras foram respectivamente animal, vegetal, e mineral. Somente na sétima ronda essas formas estarão todas plenamente desenvolvidas pela humanidade, mas as possibilidades da forma humana são manifestadas arquetipicamente na quarta. A "terra" é o "elemento" desta quarta ronda, a mais densa, a mais material. Pode-se dizer que os Pitris solares de primeira classe pairam em torno do globo D mais ou menos durante os primeiros estágios de atividade desta ronda, mas não encarnam definitivamente senão após a terceira grande efusão de vida do *Logos* planetário no meio da terceira raça, e então só lentamente aumentam de número à medida que a raça progride, e multidões encarnam no início da quarta raça.

A evolução da humanidade no nosso quarto globo, D, apresenta de uma maneira bem marcante a contínua diversidade sétupla já muitas vezes aludida. Sete raças de homens já se tinham mostrado na terceira ronda, e na quarta essas divisões fundamentais tornaram-se muito claras no globo C, onde sete raças, cada uma com suas sub-raças, evoluíram. No globo D, a humanidade começa com uma primeira raça – geralmente chamada de uma Raça-Raiz – em sete pontos diferentes, "sete deles, cada qual em seu próprio território".[17] Esses sete tipos lado a lado, e não sucessivamente, constituem a primeira raça-raiz, e também cada uma delas tem sete sub-raças. Da primeira raça-raiz – criaturas gelatinosas e amorfas – desenvolve-se a segunda raça-raiz com formas de consistência mais definidas, e dessa para a terceira, criaturas simiescas que se transformaram em homens desajeitados e gigantescos. No meio da evolução dessa terceira raça-raiz, chamada lemuriana, vieram à Terra – de uma outra cadeia planetária, a de Vênus, muito mais avançada em sua evolução – membros de sua humanidade altamente evoluída, Seres gloriosos, muitas vezes

---

[17] *As Estâncias de Dzyan*, 3, 13. *A Doutrina Secreta*, Vol II.

A Sabedoria Antiga

chamados de Filhos do Fogo, devido à sua aparência radiante, uma ordem sublime entre os Filhos da Mente.[18]. Assumem residência na Terra, como Instrutores Divinos da jovem humanidade, alguns Deles atuando como canais para a terceira efusão de vida e projetando no interior do homem animal a centelha de vida monádica que forma o corpo causal. Assim os Pitris lunares de primeira, segunda e terceira classes tornaram-se individualizados – a vasta massa da humanidade. As duas classes de Pitris solares, já individualizadas – a primeira antes de deixar a cadeia lunar e a segunda mais tarde – formam as duas ordens inferiores dos filhos da Mente; a segunda encarna na terceira raça em seu ponto mediano, e a primeira vem mais tarde, em sua maior parte na quarta raça, a atlante. A quinta, ou raça ariana, agora liderando a evolução humana, desenvolveu-se da quinta sub-raça atlante, as famílias mais promissoras sendo segregadas na Ásia Central, e o novo tipo racial evoluiu, sob a superintendência direta de um Grande Ser, tecnicamente chamado Manu. Emergindo da Ásia Central a primeira subraça estabeleceu-se na Índia, ao sul dos Himalaias, e em suas quatro ordens de instrutores, guerreiros, comerciantes e operários, tornou-se a raça dominante na vasta península indiana, conquistando as nações da terceira e quarta raças que então a habitavam.

Ao final da sétima raça da sétima ronda, isto é, no fechamento do nosso *manvantara*, a nossa cadeia transmitirá à sua sucessora os frutos de sua vida; esses frutos serão homens divinos perfeitos, Budas, Manus, Chohans, Mestres, prontos para assumir a tarefa de guiar a evolução sob a direção do *Logos* planetário, com hostes de entidades menos evoluídas de todo grau de consciência, que ainda precisam de experiências físicas para o aperfeiçoamento de suas possibilidades divinas. O quinto, o sexto e o sétimo *manvantaras* de nossa cadeia ainda estão nas entranhas do futuro, depois de essa quarta ronda se ter encerrado, e então o *Logos* pla-

---

[18] *Manasaputra:* uma vasta hierarquia de Inteligências autoconscientes que abrange muitas ordens. Veja-se o *Glossário Teosófico*, de H.P.B., Ed. Ground, São Paulo. (Nota da ed. bras.)

Construindo um Cosmo

netário recolherá em Si todos os frutos da evolução, e com os Seus filhos entrará num período de repouso e bem-aventurança.

Nada podemos dizer desse estado sublime; como, nesse estágio de nossa evolução, poderíamos nós sonhar com essa glória inimaginável! Apenas sabemos muito vagamente que os nossos espíritos contentes "entrarão na alegria do Senhor", e, descansando n'Ele, verão estender-se à sua frente extensões infinitas de vida e amor sublimes, altitudes e abismos de poder e alegria, ilimitados como a Existência Una, inesgotáveis como o Uno que é.

PAZ A TODOS OS SERES.

Posfácio

A China, cuja civilização está atualmente em estado retrógrado[1], foi outrora povoada pelos turanianos, a quarta subdivisão da quarta Raça-Raiz, a raça que habitou o continente desaparecido da Atlântida e que cobriu com suas ramificações a superfície do globo. Os mongóis, última subdivisão da mesma raça, vieram mais tarde reforçar a população, de maneira que na China encontramos tradições de uma remota antigüidade, anteriores ao estabelecimento, na Índia, da quinta raça, a Raça Ariana. No *Ching Chang Ching*, ou *Clássico da Pureza*, encontramos um fragmento de uma antiga Escritura de singular beleza, que exala o espírito de tranqüilidade e paz, tão característico do "ensinamento original".

O Sr. Legge diz na nota introdutória da sua tradução[2] que o tratado – é atribuído a Ko Yüan (ou Hsüan), um taoísta da dinastia Wu, famoso por ter atingido a condição de Imortal, título com o qual é geralmente designado. Ele é representado como um operador de milagres; afeito à intemperança, e muito excêntrico a seu modo. Tendo um dia naufragado, surgiu de sob as águas com suas vestes secas e caminhou calmamente pela superfície do mar. Finalmente subiu ao Céu em pleno dia. Todos esses relatos podem ser atribuídos a fantasias de época ulterior.

Tais narrativas são freqüentemente contadas sobre Iniciados de diferentes graus, e não são necessariamente "invenções fantásticas", mas estamos mais interessados no que Ko Yüan conta em seu livro:

---

[1] *Fossilized,* no original em inglês. Lembremo-nos de que o livro foi escrito em 1897, e daquela época até o presente, indubitáveis transformações ocorreram na China . (Nota da ed. bras.)

[2] *The Sacred Books of the East,* Vol. XL.

A Sabedoria Antiga

> Quando atingi o verdadeiro *Tao*, eu tinha recitado este *Ching* (livro) dez mil vezes. Assim praticam os Espíritos Celestes, e esse livro não foi comunicado aos eruditos deste mundo inferior. Foi-me dado pelo Divino Regente do Hwa oriental; ele o recebera do Divino Regente do Portal de Ouro; esse último o recebera da Mãe Real do Ocidente.

Ora, o título de "Divino Regente do Portal de Ouro" era o do Iniciado que governava o império Tolteca na Atlântida, e o emprego desse título sugere que o *Clássico da Pureza* foi nessa época trazido para a China, quando os turanianos se separaram dos toltecas. Essa idéia é corroborada pelo conteúdo desse curto tratado, que tem como assunto o *Tao*, literalmente "o Caminho" – nome que designa a Realidade Una na antiga religião turaniana e mongólica. Assim lemos:

> O Grande *Tao* não tem forma corpórea, mas produziu e alimenta o Céu e a Terra. O Grande *Tao* não tem paixões, mas é a causa das revoluções do Sol e da Lua. O Grande *Tao* não tem nome, mas é Ele quem mantém o crescimento e a manutenção de todas as coisas (i, 1).

Tao é Deus manifestado como unidade, mas a dualidade intervém:

> Agora o *Tao* (aparece sob duas formas), o Puro e o Impuro, e possui (as duas condições de) Movimento e Repouso. O Céu é puro, e a Terra impura; o Céu se move, e a Terra está em repouso. O masculino é puro, e o feminino é impuro; o masculino move-se, e o feminino está estático. A (Pureza) radical desceu e o resultado (impuro) se espalhou em todos os sentidos, e assim todas as coisas foram geradas. (i, 2)

Essa passagem é particularmente interessante, pela alusão aos aspectos ativo e receptivo da Natureza, pela distinção entre Espírito, o gerador, e matéria, a que alimenta, tão familiar em escritos posteriores.

No *Tao Te Ching* o ensinamento com relação ao Não-Manifestado e ao Manifestado é revelado claramente:

> O *Tao* que pode ser trilhado não é o *Tao* eterno e imutável. O nome que pode ser enunciado não é o nome eterno e imu-

Posfácio

imutável. Não tendo nome algum, é o Originador do Céu e da Terra; quando possui nome, é a Mãe de todas as coisas. . . . Sob esses dois aspectos, é, na realidade, o mesmo; mas à medida que se produz o desenvolvimento, recebe diferentes nomes. Juntos, nós os chamamos de Mistério (i,1,2,4).

Os estudantes da Cabala irão lembrar-se de um dos Nomes Divinos, "O Mistério Oculto":

> Havia algo indefinido e completo, vindo à existência antes do Céu e da Terra. E como era imóvel, e sem forma, solitário e inalterável, chegando a toda parte, sem qualquer risco (de ser extinguido). Pode ser considerado como a Mãe de todas as coisas. Eu não sei o seu nome e o designo pelo termo *Tao*. Esforçando-me para dar-lhe um nome, eu o chamo Grande. Grande, segue o seu curso (como um fluxo contínuo). Em sua passagem torna-se remoto. E tendo se tornado remoto, ele retorna (xxv, 1-3).

É extremamente interessante achar aqui essa idéia de emanação e absorção da Vida Una, tão familiar para nós na literatura hindu. O verso seguinte também parece familiar:

> Todas as coisas sob o Céu surgiram Dele como existentes (e com um nome); essa existência surgiu Dele como não-existente (e sem um nome) (xl,2).

Para que um universo possa existir, o Não-Manifestado deve emanar o Uno, de onde procedem a dualidade e a trindade:

> O *Tao* produziu o UM; o UM produziu DOIS; o DOIS produziu o TRÊS; o TRÊS produziu todas as coisas. Todas as coisas deixam atrás de si a Obscuridade (de onde vieram) e avançam para abraçar o brilho em que imergem enquanto são harmonizadas pelo Alento do Vazio (xl ii, 1).

"Alento do Espaço" seria uma tradução mais feliz. Tendo tudo saído d'Aquele, Aquele existe em tudo:

> O Grande *Tao* tudo permeia. Pode ser encontrado à esquerda e à direita . . . Ele envolve todas as coisas como se fora uma roupagem, e não se arroga de ser senhor de todas elas;

A *Sabedoria Antiga*

> – . . . Ele pode ser encontrado nas menores coisas. Todas as coisas retornam (à sua raiz e desaparecem), sem saber que é Ele que as preside nesse processo; – Ele pode ser encontrado nas maiores coisas (xxxiv, 1, 2).

Chuang-Tzu (IV a.C.), em sua exposição dos ensinamentos antigos, faz alusão às Inteligências espirituais que procedem do *Tao*:

> Ele tem em si mesmo sua raiz e sua causa de existência. Antes que houvesse Céu e Terra, em tempos remotos, Ele existia infalivelmente. Dele proveio a misteriosa existência de espíritos, d'Ele, a misteriosa existência de Deus (Livro vi, 1ª parte, sec. vi, 7).

Segue uma lista de nomes dessas Inteligências, mas o papel preponderante que representam esses seres na religião chinesa é de tal maneira conhecido, que se torna inútil multiplicar as citações sobre eles.

O homem é considerado como uma trindade. O Taoísmo, diz o Sr. Legge, reconhece nele o espírito, a mente e o corpo. Essa divisão aparece claramente no *Clássico da Pureza*, quando diz que o homem deve libertar-se do desejo para atingir a união com o Uno:

> Ora, o espírito do homem ama a pureza, mas sua mente o perturba. A mente do homem ama a tranqüilidade, mas seus desejos a afastam. Se ele sempre pudesse evitar os seus desejos, sua mente tornar-se-ia tranqüila. Mantenha ele sua mente limpa, e seu espírito tornar-se-á puro . . . A razão pela qual os homens são incapazes de atingir esse estado é porque suas mentes não foram perfeitamente purificadas e seus desejos não foram afastados. Se o homem consegue afastar os seus desejos, então ao contemplar a sua mente, ela não é mais sua; ao contemplar o seu corpo, ele não é mais seu; e quando volta seu olhar para mais longe, para as coisas de fora, elas se tornam coisas com as quais ele mais nada tem a ver. (i,3,4).

Em seguida, depois de expor as etapas do caminho que conduz interiormente para o "estado de perfeita tranqüilidade", pergunta-se:

244

Posfácio

Como poderá nascer algum desejo, naquela condição de repouso, independente de lugar? E quando nenhum desejo mais se manifesta, nascem a verdadeira tranqüilidade e o verdadeiro repouso. Essa tranqüilidade verdadeira torna-se (uma) qualidade constante, e responde às coisas exteriores (sem erros); sim, essa qualidade real e constante mantém domínio sobre a natureza. Em tal constante resposta e tranqüilidade há a constante pureza e repouso. Quem possui essa pureza absoluta entra gradualmente (na inspiração do) verdadeiro *Tao*. (i,5).

As palavras "inspiração do", acrescentadas pelo tradutor, tendem antes a velar o sentido do que esclarecê-lo, porque penetrar no *Tao* está inteiramente de acordo com toda a idéia expressa e com outras Escrituras sagradas.

O Taoísmo põe muita ênfase no aniquilamento do desejo; um comentarista do *Clássico da Pureza* observa que a compreensão do *Tao* depende da pureza absoluta e que:

A aquisição dessa Pureza Absoluta depende inteiramente da abdicação do Desejo, que é a lição insistente e prática desse Tratado.

O *Tao Te Ching* diz:

Sem desejo sempre devemos nos achar
Se seu profundo mistério havemos de sondar;
Mas, se o desejo em nós sempre permanecer,
Dele apenas sua borda externa poderemos perceber (i,*3*).

A reencarnação não parece ser tão nitidamente ensinada como poderia se esperar, embora encontremos passagens nitidamente que sugerem que a idéia principal foi aceita, e que se considera que o ser passa através de nascimentos, tanto animais quanto humanos. Assim, Chuang-Tzu conta-nos a história original e instrutiva de um moribundo, a quem seu amigo dizia:

"Na verdade, o Criador é grande! Em que Ele te transformará agora? Aonde te levará Ele agora? Fará de ti o fígado de um rato ou a pata de um inseto?" Szelaiz respondeu: "Seja

A Sabedoria Antiga

> para onde for que um pai ordene a seu filho ir, para leste, oeste, sul ou norte, o filho obedece simplesmente. . . Suponhamos um grande mestre em fundição ocupado em fundir o seu metal. Se o metal de súbito se levantasse (no cadinho) e dissesse: 'Quero ser modelado em (uma espada semelhante ao) Moysh', – o grande mestre de fundição certamente acharia isso estranho. Assim, também, quando uma forma estiver sendo formada no molde do útero, se ela exclamasse: 'Quero ser um homem, quero ser um homem', – o Criador certamente acharia isso estranho. Uma vez que compreendamos que o Céu e a Terra são um grande cadinho e que o Criador é um grande mestre de fundição, aonde poderemos ir que não seja adequado para nós? Nascemos como que de um tranqüilo sono e morremos para um calmo despertar" (Livro vi, 1ª Parte, Sec. vi).

Voltando-nos para a Quinta Raça, a Raça Ariana, encontramos os mesmos ensinamentos incorporados na mais antiga das religiões arianas – a religião Bramânica. A Existência Eterna é proclamada no *Upanixade Chandogya* como o "O Uno, sem um segundo" e está escrito:

> Pela vontade me multiplicarei para o bem do universo (vi, ii, 1, 3).

O Supremo *Logos*, Brahman, é tríplice – Ser, Consciência, Bem-aventurança, e é dito:

> Deste procedem a vida, a mente e todos os sentidos, o éter, o ar, o fogo, a água e a terra, que sustenta tudo (*Upanixade Mundaka,* ii, 3).

Em parte alguma se encontram descrições mais grandiosas da Deidade do que nas Escrituras hindus, mas elas estão se tornando tão familiares que bastam algumas breves citações. Que as citações seguintes sirvam como exemplos de suas preciosas jóias.

> Manifestado, próximo, movendo-se no lugar secreto, a morada imensa onde repousa tudo o que se move, tudo que respira e fecha os olhos. Sabei que é necessário adorar Aquilo, ser e não-ser, o melhor, além da compreensão de

Posfácio

todas as criaturas. Luminoso, mais sutil que o sutil, no qual estão contidos todos os mundos com seus habitantes. Este é o imperecível Brahman; Aquilo é também Vida, Voz e Mente . . . Em sua nuvem de ouro mais elevada, é o imaculado, o indivisível *Brahman*. Aquilo, a pura Luz das luzes, conhecido daqueles que conhecem o Ser . . . Aquilo que é o imperecível *Brahman* está à frente, *Brahman* também está atrás, Brahman está à direita e à esquerda, em cima e embaixo, permeante; este *Brahman* é, na verdade, o Todo. É o sublime (*Upanixade Mundaka*, II,ii, 1,2,9,11).

Além do universo, Brahman, o Supremo, o Grande, oculto em todos os seres, segundo seus corpos respectivos, o Alento único de todo o Universo, o Senhor, ao conhecerem-no, (os homens) tornam-se imortais; E conheço aquele poderoso Espírito, o Sol que brilha além das trevas . . . Eu O conheço, o Indelével, o Antigo, a Alma de tudo, onipresente por Sua natureza, a quem os conhecedores de Brahman chamam o não-nascido, a quem eles chamam o Eterno (*Upanixade Shvetashvatara,* iii, 7,8,21).

Quando não há trevas, nem dia nem noite, nem ser nem não-ser, Shiva subsiste ainda, solitário; Aquilo, o indestrutível, Aquilo que deve ser adorado por Savitri; d'Aquele surgiu a Sabedoria Antiga. Nem em cima, nem em baixo, nem no centro, pode Ele ser compreendido. Nada existe comparável a Ele cujo nome é Gloria infinita. O olhar não pode precisar sua forma, ninguém pode com sua vista contemplá-Lo; aqueles que O conhecem pelo coração e pela mente e O trazem no coração, tornam-se imortais (*ibid*.iv,18-20).

"O homem em seu Ser interior, é uno com o Ser do Universo – "Eu sou Aquilo" – é uma idéia que tão profundamente impregna todo o pensamento hindu, que o homem é muitas vezes designado como sendo a "cidade divina de Brahman"[3] a "cidade dos nove portais e que Deus mora na cavidade de seu coração.[4]

Há apenas uma única maneira de se ver (o Ser) que não pode ser demonstrado, que é eterno, imaculado, mais sutil do que o éter, não nascido, a grande Alma Eterna . . . Essa

---

[3] *Upanixade Mundaka.*
[4] *Upanixade Shvetashvatara.*

A Sabedoria Antiga

> grande Alma não nascida, é a mesma que habita como alma inteligente em todas as criaturas vivas, a mesma que habita como éter no coração[5], em latência; a todos sujeita e de todos é o Regente, o Soberano Senhor de todos; não se torna maior pelas boas obras, nem se diminui com as más. É O que tudo governa, Soberano Senhor de todos os seres, o Preservador de todos os seres, a Ponte e o Sustentáculo dos mundos, para que eles não caiam em ruínas. (*Upanixade Brihadaranyaka*, IV, iv,20,22, tradução do Dr. E. Roer).

Quando Deus é considerado como o evoluidor do universo, seu tríplice caráter surge nitidamente como Shiva, Vishnu e Brahma, ou ainda como Vishnu dormindo sob as águas, o Lótus elevando-se de seu seio, e no Lótus, Brahma. O homem é igualmente tríplice, e no *Upanixade Mandukya* o Ser é descrito como condicionado pelo corpo físico, pelo corpo sutil e pelo corpo mental e, então, desvencilhando-se de todos eles, junta-se ao Uno "*sem dualidade*". Da Trimurti (Trindade) procedem numerosos deuses, encarregados de administrar o universo, aos quais se refere o *Upanixade Brihadaranyaka*:

> Adorai-O, ó Deuses, por quem o ano executa o ciclo de seus dias, a Luz das luzes, como a Vida Imortal. (IV, iv,16).

Torna-se desnecessário até mesmo mencionar a presença do ensino da reencarnação no Bramanismo, pois que toda a sua filosofia de vida versa sobre essa peregrinação da alma através de muitos nascimentos e mortes, e livro algum poderia ser encontrado em que não se confirmasse essa verdade.

Por causa de seus desejos o homem fica atado a essa roda de mudança, e por isso deve libertar-se pelo conhecimento, pela devoção e pelo aniquilamento dos desejos. Quando a alma conhece Deus, ela é libertada[6]. O intelecto purificado pelo conhecimento O contempla[7]. O conhecimento ligado à devoção encontra a morada

---

[5] "O éter no coração" é uma frase mística empregada para indicar o Uno que, se diz, reside no coração.

[6] *Upanixade Shvetashvatara* , i,8.

[7] *Upanixade Mundaka* , III, i,8.

Posfácio

de Brahman[8]. Todo aquele que conhece Brahman torna-se Brahman[9]. Quando cessam os desejos, o mortal torna-se imortal e obtém Brahman[10].

O Budismo, tal como existe em sua forma do norte, está de perfeito acordo com as crenças mais antigas; mas em sua forma do sul parece ter deixado escapar a idéia da Trindade Logóica, como a da Existência Una, de onde essa Trindade procede. O *Logos* em sua tríplice manifestação é: Amitabha, O Primeiro *Logos*, a Luz sem limites; Avalokiteshvara ou Padmapani (Chenresi), o Segundo *Logos*; Manjusri, o Terceiro, "representante da Sabedoria criadora, e correspondendo a *Brahma*"[11]. O Budismo chinês, aparentemente não contém a idéia de uma Existência primordial, além do *Logos*; mas o Budismo do Nepal postula Adi-Budha, de quem Amitabha procede. Eitel considera Padmapani como representante da Providência Compassiva e correspondendo, em parte, a Shiva, mas como o aspecto da Trindade budista que produz as encarnações, Ele parece antes representar a mesma idéia que Vishnu, a quem está estreitamente associado por dar à luz ao Lótus (o fogo e a água, ou o espírito e a matéria, como constituintes primários do universo). A Reencarnação e o Carma são doutrinas tão fundamentais do Budismo, que se torna quase desnecessário insistir sobre elas, a não ser para assinalar o caminho da libertação, e para ressaltar que, como o Senhor Buda era um hindu pregando para hindus, as doutrinas bramânicas são aceitas como parte integrante de Seu ensinamento, como seria de se esperar. Ele foi um purificador e um reformador, e não um iconoclasta, e combateu os acréscimos devidos à ignorância, e não as verdades fundamentais que pertencem à Sabedoria Antiga:

> Aqueles seres que seguem o caminho da Lei que foi bem ensinada, atingem a outra margem do grande mar dos nas-

---

[8] *Ibid*, III, ii, 4.
[9] *Ibid*, III, ii, 9.
[10] *Upanixade Katha.*, vi, 14.
[11] Eitel, *Dicionário Sânscrito-Chinês*, *sub voce* [expressão latina que significa "sob a palavra" e que é utilizada seguida das palavras iniciais do verbete de uma enciclopédia ou dicionário, às quais se remete. (N. da ed. bras.)]

A Sabedoria Antiga

cimentos e da mortes, tão difícil de transpor (*Udanavarga*, xxix, 37).

O desejo prende o homem, que dele deve desembaraçar-se :

> Para aquele que esta preso pelas correntes do desejo, é duro libertar-se delas, diz o Bem-aventurado. O homem constante, que não se interessa pela felicidade trazida pelos desejos, livra-se deles e, em breve, dirige-se (para o Nirvana) . . . A humanidade não tem desejos duráveis: eles são transitórios para aqueles que os experimentam; libertai-vos, portanto, daquilo que não pode durar, e não permaneçam na morada da morte (*ibid.* ii,6,8).
>
> Aquele que aniquilou os desejos pelos bens (mundanos), a pecaminosidade, os grilhões da lascívia, que arrancou o desejo pelas raízes, ele, Eu declaro, é um Brâmane (*ibid,* xxxiii, 68).

E um Brâmane é um homem que está "habitando seu último corpo"[12], e que é definido como sendo aquele:

> Que, conhecendo suas moradas (existências) anteriores, percebe o céu e o inferno, o Muni[13], que encontrou o meio de por fim aos nascimentos. (*ibid.* xxxiii, 55).

Nas Escrituras exotéricas hebraicas, a idéia de uma Trindade não está ressaltada tão claramente, embora a dualidade seja aparente, e o Deus a que se referem é obviamente o *Logos*, e não o Uno Imanifestado:

> Eu sou o Senhor e não há nenhum outro. Eu formo a Luz e crio a obscuridade; Eu faço a paz e crio o mal; Eu sou o Senhor que faz todas estas coisas. (*Isa.* xlvii,7).

Filon, entretanto, expõe muito claramente a doutrina do *Logos*, e no Quarto Evangelho encontramos:

---

[12] *Udanavarga*, xxxiii, 41.

[13] *Muni* (Sânsc.): Santo, sábio. Literalmente: "silencioso". Veja-se o *Glossário Teosófico*, Helena Blavatsky, Ed. Ground, São Paulo. (Nota da ed. bras.)

Posfácio

No princípio era o Verbo (*Logos*), e o Verbo estava em Deus e o Verbo era Deus . . . Todas as coisas foram feitas por Ele, e nada que existe foi feito sem Ele. (*S. João*, i,1,3).

Na Cabala, a doutrina do Uno, dos Três, dos Sete, e depois dos muitos está claramente ensinada:

> O mais Antigo dos Antigos, o Desconhecido do Desconhecido, tem uma forma e, ao mesmo tempo, não tem forma alguma. Ele tem uma forma pela qual o Universo se mantém. Ao mesmo tempo não tem forma alguma, pois que Ele não pode ser circunscrito. E quando pela primeira vez Ele assumiu esta forma (Kether, a Coroa, o Primeiro *Logos*), Ele permitiu emanarem de Si nove Luzes brilhantes (a Sabedoria e a Voz, formando com Kether a Tríade, e depois os Sete Sephiroth inferiores). . . É o mais Antigo dos Antigos, o Mistério dos Mistérios, o Desconhecido do Desconhecido. Tem uma forma que é parte d'Ele, pela qual se nos mostra, como o Ancião acima de Tudo, como o Ancião dos Anciães, e como aquilo que é o Mais Desconhecido entre os Desconhecidos. Mas, sob essa forma pela qual se faz conhecido, no entanto, ainda permanece o Desconhecido. (*Zohar – A Cabala*, por Isaac, Myer, *pp.274-275*).

Myer assinala que a "forma" não é "o Ancião de todos os Anciães", que é o Ain Soph.

Mais adiante:

> Há no Altíssimo Três Luzes que se fundem numa única; elas são a base da Torá, e isso abre a porta para tudo . . . Vinde, vede o mistério da Palavra. Esses são os três degraus e cada um existe por si mesmo e, no entanto, todos são Um e fundem-se em Um só, e também não estão separados um do outro . . . Três procedem de Um, Um existe nos Três, é a força entre Dois, Dois nutrem Um, Um nutre a multiplicidade, assim Tudo é Um (*ibid.*, 373,375, 376).

É desnecessário dizer que os hebreus mantinham a doutrina de muitos Deuses – "Quem é semelhante a Ti, Ó Senhor, entre os

A Sabedoria Antiga

Deuses? ".[14] – e da multidão de servidores subordinados, os "Filhos de Deus", os "Anjos do Senhor", as "dez Hostes Angélicas". Com relação ao princípio do Universo, o *Zohar* ensina:

> No começo era a Vontade do Rei, anterior a toda existência, a qual surgiu por emanação de sua Vontade. Ela modelou e gravou as formas de todas as coisas que deveriam manifestar-se vindas do esconderijo para a visão, na luz suprema e estonteante do Quadrante (a Tetractys Sagrada). (*A Cabala*, Myer, pp.194,195).

Nada pode existir em que a Divindade não esteja imanente, e no que concerne à reencarnação, é ensinado que a Alma está presente na Ideação divina antes de vir à Terra; se a Alma permanecesse completamente pura durante suas provações, ela escaparia aos renascimentos, mas essa parece ter sido apenas uma possibilidade teórica, pois como está dito:

> Todas as almas estão sujeitas aos ciclos (metempsicose, *a'leen o'gilgoolah),* mas os homens não conhecem os caminhos do Altíssimo; que Ele seja abençoado! Eles ignoram a maneira pela qual foram julgados em todos os tempos, mesmo antes de virem a este mundo e quando o tiverem deixado (*ibid.*, p.198).

Traços dessa crença se encontram nas Escrituras exotéricas, tanto hebraicas quanto cristãs, como na crença de que Elias retornaria, e mais tarde em sua reaparição como João Batista.

Voltando nossa atenção para o Egito, encontramos ali, desde a mais remota antiguidade, sua famosa Trindade: Ra, Osíris-Ísis como o Segundo *Logos* dual, e Horus. Recordemos o hino grandioso a Amon-Ra:

> Os Deuses se inclinam ante Tua Majestade exaltando as Almas d'Aquele que as gerou . . . e eles Te dizem: Paz a todas as emanações do Pai inconsciente dos conscientes Pais dos Deuses. . . . Ó Gerador dos seres, nós adoramos as Almas que emanam de Ti. Tu nos gerastes, Ó Desconhecido, e nós Te saudamos, adorando cada Alma-Deus que descende

---

[14] Êxodo, xv, ii.

Posfácio

de Ti e que vive em nós (*A Doutrina Secreta*, Helena P Blavalsky).

Os "conscientes Pais dos Deuses" são os Logoi, o "Pai inconsciente" é a Existência Una, inconsciente não por ser menos, mas por ser infinitamente mais do que aquilo que chamamos de consciência, uma coisa limitada.

Nos fragmentos do *Livro dos Mortos*, podemos estudar as concepções da reencarnação da alma humana, a sua peregrinação e a sua união final com o *Logos*. O famoso papiro do "escriba Ani, triunfante na paz", está repleto de passagens que recordam ao leitor as Escrituras de outras crenças: sua viagem através do mundo inferior, sua expectativa de entrar novamente no corpo (a forma como os egípcios entendiam a reencarnação), sua identificação com o *Logos*:

> Diz Osíris Ani: Eu sou o Grande Uno, filho do Grande Uno. Eu sou o Fogo, o filho do Fogo . . . Eu remontei meus ossos, fiz-me inteiro e são; me tornei moço mais uma vez; Eu sou Osíris, o Senhor da eternidade. (xliii, 1,4).

Na revisão crítica do *Livro dos Mortos* por Pierret, encontramos esta notável passagem:

> Eu sou o ser de misteriosos nomes que para si mesmo prepara moradas para milhões de anos (p. 22). Coração, que vens a mim de minha mãe, meu coração necessário à minha existência na Terra . . . Coração, que vens a mim de minha mãe, coração que me é necessário para minha transformação (pp.113, 114).

Na religião de Zoroastro encontramos a concepção da Existência Una, idealizada como Espaço Ilimitado, de onde surgiu o *Logos*, o criador Ahura Mazda:

> Supremo em onisciência e bondade, sem rival em esplendor: a região de luz é a morada de Ahura Mazda. (*Os Bundahis, Livros Sagrados do Oriente*, v.3,4:v.2).

É a Ele, no *Yasna,* a liturgia principal dos zoroastrianos, que se homenageia em primeiro lugar:

A Sabedoria Antiga

> Eu anuncio que completarei minha adoração (Yasna) a Ahura Mazda, o Criador, o radiante e glorioso, o maior e o melhor, o mais belo (?) (em nossa concepção), o mais firme, o mais sábio, e o único de todos cujo corpo é o mais perfeito, que atinge seus fins do modo mais infalível, por graça de sua reta ordem, a Ele que retifica nossas mentes, que expande Sua graça geradora de alegria; que nos fez e nos modelou, que nos tem nutrido e sustentado, que é o Espírito mais generoso. (*Livros Sagrados do Oriente*, xxxi, pp.195.196).

O venerador rende em seguida homenagem aos Amshaspends e a outros deuses, mas o Deus supremo manifestado, o *Logos*, não é apresentado aqui como trino. Tal como entre os hebreus, havia no culto exotérico uma tendência de perder-se de vista essa verdade fundamental. Felizmente, foi-nos possível encontrar a pista do ensino primitivo, embora mais tarde tenha ele desaparecido das crenças populares. O Dr. Haug, em seus *Ensaios sobre os Pársis*, (traduzido para o inglês pelo Dr. West, e constituindo o volume V da *Coleção Oriental de Trübner*) diz que Ahura Mazda ou Ormuzd – é o Ser Supremo, e que d'Ele foram produzidas duas causas primevas que, embora diferentes, estavam unidas e produziram o mundo das coisas materiais, como também o mundo do espírito (p. 303).

Esses dois princípios eram chamados gêmeos e estão presentes em toda parte, tanto em Ahura Mazda como no homem. Um gera a realidade, e o outro a não-realidade, e são esses dois princípios que no Zoroastrismo posterior tornaram-se os Espíritos antagônicos do bem e do mal. Nos ensinamentos primitivos certamente que eles formavam o Segundo *Logos*, cujo sinal característico é a dualidade.

O "bem" e o "mal" são simplesmente Luz e Trevas, Espírito e Matéria, os gêmeos fundamentais do Universo, os dois procedentes do Uno.

Criticando essa última idéia, o Dr. Haug diz :

> Esta é a noção original zoroastriana dos dois Espíritos Criadores, os quais formam somente duas partes do Divino Ser. Mas no decurso do tempo, em conseqüência de incompreensões e falsas interpretações, essa doutrina do grande fun-

Posfácio

dador foi modificada e corrompida. Spentomainyush ("o espírito bom") foi adotado como um nome do próprio Ahura Mazda, e certamente então Angromainyush ("o espírito mau"), por se tornar inteiramente separado de Ahura Mazda, foi considerado como o adversário constante de Ahura Mazda; assim nasceu o dualismo de Deus e do Diabo (p. 205).

A visão do Dr. Haug parece ser apoiada pelo *Gatha Ahunavaiti*, dado com os outros *Gathas* pelos "arcanjos" a Zoroastro ou Zarathustra:

> No princípio havia um par de gêmeos, dois espíritos, cada um de uma atividade peculiar, isto é, o bom e o mau . . . E esses dois espíritos unidos criaram primeiro (as coisas materiais); um, a realidade, o outro a não-realidade . . . E para fortalecer esta vida, (para aumentá-la), Armaiti chegou com riqueza, a mente boa e verdadeira; ela, a eterna, criou o mundo material . . . Todas as coisas perfeitas, conhecidas como os melhores seres, são acolhidas na morada esplêndida da Boa Mente, a Sábia e a Justa (*Yas*, xxx, 3, 4, 7, 10, trad. do Dr. Haug, pp.149-151).

Aqui são vistos os Três *Logoi*, Ahura Mazda, o primeiro, a suprema Vida; n'Ele e provindo d'Ele, os gêmeos, o Segundo *Logos*; depois Armaiti, a Mente, o Criador do Universo, o Terceiro *Logos*[15]. Mais tarde aparece Mitra, que obscurece, até certo ponto, na crença exotérica, a verdade primitiva; dele se diz:

> Aquele a quem Ahura Mazda criou para conservar e dirigir todo este mundo em movimento; que, jamais dormindo, sempre vigilante guarda a criação de Mazda (*Mihir Yast*, xxvii, 103; *Livros Sagrados do Oriente*, xviii).

Ele era um Deus subordinado, a Luz do Céu, assim como Varuna era o próprio Céu, uma das grandes Inteligências dirigentes. As mais elevadas dessas Inteligências diretoras eram os seis

---

[15] Armaiti era primitivamente a Sabedoria e a Deusa da Sabedoria; mais tarde, como Criador, Ela foi identificada com a Terra e adorada como a Deusa da Terra.

A Sabedoria Antiga

Amshaspends, liderados pelo Bom Pensamento de Ahura Mazda, Vohuman – que administram toda a criação material. (*Livros Sagrados do Oriente*, v, p. 10, nota).

A reencarnação parece não ser ensinada nas obras que, até agora, foram traduzidas, e a crença não é difundida entre os modernos parses. Mas encontramos a idéia de que o Espírito, no homem, é uma centelha cujo destino é o de tornar-se uma chama e unir-se de novo ao Fogo Supremo, e isso deve implicar num desenvolvimento para o qual os renascimentos são necessários. De resto o Zoroastrismo permanecerá incompreendido até que recuperemos os *Oráculos Caldeus* e outros escritos a eles ligados, porque neles está a sua verdadeira raiz.

Dirigindo-nos para o Ocidente em direção à Grécia, encontramos o sistema Órfico, do qual o Sr. G.R.S. Mead nos fala, profundamente, em sua obra intitulada *Orpheus*. A Inefável Obscuridade Três Vezes Desconhecida era o nome dado à Existência Una.

> Segundo a teologia de Orfeu, todas as coisas têm sua origem em um princípio infinito, ao qual devido à imbecilidade e pobreza da concepção humana damos um nome, embora seja ele perfeitamente inefável, e na linguagem reverente dos egípcios, é uma *obscuridade três vezes desconhecida*, em cuja contemplação todo o conhecimento redunda em ignorância. (Thomas Taylor, citado em *Orpheus*, p.93.)

Dessa procede a "Tríade Primordial", o Bem Universal, a Alma Universal, a Mente Universal e, novamente, a Trindade Lógica. O Sr. Mead fala-nos dela nos termos seguintes:

> A primeira Tríade, que se manifesta ao intelecto, é nada mais que um reflexo ou um substituto do Imanifestável, e suas hipóstases são: (a) o Bem, que é o superessencial; (b) a Alma (a Alma do Mundo), que é uma essência autodeterminante; (c) o Intelecto (ou a Mente), que é uma essência indivisível, imutável. (*ibid.* p.94).

Após o que, uma série de Tríades sempre descendentes, reproduzindo com esplendor decrescente as características da primeira, até chegar ao homem, que:

Posfácio

Contém em si potencialmente, a soma e substância do Universo . . . "A raça dos homens e dos deuses é uma só." (Píndaro, que era pitagórico, citado por S. Clemente, *Stromata*, v, p.709) . . . Assim o homem foi chamado de microcosmo ou pequeno mundo, para distingui-lo do Universo, ou o grande mundo. (*ibid.*, p. 271).

"Ele tem o *Nous*, ou a mente real, o *Logos* ou parte racional, o *ALogos* ou parte irracional, as duas últimas novamente formando uma Tríade, e assim apresentando a mais elaborada divisão setenária. Considerava-se também que o homem tinha três veículos, os corpos físico e sutil, e o corpo luciforme ou augoeides, o qual é o "corpo causal", ou a vestimenta cármica da alma, onde são acumuladas todas as sementes de causação passada. Essa é a "almafio", como é às vezes chamado, o corpo que passa de uma encarnação a outra". (*ibid.*, p.284).

Quanto à reencarnação:

> Juntamente com todos os afiliados aos Mistérios em todos os países, os órficos acreditavam na reencarnação. (*ibid.*, p.292).

Como suporte à sua afirmação, o Sr. Mead cita numerosos testemunhos, e mostra que essa foi ensinada por Platão, Empédocles, Pitágoras e outros. Somente pela virtude poderiam os homens libertar-se da "roda-da-vida".

Taylor, em seus comentários às *Obras Seletas de Plotino*, cita uma passagem de Damascio com relação aos ensinamentos de Platão sobre o Uno além do Uno, a Existência não manifestada:

> Talvez Platão de fato nos leve inefavelmente através do *Uno* como um meio até o inefável além do *Uno*, que é agora o objeto de discussão; e isso por uma ablação do *Uno*, da mesma maneira que ele conduz ao *Uno* por uma ablação de outras coisas . . . Aquilo que está além do *Uno* deve ser honrado no mais perfeito silêncio . . . Na verdade, o *Uno* deseja estar só e com mais ninguém; mas o desconhecido além do *Uno* é perfeitamente inefável, o que nós percebemos, nós que nem conhecemos nem desconhecemos, mas que para nós está coberto de um véu de superignorância.

A Sabedoria Antiga

> Daí, estando próximo a isso, o próprio *Uno* é obscurecido; pois estando próximo do princípio infinito, se for assim cabível falar, o *Uno* permanece por assim dizer na câmara secreta do silêncio verdadeiramente místico . . . O Absoluto está acima do *Uno* e de *todas as coisas*, sendo mais simples do que qualquer um desses. (pp.341-343).

As escolas pitagórica, platônica e neoplatônica têm tantos pontos de contato com o pensamento hindu e budista que sua origem de uma fonte única mostra-se evidente. R. Garbe, em sua obra *Die Samkya Philosophie* (iii, pp. 85-105), apresenta muitos desses pontos, e sua opinião pode ser resumida no seguinte:

> O que há de mais notável é a semelhança, – ou mais corretamente a identidade – da doutrina do Uno e Único nos *Upanixades* e na escola de Eléia[16]. O ensinamento de Xenófanes sobre a unidade de Deus e do Cosmo e da imutabilidade do Uno, e ainda mais o de Parmênides, que sustentava ser a realidade atribuível somente ao Uno incriado, indestrutível e onipresente, enquanto que tudo que é múltiplo e sujeito à transformação não é senão uma aparência, e além disso, que ser e pensar são a mesma coisa – essas doutrinas são completamente idênticas ao conteúdo essencial dos *Upanixades* e da filosofia Vedanta que deles deriva. E mesmo ainda anteriormente, a visão de Tales, de que tudo quanto existe surgiu da Água, assemelha-se singularmente à doutrina védica, segundo a qual o Universo surgiu das águas. Mais tarde, Anaximandro adotou como base ($\dot{\alpha}\rho\chi\dot{\eta}$) de todas as coisas uma Substância eterna, infinita, e indefinida, de onde procedem todas as substâncias definidas, e para onde retorna – hipótese idêntica à que se encontra na raiz da filosofia *Samkhya*, isto é, *Prakriti*, da qual se desenvolveu todo o lado material do Universo. E a sua célebre expressão ($\pi\acute{\alpha}\nu\tau\alpha$ $\dot{\rho}\epsilon\hat{\imath}$) *panta rhei* exprime a visão característica da filosofia Sankhya, de que todas as coisas se modificam continuamente sob a incessante atividade dos três *gu-*

---

[16] Eléia, cidade da Magna Grécia. Os filósofos da Escola de Eléia afirmavam a identidade absoluta do Ser consigo. *Encicl. Mirador Internacional.* (Nota da ed. bras.)

Posfácio

nas[17] Por sua vez, Empédocles ensinava teorias de transmigração e evolução praticamente idênticas às da filosofia *Sankhya*, enquanto sua teoria de que nada pode vir à existência que já não exista, apresenta uma identidade ainda mais estreita com uma doutrina característica da filosofia sankhya.

Tanto Anaxágoras quanto Demócrito apresentam também diversos pontos de estreita concordância, especialmente as idéias de Demócrito sobre a natureza e a posição dos deuses, e o mesmo se aplica, notavelmente, em alguns curiosos pontos específicos, a Epicuro. Mas é, no entanto, nos ensinamentos de Pitágoras que encontramos as mais estreitas e freqüentes identidades de ensinamentos e de argumentação, explicadas como sendo devidas ao fato de o próprio Pitágoras ter visitado a Índia e ali aprendido sua filosofia. Em séculos posteriores encontramos algumas idéias peculiarmente *sankhyas* e budistas representando um papel preponderante no pensamento gnóstico. A citação seguinte de Lassen, citada por Garbe (p. 97), mostra isso de modo muito claro:

> O Budismo em geral distingue claramente entre Espírito e Luz, e não considera essa última como imaterial; mas há na *Sankhya* e no Budismo uma concepção da Luz que muito se aproxima daquela da doutrina gnóstica. De acordo com a mesma, a Luz é a manifestação do espírito na matéria; a inteligência assim revestida de Luz, se relaciona com a matéria, na qual a Luz pode ser enfraquecida e, por fim, obscurecer-se quase totalmente, e neste caso, a inteligência acaba por cair na inconsciência completa. Com relação à suprema Inteligência, afirma-se que não é nem Luz nem Não-Luz, nem Escuridão nem Não-escuridão, pois que todas essas expressões denotam relações da inteligência com a Luz, a qual, de fato, no princípio, estava livre dessas conexões, mas tal luz, mais tarde, envolve a Inteligência e serve de intermediária em suas conexões com a matéria. Daí se conclui que a concepção budista atribui à Suprema Inteligência o poder de produzir luz de si mesma, e que a esse respeito

---

[17] *Gunas:* As três qualidades ou atributos da matéria primordial, ou seja: *Sattva* ou harmonia: *Rajas* ou atividade; *Tamas* ou Inércia. *Glossário Teosófico*, de HBB, Ed. Ground, São Paulo. (Nota da ed. bras.)

A Sabedoria Antiga

também há uma concordância entre o Budismo e o Gnosticismo.

Garbe aqui assinala que, com referência aos pontos aludidos, a concordância entre o Gnosticismo e a filosofia *Sankhya* é muito mais completa do que com o Budismo; pois enquanto essa maneira de encarar as relações entre a Luz e o Espírito pertence às fases mais recentes do Budismo, e não é de modo algum fundamental e nem o caracteriza como tal, ao contrário, a filosofia *Sankhya* ensina com clareza e precisão que o Espírito é Luz. Mais tarde ainda, a influência do pensamento *Sankhya* se encontra nitidamente evidente nos escritores neoplatônicos; enquanto que a doutrina do *Logos* ou Palavra, embora não sendo de origem *Sankhya*, mostra até mesmo em seus detalhes que ela foi proveniente da Índia, onde a concepção de *Vach*, a Palavra Divina, desempenha um papel assaz preponderante no sistema bramânico.

Passando à religião cristã, contemporânea dos sistemas gnóstico e neoplatônico, não teremos dificuldades em encontrar nela a maior parte dos mesmos ensinamentos fundamentais com os quais nos tornamos agora tão familiarizados. O tríplice *Logos* aparece como a Trindade. O primeiro *Logos*, fonte de toda a vida, sendo o Pai; o segundo *Logos* dualístico, o Filho, o homem-Deus; o terceiro, a Mente criadora, o Espírito Santo, que ao se mover sobre as águas do Caos, trouxe os mundos à existência. Depois vêm "os sete Espíritos de Deus"[18] e as hostes dos arcanjos e dos anjos. Pouco se fala da Existência Una, de onde tudo procede e para onde tudo retorna, a Natureza que não pode ser encontrada por nenhum esforço; mas os grandes doutores da Igreja Católica postulam sempre sobre a Divindade insondável, incompreensível, infinita e, por conseqüência, Una e indivisível. O homem foi feito "à imagem de Deus"[19], e é, portanto, de natureza tríplice – Espírito, Alma e corpo[20]; ele é uma morada de Deus"[21], o "templo de Deus"[22], o "tem-

---

[18] Ap. iv, 5
[19] *Gen.i,*26,27.
[20] *I Tess.,* v, 23.
[21] *Ef.,* ii,22.
[22] *I Cor.,* iii , 16.

Posfácio

plo do Espírito Santo"[23] – frases que são o eco fiel do ensinamento hindu. No *Novo Testamento* a doutrina da reencarnação está antes tacitamente admitida do que claramente ensinada; assim, Jesus, falando sobre João Batista, declara que é ele Elias "que deveria vir"[24], referindo-se às palavras de Malaquias, "Eu vos enviarei Elias, o profeta"[25]; e mais uma vez, quando perguntado se Elias viria antes do Messias, Ele respondeu que "Elias já veio e não foi reconhecido"[26]; novamente vemos os discípulos admitirem implicitamente a reencarnação, quando perguntaram se é por punição de seus pecados que um homem nasce cego, e Jesus, em resposta, não rejeita a possibilidade do pecado pré-natal, mas apenas a excluiu como a causa da cegueira naquele caso particular[27].

A frase tão notável do *Ap.* (iii,12) "aquele que for vencedor", eu o tornarei "uma coluna do templo do meu Deus, de onde não mais sairá", foi considerada como significando a libertação dos renascimentos; a partir dos escritos de alguns padres cristãos pode surgir um bom motivo para a atual crença na reencarnação; alguns argumentam que eles ensinam unicamente a preexistência da alma, mas essa opinião não me parece corroborada pela evidência.

A unidade de ensino moral não é menos notável que a unidade das concepções do Universo e das experiências daqueles que emergiram da prisão do corpo para a liberdade das esferas superiores. É claro que esse corpo de ensino primordial estava nas mãos de guardiães competentes, que possuíam escolas, nas quais ensinavam a discípulos que estudavam as suas doutrinas. A identidade dessas escolas e de sua disciplina torna-se evidente quando estudamos o ensinamento moral, as exigências feitas aos discípulos, e os estados mental e espiritual a que eram elevados. No *Tao Te Ching* encontramos uma distinção cáustica entre as diversas categorias de estudantes:

---

[23] *I Cor.*, vi , 19.
[24] *Mat.* xi , 14.
[25] *Mal.* iv, 5.
[26] *Mat.* xvii , 12.
[27] *João*, ix, 1-13.

261

A Sabedoria Antiga

> Os estudantes da classe mais elevada, ao ouvirem falar do *Tao*, procuram sinceramente pô-lo em prática. Os estudantes da classe média, ao ouvirem falar dele, parecem ora segui-lo ora abandoná-lo. Os estudantes da classe inferior, quando dele ouvem falar, riem-se muito (*Livros Sagrados do Oriente*, xxxix *op.cit.* xli, 1).

No mesmo livro lemos:

> O sábio esquece-se de si mesmo e, no entanto, o encontramos sempre em evidência; ele trata sua pessoa como se lhe fora estranha, contudo essa pessoa é preservada. Não será porque não tendo nenhum objetivo pessoal e privado que tais fins acabam se realizando? (vii,2). Ele está livre da vaidade, e portanto brilha; de presunção, e portanto o distinguem; de vanglória, e portanto seu mérito é reconhecido; de autocomplacência, e portanto adquire superioridade. E porque está assim livre de toda a luta, ninguém no mundo poderá lutar com ele (xxii, 2). Não há maior crime do que alimentar a ambição; nem maior calamidade do que estar descontente com sua sorte; nem falta maior que o desejo de posse (xlvi, 2). Para aqueles que são bons (para comigo), eu sou bom; para aqueles que não são bons (para comigo), eu sou igualmente bom; assim (todos) acabam por tornarem-se bons. Para os que são sinceros (para comigo), eu sou sincero; e para os que não são sinceros (para comigo), eu sou igualmente sincero; e assim (todos) acabam por tornarem-se sinceros" (xlix,1) "Aquele que possui em si abundância de atributos (do *Tao*), é como uma criancinha. Os insetos venenosos jamais o picam; os animais ferozes não o agarram; as aves de rapina não o tocam (lv,1). Eu possuo três coisas preciosas que estimo e guardo com firmeza. A primeira é a gentileza; a segunda, a economia; a terceira, jamais me adiantar aos outros. . . . A gentileza é certa de vencer, mesmo na batalha, e firmemente manter seu terreno. O céu salvará aquele que a possui, protegendo-o por sua (própria) gentileza. (lxii, 2, 4).

Entre os hindus havia discípulos escolhidos, considerados como merecedores de uma instrução especial aos quais o Guru transmitia ensinamentos secretos, enquanto as regras gerais do cor-

Posfácio

reto viver se encontram nos *Preceitos do Manu*, nos *Upanixades*, no *Mahabharata* e em muitos outros tratados:

> Que ele diga o que é a verdade, que ele diga o que é agradável, que não profira nenhuma verdade desagradável e nem falsidade agradável; tal é a lei eterna. (*Manu* iv, 138). Não causando mal a criatura alguma, que ele acumule, pouco a pouco, méritos espirituais. (iv, 238). Pois esse homem duas vezes nascido, que não exerce o menor mal contra as criaturas, não sofrerá o menor perigo (venha de onde vier) após se libertar de seu corpo (vi, 40). Que ele suporte pacientemente palavras duras, e que a ninguém insulte, e que ele, por causa deste corpo (perecível), não se torne inimigo de quem quer que seja. Que não responda com cólera, contra um homem encolerizado, mas que bendiga a quem o maldiz. (vi, 47, 48). Libertos da paixão, do temor e da cólera, pensando em Mim, refugiando-se em Mim, purificados no fogo da sabedoria, muitos têm conseguido penetrar o meu Ser (*Bhagavad Gita*, iv, 10). A suprema ventura está reservada ao iogue cuja mente é pacífica, cuja natureza passional é calma, que é limpo de pecado e participa da natureza de Brahman (vi, 27). Aquele que não tem má vontade para com nenhum ser, que é amistoso e compassivo, sem apego ou egoísmo, equilibrado no prazer e na dor, pronto a perdoar, sempre satisfeito, harmonioso, que tenha auto controle, resoluto, tendo consagrado *Manas*[28] e *Buddhi*[29] a Mim, ele, Meu devoto, Me é muito caro. (xii, 13, 14).

Se passarmos para o Buda, o encontramos com seus *Arhats*[30], aos quais transmitiu seus ensinamentos secretos; enquanto que publicado nós temos:

> O sábio pela seriedade, virtude e pureza torna-se uma ilha que nenhum dilúvio pode submergir. (*Udanavarga*, iv, 5).

---

[28] *Manas* – literalmente, "a mente", a faculdade mental que faz do homem um ser inteligente e moral.

[29] *Buddhi* – é a faculdade que está acima da mente racional, é a Razão pura que exerce a faculdade discernidora da intuição.

[30] *Arhats* – aqueles que entraram no supremo caminho, libertando-se do renascimento. *Glossário Teosófico*, de HPB, Ed. Ground, São Paulo (Notas da ed. bras.)

A Sabedoria Antiga

O sábio, neste mundo conserva cuidadosamente a fé e a sabedoria, são esses seus maiores tesouros; rejeita qualquer outra riqueza. (x,9). Aquele que manifesta malevolência para com aqueles que manifestam malevolência, não pode nunca se tornar puro. Mas aquele que não sente rancor, pacifica aqueles que odeiam; uma vez que o ódio é uma fonte de misérias para a humanidade, o sábio não conhece o ódio. (*xiii, 12*). Triunfai sobre a cólera não vos encolerizando; triunfai sobre o mal, pelo bem; triunfai sobre a avareza pela generosidade; triunfai, com a verdade. (*xx, 18*).

O zoroastriano aprende a louvar Ahura Mazda, e depois:

O que é mais belo, o que é puro, o que é imortal, o que é brilhante, tudo isso é bom. Honramos o bom espírito, honramos o bom reino, e a boa lei, e a boa sabedoria (*Yasna*, xxxvii). Que o contentamento, a bênção, a inocência e a sabedoria dos puros desçam sobre esta morada. (*Yasna*, lix). A pureza é o melhor bem. A felicidade, a felicidade é para ele: na verdade, o mais puro em pureza (*Ashem-vohu*). Todos os bons pensamentos, boas palavras e boas obras são executadas com conhecimento. Todos os maus pensamentos, más palavras e más ações não são executadas com conhecimento (*Mispa Kumata*). (Extratos do *Avesta* no *Ancient Iranian and Zoroastrian Morals*, por Dhunjibhoy Jamsetjee Medhora.).

O hebreu tinha suas "escolas de profetas" e sua Cabala, e nos livros exotéricos encontramos os ensinamentos morais aceitos:

Quem subirá a montanha do Senhor e se conservará firme em Seu santo lugar? Aquele que tenha as mãos limpas e um coração puro; cuja alma não está contaminada pela vaidade, e que não profere falsos juramento". (*Salmos*, xxiv, 3,4). "Que exige de ti o Senhor senão agir com justiça, e amar a misericórdia, e andar humildemente com teu Deus?"(*Miquéias*, vi, 8). Os lábios da verdade estarão estabelecidos para sempre; mas uma língua mentirosa dura apenas um instante" (*Prov.* xii, 19).
Por acaso não consiste nisto o jejum que escolhi? Romper os grilhões da iniqüidade, desfazer os pesados fardos, pôr em liberdade os oprimidos e despedaçar todo o jugo? Não

264

Posfácio

consiste em repartires o teu pão com o faminto, em recolheres em tua casa os pobres desabrigados? Que ao vires o despido que o vistas, e em não te esconderes de tua própria carne? (*Isaías*, lviii, 6 e 7).

O Mestre cristão tinha Suas instruções secretas para Seus discípulos[31], aos quais Ele recomendava:

Não deis aos cães o que é sagrado, nem atireis aos porcos vossas pérolas. (*Mateus*, vii, 6).

Para o ensinamento público, podemos recorrer às beatitudes do Sermão da Montanha, e a doutrinas tais como:

Mas eu vos digo, amai vossos inimigos, abençoai àqueles que vos maldizem, fazei o bem àqueles que vos odeiam, e orai pelos que com desprezo vos usam e perseguem . . . Sede pois perfeitos, como vosso Pai celestial é perfeito (*Mateus*, v, 44,48). Aquele que encontra a sua vida, não a perderá; e aquele que a perde por Mim a encontrará (*x*, 39). Qualquer um que se torne tão humilde como uma criancinha, é o maior no reino dos céus" (xviii,4). O fruto do Espírito é amor, alegria, paz, resignação, gentileza, bondade, fé, meiguice, temperança; contra tais frutos não há lei". (*Gál*. v, 22 e 23). Amemo-nos uns aos outros, pois o amor é de Deus; e todo aquele que ama nasce de Deus e conhece Deus.(*I João*, iv, 7).

A escola de Pitágoras e a dos neoplatônicos mantiveram a tradição da Grécia, e sabemos que Pitágoras adquiriu alguns de seus conhecimentos na Índia, enquanto Platão estudou e foi iniciado nas escolas do Egito. Foram publicadas informações mais precisas sobre as escolas gregas do que das outras; a Pitagórica tinha discípulos juramentados, assim como uma disciplina externa, passando o círculo interno por três graus durante cinco anos de provação. (Para detalhes veja *Orpheus*, G.R.S. Mead, p.263 e seguintes). A disciplina externa é assim descrita por ele:

---

[31] *Mat.*, xi.

A Sabedoria Antiga

Primeiramente devemos dedicar-nos inteiramente a Deus. Quando um homem ora não deve jamais suplicar benefícios pessoais, inteiramente convencido de que receberá o que for justo e oportuno, e de acordo com a sabedoria de Deus e não segundo o objeto de nossos desejos egoístas. *(Dio. Sic.* ix, 41). É unicamente pela virtude que o homem atinge a bem-aventurança, privilégio esse exclusivo do ser racional. (Hippodamu, *De Felicitate,* ii, Orelli, *Opusc. Graecor Sent. et Moral.,* ii, 284). Em si mesmo, por sua própria natureza, o homem não é nem bom nem feliz, mas pode tornar-se tal pelo ensinamento da verdadeira doutrina ($\mu\alpha\theta\dot{\eta}\sigma\iota\sigma\varsigma$ $\kappa\alpha\dot{\iota}$ $\pi\rho o\nu o\dot{\iota}\alpha\varsigma$ $\pi o\tau\iota\delta\dot{\epsilon}\epsilon\tau\alpha\iota$) – (Hippo. *ibid.).* O dever mais sagrado é a piedade filial. Deus faz chover bênçãos sobre aquele que honra e venera o autor de seus dias, diz Pampelus. *(De Parentibus,* Orelli, *op.cit. ii, p. 345).* A ingratidão para com os pais é o mais negro dos crimes, escreve *Perictione (ibid., 350),* que se supõe tenha sido a mãe de Platão. A pureza e a delicadeza de todos os escritos pitagóricos eram notáveis. (Elian, *Hist. Var.* xiv, 19). Em tudo que se refere à castidade e ao casamento, os seus princípios são da mais elevada pureza. Em toda parte o grande Mestre recomenda castidade e temperança; mas ao mesmo tempo ele observa que os casados tornem-se pais antes de levar uma vida de celibato absoluto, a fim de que os filhos pudessem nascer sob condições favoráveis para dar seguimento à vida sagrada e à seqüência da Ciência Sagrada. (Jâmblico, *Vit.Pythag* e Hiérocles., ap. Stob. *Serm.* xlv, 14). Isso é extremamente interessante, pois é precisamente a mesma recomendação que aparece no *Manava Dharma Shastra,* o grande Código indiano . . . O adultério era condenado com a maior severidade *(Jâmbl.ibid).* Além disso, o marido devia tratar a sua mulher com a maior doçura, pois não a tinha ele tomado para sua companheira "diante dos Deuses?" (*Ver* Lascaulx, *Zur Geschichte der Ehe bei den Griechen,* no *Mém. de l' Acad. de Bavière,* vii.p. 107 e seguintes). O casamento não era uma união animal, mas um laço espiritual. Portanto, por sua vez, a esposa deveria amar seu marido mais do que a si mesma, e ser-lhe devotada e obediente em todas as coisas. Ademais, é interessante observar que os mais belos tipos de mulheres que nos apresenta a Grécia antiga foram formados na escola de Pitágoras, e a mesma coisa também em relação aos homens. Os autores da anti-

Posfácio

güidade concordam em que esta disciplina conseguiu produzir os mais elevados exemplos não somente da mais pura castidade e sentimento, mas também uma simplicidade de maneiras, uma delicadeza, e um gosto sem precedentes para as buscas elevadas. Isso é admitido até mesmo pelos autores cristãos (*Justino* xx, 4). . . . Entre os membros da escola a idéia de justiça dirigia todas as suas ações, enquanto observavam a mais estrita tolerância e compaixão em suas relações mútuas. Pois a Justiça é o princípio de toda virtude, como nos ensina Polus (ap.Stob, *Serm., viii, ed. Schow, p.232*): é essa a justiça que mantém a paz e o equilíbrio na alma; ela é a mãe da boa ordem em todas as comunidades, faz a concórdia entre marido e mulher, cria o amor entre senhor e servo. A palavra de um pitagórico era também a sua fiança. E finalmente, o homem deve viver de tal modo a estar sempre pronto para morrer. *(Hipólito, Philos., vi)* *(Ibid,* pp..263-276).

O tratamento das virtudes nas escolas neoplatônicas é interessante, e a distinção moralidade e desenvolvimento espiritual é feita de maneira clara, ou como disse Plotino, "O esforço não é para ser sem pecado, mas para ser um Deus."[32] O primeiro grau consistia em tornar-se sem pecado adquirindo as "virtudes políticas", que tornavam o homem perfeito em conduta (as virtudes físicas e éticas estavam abaixo dessas), a razão controlando e adornando a natureza irracional. Acima dessas estavam as virtudes catárticas, que diziam respeito exclusivamente à razão, e que libertavam a alma dos laços da geração; as virtudes teóricas, elevando a alma ao contato com naturezas superiores a ela; e as virtudes paradigmáticas, que lhe davam o conhecimento do verdadeiro ser:

Conclui-se daí que aquele que se esforça em agir segundo as virtudes práticas é um *homem digno*; mas aquele que se esforça em agir segundo as virtudes catárticas é um *homem demoníaco*, ou é também um *bom demônio*[33]. Aquele que se esforça em agir somente segundo as virtudes intelectuais, é *um Deus*. Mas aquele que se esforça em agir segundo as

---

[32] *Select Works of Plotinus*, traduzido por Thomas Taylor, ed. 1895, p.11.
[33] Uma boa inteligência espiritual, como o demônio de Sócrates.

A Sabedoria Antiga

virtudes paradigmáticas é *o Pai dos Deuses*. (Nota sobre a *Prudência Intelectual, p. 325-332*).

Através de práticas diversas os discípulos aprendiam a abandonar o corpo e a elevar-se a regiões superiores. Assim como uma folha de capim é arrancada de uma bainha, o homem interno devia escapar de seu invólucro carnal[34]. O "corpo de luz" ou "corpo radiante" dos hindus é o "corpo luciforme" dos neoplatônicos, no qual o homem se eleva para encontrar-se com o Ser:

> Não percebido pela vista, nem pela palavra, nem pelos outros sentidos, (lit., Deuses), nem pela austeridade, nem pelos ritos religiosos; somente pela sabedoria serena, pela pura essência, é que se pode ver, em meditação, o Uno indivisível. Este Ser sutil só pode ser conhecido pela mente na qual a quíntupla vida dos sentidos está adormecida. A mente de todas as criaturas tem [estas] vidas instintivamente; quando está purificada, o Ser nela se manifesta. (*Mundaka Upanixade*, III,ii,8,9).

Somente então pode o homem entrar na região onde não há separatividade, onde "as esferas cessaram". G.R.S. Mead, em sua introdução ao *Plotinus,* de Taylor, cita uma descrição de Plotino de uma esfera que evidentemente é a *Turiya*[35] dos hindus:

> Eles vêem igualmente todas as coisas, não aquelas apenas geradas, mas aquelas com as quais está presente a essência. E eles percebem a si mesmos nos outros. Pois todas as coisas lá são diáfanas; e nada é escuro e resistente, mas todas as coisas são visíveis a todos internamente e por toda parte. Pois a luz em toda parte se encontra com a luz; visto que tudo contém todas as coisas em si e também vê todas as coisas uma dentro da outra. De tal modo que todas as coisas estão em toda parte e todas são tudo. Cada coisa é igualmente todas as coisas. E lá o esplendor é infinito. Pois tudo lá é grande, visto que mesmo aquilo que é pequeno é grande. Também o Sol que está lá é todas as estrelas; e nova-

---

[34] *Upanixade Katha*, vi, 17.

[35] *Turiya* – um estado de elevada consciência espiritual. *Glossário Teosófico,* Helena P. Blavatsky, Ed Ground, São Paulo. (N. da ed. bras.)

Posfácio

mente, cada estrela é o Sol e todas as estrelas. Em cada uma delas, porém, predomina uma propriedade diferente, mas ao mesmo tempo todas as coisas são visíveis em cada uma. O movimento lá é igualmente puro; pois o movimento não é confundido com algo que se move de modo diferente dele. *(p. lxxiii)*.

Uma descrição que é totalmente insuficiente, porque esta região está além da capacidade de descrição da linguagem dos mortais, mas uma descrição que somente poderia ter sido escrita por alguém cujos olhos tivessem sido abertos.

As similaridades existentes entre as religiões do mundo poderiam facilmente preencher um volume inteiro, mas o relato acima, embora imperfeito, é suficiente, como prefácio, ao estudo da Teosofia, aquilo que é uma nova exposição, mais completa, para o mundo, das antigas verdades com que ela sempre foi alimentada. Todas essas semelhanças apontam para uma fonte única, e esta é a Fraternidade da Loja Branca[36], a Hierarquia dos Adeptos que velam sobre a humanidade e guiam a sua evolução, e que preservaram essas verdades intactas; ocasionalmente, segundo as necessidades da época, eles as proclamam novamente aos ouvidos dos homens. Eles vieram ajudar o nosso planeta, tendo sido o processo de sua evolução semelhante ao da nossa humanidade atual, processo que será mais inteligível do que agora nos parece, quando tivermos completado nosso presente estudo; e eles proporcionaram esse auxílio, desde os mais remotos tempos até hoje, com a ajuda da flor da nossa humanidade. Eles ainda ensinam a discípulos ardorosos, mostrando o caminho e guiando os passos do discípulo; podem ainda ser alcançados por todos aqueles que os procuram, levando em suas mãos o combustível do amor, da devoção, do desejo altruísta de saber a fim de servir; ainda levam a cabo a antiga disciplina, e ainda desvendam os antigos Mistérios. As duas colunas no caminho de entrada de sua Loja são o Amor e a Sabedoria, e somente passam pela porta estreita aqueles que deixaram cair de seus ombros o fardo do desejo e do egoísmo.

---

[36] O termo "Loja Branca" refere-se à Fraternidade ou Hierarquia de Adeptos que velam pela humanidade e a guiam em sua evolução. *Glossário Teosófico,* Helena P. Blavatsky. Ed. Ground, São Paulo. (Nota da ed. bras.)

A Sabedoria Antiga

Uma pesada tarefa nos espera, e começando pelo plano físico subiremos lentamente os degraus ascendentes, mas um relance da grande vaga de evolução e seu propósito nos pode ajudar, antes de começarmos nosso estudo detalhado do mundo ao nosso redor. Um *Logos*, antes que um sistema venha à existência, o concebe inteiramente em Sua mente como uma idéia – todas as forças, todas as formas, tudo que, ao longo do processo surgirá para a vida objetiva. Ele circunscreve a esfera de manifestação no interior da qual Ele deseja entrar em atividade, limita-se a si mesmo a fim de ser a vida de Seu universo. À medida que observamos, vemos surgir camadas de densidades sucessivas, até que sete regiões estejam visíveis, e no interior desses centros de energia aparecem remoinhos de matéria que se separam uns dos outros, e até que os processos de separação e de condensação terminem – até onde nos diz respeito – vemos um Sol central, o símbolo físico do *Logos*, e sete grandes Cadeias planetárias, consistindo cada Cadeia de sete globos. Se agora limitarmos nosso campo de observação à cadeia da qual nosso globo faz parte, vêmo-la percorrida por ondas de vidas sucessivas, formando os reinos da Natureza, os três reinos elementais, os reinos mineral, vegetal, animal e humano. Ao restringirmos a nossa observação ainda mais para o nosso globo e regiões circunvizinhas, deparamo-nos com a evolução humana, e vemos o homem desenvolver a autoconsciência através de uma longa série de períodos de vida; então concentrando nosso olhar sobre um único indivíduo acompanhamos o seu crescimento e vemos que cada período de vida apresenta uma tríplice divisão, e que cada um está ligado a todos os períodos passados, dos quais ele colhe os resultados e também a todos os períodos de vida futuros, ao semear seus futuros resultados, por uma lei que não pode ser quebrada; assim, o homem pode elevar-se, cada período de vida contribuindo para aumentar a sua experiência, cada período de vida elevando-o mais alto em pureza, em devoção, em intelecto, em capacidade de auxiliar, até que, por fim, atinja o nível onde agora se encontram aqueles a quem chamamos Instrutores, e ele seja capaz de pagar aos seus irmãos mais jovens a dívida contraída com os Instrutores.

EDITORA TEOSÓFICA
Livros Para Viver Melhor

O Chamado dos Upanixades

ROHIT MEHTA

A herança cultural e espiritual da Índia é ao mesmo tempo vasta e rica, sendo tão universal em seu apelo e em sua abordagem que pertence ao mundo todo. Os Upanixades, enquanto escrituras sagradas do Hinduísmo (entre 1000 a.C e 600 a.C), são comentários aos Vedas, contendo sua essência mística.

Mais informações sobre Teosofia e o Caminho Espiritual podem ser obtidas escrevendo para a **Sociedade Teosófica no Brasil** no seguinte endereço: SGAS – Quadra 603, Conj. E, s/nº, CEP 70.200-630 Brasília, DF. O telefone é (61) 226-0662. Também podem ser feitos contatos pelo telefax (61) 226-3703.